陈 嘉 映 著 译 作 品 集

第 3 卷

简明语言哲学

陈嘉映 著

商务印书馆
The Commercial Press
创于1897

总　　序

　　商务印书馆发心整理当代中国学术，拟陆续出版当代一些学人的合集，我有幸忝列其中。

　　商务意在纵览中国当代学人的工作全貌，故建议我把几十年来所写所译尽量收罗全整。我的几部著作和译作，一直在重印，也一路做着零星修订，就大致照原样收了进来。另外六卷文章集，这里做几点说明。1.这六卷收入的，多数是文章，也有对谈、采访，少数几篇讲稿、日记、谈话记录、评审书等。2.这些篇什不分种类，都按写作时间顺序编排。3.我经常给《南方周末》等报刊推荐适合普通读者的书籍。其中篇幅较长的独立成篇，篇幅很小的介绍、评论则集中在一起，题作"泛读短议之某某年"。4.多数文章曾经发表，在脚注里注明了首次刊载该文的杂志报纸，以此感谢这些媒体。5.有些篇什附有简短的说明，其中很多是编订《白鸥三十载》时写的。

　　这套著译集虽说求其全整，我仍然没有把所写所译如数收进。例如我第一次正式刊发的是一篇译文，"瑞典食品包装标准化问题"，连上图表什么的，长达三十多页。尽管后来"包装"成为我们这个时代一个最重要的概念，但我后来的"学术工作"都与包装无关。有一些文章，如"私有语言问题"，没有收入，则是因为过于粗陋。还有一类文章没有收入,例如发表在《财新周刊》并收集在《价值的理由》中的不少文章,因为文章内容后来多半写入了《何为良好生活》之中。同一时期的不同访谈内容难免重叠,编订时做了不少删削合并。总之,这套著译集,一方面想要呈现我问学过程中进退萦绕的总体面貌,另一方面也尽量避免重复。

我开始发表的时候,很多外文书很难在国内找到,因此,我在注解中标出的通常是中译本,不少中译文则是我自己的。后来就一直沿用这个习惯。

我所写所译,大一半可归入"哲学"名下。希腊人名之为 philosophia 者,其精神不仅落在哲人们的著述之中,西方的科学、文学、艺术、法律、社会变革、政治制度,无不与哲学相联。所有这些,百数十年来,从科学到法律,都已融入中国的现实,但我们对名之为 philosophia 者仍然颇多隔膜。这套著译集,写作也罢,翻译也罢,不妨视作消减隔膜的努力,尝试在概念层面上用现代汉语来运思。所憾者,成就不彰;所幸者,始终有同好乐于分享。

这套著译集得以出版,首先要感谢主持这项工作的陈小文,同时要感谢李婷婷、李学梅等人组成的商务印书馆团队,感谢她们的负责、热情、周到、高效。编订过程中我还得到肖海鸥、吴芸菲、刘晓丽、梅剑华、李明、倪傅一豪等众多青年学子的协助,在此一并致谢。

陈嘉映

2021 年 3 月 3 日

序

　　北京大学出版社于 2003 年出版了我的《语言哲学》。出版后，热心的读者指出了其中一些错误和不妥，我自己也发现了一些。此书排印方面的错误亦复不少。近十年来，此书一再重印。我多次与出版社商量出一个修订本，却未能如愿。所以很高兴这次得到写一本《简明语言哲学》的任务。我希望在眼下这本《简明语言哲学》里，错误和不妥有所减少，思想性和表述的清晰性有所增强。可惜，我眼下只能拿出大约半年的时间来写这本书，近年来的相关思考多半未能成文加入，只能等下一版再说了。

　　跟北大版《语言哲学》比较，眼下这本《简明语言哲学》篇幅小了不少。但它不是前者的简写本。我翻写了全书，只有少数段落保持原样。其中删掉了"真理理论"一章，"戴维森的成真条件理论"一节，"语言与现实"一章中的部分内容，以及最后一章"简短的回顾与总结"。其他章节，虽亦有删削，但我努力在削删篇幅的同时通过更简洁的表述尽量不减少内容。本来，表述得更简洁些是我在写作中所能获得的一种主要乐趣。

　　这篇序言下面的部分，大致是北大版《语言哲学》序言里与本书有关的内容。

　　这类书有两种基本的框架可供选择：一是以哲学家为线索；一

是以问题为线索。两种框架各有利弊,本书作了混合式的安排:前面三章介绍语言哲学的背景和一般内容;中间从索绪尔章到乔姆斯基章依次阐论 20 世纪一些最重要的语言哲学家;最后三章扼要讨论了语言哲学的三个主题,这三章较多表述了我自己的相关见解。

限于篇幅,我只能选择不多几位哲学家单设一章(为维特根斯坦则专设两章),另几位哲学家单设一节。另一些哲学家没有为之设立专章或专节,但在某一专题中比较集中地介绍了他们的相关见解。我为索绪尔和乔姆斯基分别专设一章,这里应稍加解释:尽管这两位学者更多被视作语言学家而非哲学家,但他们的工作在很大程度上是对语言本质的思考。以乔姆斯基为例,他一直在基本概念层面上与笛卡尔、康德、维特根斯坦、蒯因、克里普克对话,甚至有人把他的学说称作"第二次语言转向"[①]。只不过,一个思想家若同时也是某个专业的大师,我们会"依据醒目特征命名",用这个专业来称谓他,而把"哲学家"这个名号留给那些未尽力从事专门领域研究的思想家,但索绪尔和乔姆斯基,就像韦伯、汤因比、哈耶克、贡布里希,他们之为哲学家殊不亚于一般所称的哲学家。

即使本书为不多的几位人物设立了专门章节,这些章节仍远不足以展开他们所有的主要论题,例如卡尔纳普的逻辑句法、维特根斯坦论遵循规则,本书都没有专门阐述。此外,列在某人名下的往往不仅是对该哲学家学说的综述,也包括他的某些主要观点引起的

---

① Amitabha Das Gupta 的一本书即题名为 *The Second Linguistic Turn, Chomsky and the Philosophy of Language* (Peter Lang GmbH, 1996)。他的这一估价主要基于:乔姆斯基把语言哲学问题放置到了语法科学的基础之上。相关问题我将在第十二章讨论。

讨论，只是为简洁考虑，我才用"罗素"这样的章名来代替"罗素及其他"。

语言哲学后期对不少具体论题的讨论更加深入，例如戴维森关于因果与表述式关系的讨论，戴维·刘易斯、克里普克等人关于必然／可能的讨论，莱柯夫关于样板效应（prototype effect）的讨论，万德勒关于英语中各种全称量词之间的区别的讨论，但本书还是比较偏重 19 世纪末到 20 世纪六七十年代的哲学家。一个原因是我认为这个时期是语言哲学占统治地位的时期、是最有影响的时期。20世纪 70 年代之后，哲学界的兴趣逐渐向认知理论、伦理学、政治哲学等领域分流。另一个原因是后期语言哲学所讨论的问题通常更加专门，需要更多的知识准备。同时，这些更深、更细的探讨和争论差不多都依托于此前已有的几种大框架，本书的任务就是把这些大框架的要点勾画出来，评点其得失。

我从学哲学研究以来，对前辈哲学家提出来的主张和问题，常有自己的想法。所以很自然，介绍某一哲学家时，我不是去罗列他的全部主要观点，而是就他的一个或几个主要论题展开讨论。我认为一个哲学家持何种观点相对说来不那么重要，最重要的是他为什么持这种观点、他如何论证他的观点。我希望对这些观点的讨论和争论有助于读者了解相关哲学家的要旨何在。

我们的思想经常改变，有时会有重大的改变，思想家也不例外。一个思想家曾在不同时期提出相当不同的论点，这本书该以何者为准呢？一位思想家的核心见解，又常有相当不同的权威诠释，这本书该选择哪一种？我不可能把方方面面都说到，然后澄清我选这样不选那样的理由，于是，只能在这里提醒读者，即使书里以相当确定的口气绍述某一见解，实际上很可能只是那个见解的一个版本而已。

　　介绍某一观点，我通常用复述的方式而非大量引用原话，这有几个原因。其一，作者本人提出一个新思想，不一定是以最简洁易懂的形式表述出来的。其二，一个作者对他的重要论点通常有多种阐述，专门研究不妨探讨这些阐述的异同，普通教程只需综述其要旨就可以了。其三，西语与汉语差异很大，原来挺清楚的论述，译成汉语不一定那么清楚，引用译文往往还不如复述明白。其四，相同或相似的概念，不同哲学家经常采用不同的语词来表达，这会给初学者带来不必要的麻烦，综述有时能避免这层麻烦。其五，读者现在很容易找到经典论述的原文及译文。说了这些，我还是要提醒读者，复述和综述只是辅导，认真的探究必须以原著为依据。大师本人的经典论述才是其观点的最权威表述，即便其中的拖沓和含混也能提供理解其观点的重要线索。柏格森建议我们抛开"固定在论点里于是也就死在论点里"的哲学，全力贯注于"活在哲学家那里"[①]的哲学。如果读者停留在这本小书上而不是读了这本小书之后生发了兴趣去读大哲学家的著作，去思考生活中的哲学问题，那还不如不读这本小书。

　　我一般只为直接引语注明出处，虽然很多述评乃至例句都来自前人。例如，在讲解乔姆斯基的生成转换语法的时候，所有的英语例句都是从乔姆斯基的文著或其他讲解该理论的文著中引来的，但

---

　　① Henri Bergson, *An Introduction to Metaphysics*, The Bobbs-Merrill Company, 1955, p.60.

我不为这些例句一一注明出处，否则会相当繁乱，对读者却并没什么益处。部分章节列出了主要的参考书，多半附带简短说明。我选列的很少，有心扩大阅读的读者可以通过这少许的参考书找到更多的相关文著。在网上搜索可以得到更详尽的书目。如果列出的参考书正文从中引用，我将不再注明该书版本，以节省篇幅。如果引用的是集子中的某篇文章，我将在脚注中注明这篇文章的题目而不是这个集子的名称，例如弗雷格的《论意义和指称》引自《弗雷格哲学论著选辑》，我在脚注中注出的是《论意义和指称》而不是《弗雷格哲学论著选辑》，虽然后面附的页码是《弗雷格哲学论著选辑》的页码。

外语文著只要我有中译本，我就注中译本，我想这样读者查找起来比较方便。较真儿的读者自可以从中译本转查原文著。不过，我很少直录已有的译文，有些段落，我的译文和所注明的中译本的文字相差很多。这有时是因为某些译者只要求术语的译法在他那里是统一的，不大会考虑和别的译者的译名是否统一，而这本书却要求译名一以贯之。有时则因为原译不太妥帖，甚至译错了。

本书的一大部分内容是介绍语言哲学的"知识"。虽然哲学是活动在没有唯一答案的思想领域里，但思想界前辈的一些重要表述和论证已经成为此后探讨同一族问题不能不了解的，例如弗雷格的意义与指称、概念与函式。

这是一部入门性的教材，读者不需要特殊的知识背景。不过，哲学总难免有点深奥，因此，耐心的阅读习惯是必需的。本书的读者，我想多半是具有哲学兴趣的大学本科学生和研究生，以及其他学科中具有相应学养和兴趣的读者。因此，我写作时力求把最基本的论点和争论介绍清楚，多数论题不可能讨论得很详尽深入，不过，我会提供进一步思考的线索，并不回避问题的深度；哲学的主要乐趣原在于探幽发微，越是曲折幽隐之处越有意思。我一直以为，读浅薄的哲学还不如不读哲学。读者当然会根据自己的学养和兴趣去追踪问题，但我希望我的提示经常是有帮助的。

书是写成了，但认真计较，我不够资格。除了几种欧洲文字外，我不懂任何其他外族语文。语言学方面，我只是个业余爱好者。我多年前教授过符号逻辑，但并不涉及逻辑学的前沿研究，对符号逻辑近些年来的发展更是不甚了解。即使在语言哲学本身的范围之内，也只有维特根斯坦、奥斯汀等少数几位哲学家我曾反复研读。本书涉及的哲学家，差不多国内都已有专家在进行研究，当然比我更有资格发言。但语言哲学是 20 世纪哲学中最重要的分支之一，国内亟需这方面的通论性教材，我乃勉力为之，疏忽、不当有待各路专家指正。

我为本书的完成和出版感谢"北京市高等教育精品教材立项项目"的资助，感谢中国人民大学出版社杨宗元、符爱霞的支持。

2012 年 12 月

目　　录

第一章　导论……………………………………………………1

　第一节　语言哲学题解……………………………………………1

　第二节　古希腊哲人对语言的思考………………………………6

　第三节　罗马、中世纪对语言的思考……………………………12

　第四节　几位近代哲学家的语言观………………………………15

　第五节　语言转向…………………………………………………18

　第六节　语言哲学的基本问题……………………………………22

　第七节　语言哲学和语言学………………………………………23

　第八节　语言哲学和逻辑学………………………………………26

　第九节　语言哲学发展的脉络……………………………………28

　　一般参考书………………………………………………………32

第二章　语言哲学的一些常见概念………………………………35

　第一节　词义与句义哪个在先……………………………………35

　第二节　语句与命题………………………………………………36

　第三节　索引词……………………………………………………37

　第四节　类语句与例语句…………………………………………37

　第五节　使用与提及………………………………………………38

　第六节　语义上行…………………………………………………39

第七节 "是(存在)"的四种意义 ·················· 41

第八节 "是(存在)"是不是(逻辑)谓词 ··········· 43

第九节 悖论 ······································· 47

第十节 对象语言/元语言 ······················ 51

第十一节 真值 ··································· 56

第三章 意义理论 ····································· 57

第一节 "意义"词群 ···························· 57

第二节 意义的指称论 ·························· 59

第三节 意义的观念论(意象论)和联想论 ················ 63

第四节 行为主义的意义理论 ···················· 65

第五节 意义的可证实理论 ······················ 68

第六节 意义的成真条件论 ······················ 68

第七节 意义的使用论 ·························· 70

第四章 索绪尔 ····································· 71

第一节 施指/所指 ····························· 71

第二节 任意性原则 ···························· 73

第三节 约定 ································· 76

第四节 语言/言语及共时性/历时性 ·············· 81

第五节 结构主义语言学 ························ 84

索绪尔参考书 ·································· 86

第五章 弗雷格 ····································· 87

第一节 概况 ································· 87

第二节 意义与指称 ···························· 95

第三节 概念与函式 ···························· 101

第四节 语句与命题 …………………………………… 106

弗雷格参考书 …………………………………… 109

第六章 罗素 …………………………………………… 111

第一节 概况 …………………………………………… 111

第二节 逻辑原子与亲知 …………………………… 115

第三节 罗素的一般语言理论 …………………… 119

第四节 描述语理论（摹状词理论） …………… 122

第五节 关于描述语理论的争论 ………………… 126

第六节 "缩略的描述语"与逻辑专名 ………… 130

罗素参考书 …………………………………………… 134

第七章 维特根斯坦早期思想及其转变 ………… 136

第一节 概况 …………………………………………… 136

第二节 事实与物 …………………………………… 143

第三节 图像论 ……………………………………… 149

第四节 基本命题与充分分析 …………………… 152

第五节 不可说 ……………………………………… 158

第六节 中期思想转变 …………………………… 162

早、中期维特根斯坦参考书 …………………… 164

第八章 逻辑实证主义 …………………………… 167

第一节 概况 …………………………………………… 167

第二节 逻辑实证主义的基本思想 …………… 170

第三节 意义的可证实原则 ……………………… 174

第四节 卡尔纳普 ………………………………… 181

第五节 人工语言、逻辑语言 ………………… 188

逻辑实证主义参考书 ·· 194

第九章 维特根斯坦后期思想 ·································· 196

第一节 语言游戏 ·· 198

第二节 "意义即使用" ·· 201

第三节 家族相似 ·· 206

第四节 私有语言论题 ·· 210

第五节 自然理解 VS 充分分析 ································ 216

后期维特根斯坦参考书 ·· 220

第十章 日常语言学派 ·· 222

第一节 概况 ·· 222

第二节 莱尔 ·· 229

第三节 奥斯汀论日常语言 ·· 236

第四节 言语行为 ·· 247

日常语言学派参考书 ·· 253

第十一章 蒯因 ·· 255

第一节 概况 ·· 255

第二节 对两个教条的批判 ·· 259

第三节 语言学习与观察句 ·· 263

第四节 不确定性论题 ·· 268

第五节 本体论承诺和本体论相对性 ·························· 274

蒯因参考书 ·· 281

第十二章 乔姆斯基 ·· 283

第一节 概况 ·· 283

第二节 转换–生成语法 ·· 287

第三节　深层结构和表层结构 …………………………… 292

第四节　转换-生成语法与语义问题 …………………… 296

第五节　普遍语法与语言能力（语言官能）………… 301

第六节　关于"遵行规则"的争论 ……………………… 306

乔姆斯基参考书 …………………………………………… 316

第十三章　专名、可能世界、语词内容 ………………… 318

第一节　专名之成为问题 ………………………………… 318

第二节　指称性与描述性 ………………………………… 321

第三节　"不定簇理论" ……………………………………… 326

第四节　固定指号和孪生地球 …………………………… 329

第五节　关于固定指号和孪生地球的评论 ………… 334

第六节　语词内容与概念-意义 ………………………… 338

第十四章　隐喻与隐含 ……………………………………… 341

第一节　塞尔与戴维森论隐喻 …………………………… 342

第二节　莱柯夫/约翰森谈隐喻 ………………………… 346

第三节　字面意思与隐喻 ………………………………… 354

第四节　语境与语义条件 ………………………………… 359

第五节　蕴含与分析 ……………………………………… 362

第十五章　语言与现实 ……………………………………… 367

第一节　信号与字词语言 ………………………………… 367

第二节　区分、对应、本体论 …………………………… 371

第三节　语言与思想 ……………………………………… 376

第一章　导论

第一节　语言哲学题解

语言是所有人类都有的，同时只有人类才有。希腊人把人定义为"会说话的动物"。能够相互交谈的，就是同类；我们把和自己对话的人称作"你"，自然而然把他看作同自己一样的人，但我们不这样称呼自己正在操作的对象。近世特别提倡对话，不管对话的内容是什么，一旦开始对话，已经是某种互相承认了。语言是本族人和外族人的界限，希腊语把野蛮人称作 barbaros（barbarian），即不会说话而只会叽叽叫唤的生物。更有甚者，语言被赋予创世之功，上帝说要有光，于是就有了光，所以福音书里说"太初有言（逻各斯）"[①]。

语言和心智、精神的关系十分密切。洪堡（一译洪堡特）说："一个民族的语言即一个民族的精神……在所有可以说明民族精神和民族特性的现象中，只有语言才适合于表述民族精神和民族特性

[①]　更常见的译法是"太初有道，道与上帝同在，道就是上帝"（《约翰福音》第一章）。

最隐蔽的秘密。"[①] 培根说:"人们以为心智辖制语言,然而同样真实的是,语言反过来作用于理解。"[②] 正是基于这一观察,培根要我们警惕所谓的市场偶像。语言对人的重要性几乎怎么说都不为过,用不着有什么时尚潮流,自古以来,喜欢思索的人鲜有不被丰富而有趣的语言现象所吸引的。在先秦诸子中,公孙龙的"白马非马"之辩、墨学的逻辑,都指引我们去思考语言的本性。名和言在孔子那里有重要的地位,因谓"名不正则言不顺,言不顺则事不成"(《论语·子路》)。在孔子和后世儒家那里,言辞往往作为达意的工具受到重视,"由字以通其词,由词以通其道"(戴震:《与是仲明论学书》)。老庄也是,在他们那里,语言不仅是通往道的途径,其本身就是道的体现,道与言交织在一起。《道德经》开篇就说"道可道,非常道"。然而,说不可道不已经有所道吗? 庄子说:"既已为一矣,且得有言乎? 既已谓之一矣,且得无言乎?"(《庄子·齐物论》)在庄子的书里,随处可见对名实、有言无言等等的深刻思辨。

语言是一种心智活动,也是一种社会现象。而且,在所有心智活动和社会现象里,语言最为系统,最适合成为系统思考的对象。为什么语言是心智/社会现象里最系统的? 语言这个符号系统是纯形式的,没有实质用途,因此,这个系统的力量乃至其存在都完全依赖于它本身的系统性。可口可乐、唐装、宝马车,都可以成为符号,用来表示某些东西,但这些东西各有实际功能,语言的全部

---

① 洪堡特:《论人类语言结构的差异及其对人类精神发展的影响》,姚小平译,商务印书馆,1997 年,第 60—62 页。

② Francis Bacon, *The New Organon*, Cambridge University Press, 2000, Book I, LIX, p.48.

"功能"却只在它有所表示。宝马车成为什么东西的符号，跟它的实际功能有联系，一个语词却没有任何实际功能，它表示什么完全依赖于它在语言系统中的位置。离开乐曲，一个音本身可以嘹亮或低沉；离开图画，一种色彩本身可以鲜艳或黯淡；离开了语言系统，一个语词什么都不是。

对语言形形色色的思考，尤其是深刻的、系统的思考，都可归入"语言哲学"名下。不过，近世以来，我们区分哲学和科学，与此相应，我们至少需要区分语言学（语言科学）和语言哲学。①

尽管哲学家一向重视语言这个主题，但自20世纪初以来，这个主题获得了更加突出的地位。"语言哲学"这个名称有时特指20世纪以来围绕语言这个主题展开的哲学探讨。这个名称更狭窄的用法则专指分析哲学传统中的语言哲学。

我们可以粗略区分20世纪几个主要的西方哲学传统。一是**分析哲学**传统，主要代表人物有弗雷格、摩尔、罗素、维特根斯坦、卡尔纳普、奥斯汀、莱尔、蒯因、达米特、克里普克、戴维森等。一是**现象学-解释学**传统，代表人物有胡塞尔、海德格尔、伽达默尔、萨特、梅洛-庞蒂、德里达等。再就是**实用主义**② 传统，代表人物有皮尔士、威廉·詹姆士、约翰·杜威。一般认为实用主义传统和分析哲学传统比较接近，皮尔士被很多哲学史家视作分析哲学-现代语言哲学的开创人之一。蒯因等人后来都受到实用主义的深刻影响。

---

① 本章第七节专论这一区别。

② pragmatism。这个传统有很多不同的名称，如 practicalism、instrumentalism、experimentalism，汉译早已约定俗成作"实用主义"，当然，它不是日常汉语中意谓唯利是图的实用主义。

不过，与分析哲学和现象学-解释学两个传统 ① 相比，实用主义只是个相对次要的传统。

分析哲学和现象学-解释学两个传统在着眼点、概念框架、术语、论述风格等各个方面均相去甚远。而且——细想起来这一点颇为奇怪——两个传统之间的对话也不多。所以，很少有人把两个传统对语言的思考合在一起论述，多数题名为"语言哲学"的著作都采用较狭的指称，**特指分析哲学传统下的语言哲学**。眼下这本书也是这样。的确，把两个传统放在同一本书里来绍述，不仅需要极强的功力，而且需要不止两倍的篇幅。这些都不是本书作者能做到的。我希望哪位学人另写一部现象学-解释学传统的语言哲学，也希望有人来写一部更加包罗万象的语言哲学。②

以上是就"语言哲学"这个名称的外延来谈的，至于这个用语的内涵，这里只能作一点粗浅的说明。塞尔曾建议区分 philosophy of language 和 linguistic philosophy，前者研究语言的普遍性质，如指称、意义、真假，关心的是普遍的哲学问题；后者研究特定语言中特定词语的用法，回答某些特定的问题。③万德勒则建议更加细致

---

① 也常称作当代英美哲学和当代大陆哲学，所谓"英美哲学"里有很多德语哲学家。

② 车铭洲主编的《现代西方语言哲学》（四川人民出版社，1989 年）和徐友渔主编的《语言与哲学——当代英美与德法传统比较研究》（生活・读书・新知三联书店，1996 年）可视作这一方面的初步尝试，当然，是非常初步的尝试。我自己也在这方面做过一点努力，例如在《在语言的本质深处交谈——海德格尔和维特根斯坦对语言的思考》一文中曾表明这两个"流派"多有交叉重叠之处（参见陈嘉映：《从感觉开始》，华夏出版社，2005 年）。涉及德里达、福柯等人，我想年轻人写来会更好，他们对这些哲学家更富感应。

③ John Searle, *Philosophy of Language*, Oxford University Press, 1971, Introduction.

的区分,他分出 philosophy of linguistics、linguistic philosophy 和 philosophy of language。philosophy of linguistics 或曰"语言学哲学"这门学科"对意义、同义词、句法、翻译等语言学共相进行哲学思考,并且对语言学理论的逻辑地位和验证方式进行研究。因此,语言学哲学是科学哲学的特殊分支之一,与物理学哲学、心理学哲学等并列"。linguistic philosophy"包括基于自然语言或人工语言的结构和功能的任何一种概念研究。举例来说,亚里士多德关于存在的哲学思考、罗素的特称描述语理论、莱尔关于心智概念的著作,都在这类研究的范围之内"。最后,philosophy of language"可以留下来称呼语言哲学原初领域剩余的那些部分,包括关于语言的本质、语言与现实的关系等内容的或多或少具有哲学性质的论著。沃尔夫的《语言、思想和现实》,也许还有维特根斯坦的《逻辑哲学论》,都应归入这个范畴"①。

　　不同的建议背后含有对哲学本身的或多或少不同的理解。这个话题在这里无法展开,简明言之,我把哲学理解为对重要观念所含的道理的反思、追究。观念分属不同的领域,例如语言、历史、科学、艺术、教育等等,对这些不同领域的观念的考察形成哲学的不同分支,如语言哲学、历史哲学、科学哲学、艺术哲学、教育哲学等等。但是,语言又与历史、艺术等不同,语言和道理的关系更为紧密,乃至融合在同一个"道"字中;于是,语言哲学就不再是哲学的一个分支,而是哲学本身了,或者说是"第一哲学"。维特根斯坦

---

①　泽诺·万德勒:《哲学中的语言学》,陈嘉映译,商务印书馆,2023 年,第 8 页。

就认为"一切哲学都是'对语言的批判'"①,而达米特这样界说"分析哲学":"第一,通过对语言的一种哲学说明可以获得对思想的一种哲学说明;第二,只有这样才能获得一种综合的说明。"②这些思想内容,本书全书,尤其是本书最后一章,将反复探讨,眼下我们只要从以上两重意义来了解"语言哲学"这个用语的歧义就够了。

第二节 古希腊哲人对语言的思考

哲学起源于希腊,两千多年来哲学家所讨论的重要问题,没有哪个不能在希腊哲学里找到先声。

赫拉克利特是第一个从各个角度阐述 logos(逻各斯)的哲人。逻各斯一直是西方哲学的中心课题之一,甚至就是中心课题,乃至近年来常听到对西方哲学逻各斯中心主义的批判。logos 大致有言谈,思考,所思、所谈、所写的东西,公式,理性,论证,尺度,原则诸义。logos 原则上是无法翻译的,多半直接音译为逻各斯,但古汉语中"道"这个概念与逻各斯颇多相通之处。关于逻各斯,赫拉克利特提出了很多重要的想法,例如,虽然逻各斯是无所不在的,但大多数人却不了解它。赫拉克利特特别强调逻各斯的公共性,"逻各斯是公共的",是"必须遵从的共有的东西"。他把逻各斯比作清醒人的理智,"清醒的人有一个共同的世界,睡梦中各有各的世界"。他又把逻各斯比作法律,"如果要理智地说话,就得将我们的

---

① 维特根斯坦:《逻辑哲学论》,4.0031。

② 迈克尔·达米特:《分析哲学的起源》,王路译,上海译文出版社,2005年,第4页。

力量依靠在这个人人共同的东西上，正像城邦依靠法律一样"①。

一方面有赫拉克利特那种对逻各斯海德格尔式的玄思，另一方面也有风格与近代分析哲学不无相像的智术师。智术师高尔吉亚主张存在是无法被认知的，更是无法被言说的。即使我们确实能通过各种感觉了解存在，但你我的感觉归你我各自所有，我们怎么能通过语言把它们传达给对方呢？我们知道，语言和物体不同，我们用来感知语言的途径显然不同于我们用来感知物体的途径。语言和感觉异质，更和存在相异，而我们却希望用语言来传达感觉甚至传达存在，自然不能成功。这番思辨，实可视作关于私有语言讨论的先声。此外，高尔吉亚还提出了语言是由外界事物的刺激而产生的主张。②

柏拉图的多篇对话中有大段大段关于语言的讨论，这里主要说说《克拉底鲁篇》。《克拉底鲁篇》是一篇亦庄亦谐的范文。对话开始处，赫摩根尼（Hermogenes）向苏格拉底复述了他和克拉底鲁（Cratylus）两人刚才争论的话题：赫摩根尼主张语词是约定的，对于同样的东西，不同的民族有不同的名称，与此相似，我们经常改变奴隶的名字，新名字和旧名字一样好使；克拉底鲁则主张语词的用法是依据自然的，有对错之分。赫摩根尼并不坚定反对克拉底鲁的主张，但他抱怨克拉底鲁语焉不详，所以邀请苏格拉底来一同探讨。

这篇对话的前一大半是苏格拉底和赫摩根尼的对话，像柏拉图所写的多数对话一样，苏格拉底发议论，赫摩根尼当托儿。苏格拉

---

①　参见汪子嵩、范明生、陈村富、姚介厚：《希腊哲学史》，人民出版社，1988年，第454—466页。

②　参见北京大学哲学系外国哲学史教研室编译：《古希腊罗马哲学》，商务印书馆，1982年，第142—143页。

底大致倾向自然说而反对约定说。第一个根据是,我们不能把人叫作"马",也不能把马叫作"人"。第二个根据是,命题是由语词构成的,命题有对有错,所以语词也有对有错。苏格拉底进一步用工具来说明语词:工欲善其事,必须使用适当的工具,人要说话,就要使用适当的语词,我们必须沿着自然的纹理来切割一样东西;同样,我们必须用自然的方式来说话。这些工具的制造者是一些专家,他们制造的工具优劣则由使用这些工具的工匠判定。

不同语言用不同的音节来制作同一个语词,就像不同的工匠用不同的铁块来制造梭子,"质料可以不同,形式却是一样的"。苏格拉底进一步主张,正确的语词显示出被命名事物的不变本质。给一个不信神的人起名叫 Theophilus(敬爱神明的人)就是误称。由于我们总是随着祖上的姓名给孩子命名,所以实际使用的名称是很容易产生误导的。苏格拉底半认真半玩笑,长篇大论分析神、精灵、人、身、心、运动等等重要语词的词源,他从一些语言事实引出一种结论,从另一些语言事实又引出相反的结论。苏格拉底大概是通过这种反讽手法对当时的一场论战作出反应:我们是否能够通过语源分析达到真理?

语词怎样显示事物的本质呢?苏格拉底引入他的模仿说:音乐家和画家用音调和色彩模仿事物的外表,哑巴用向上的手势来表示轻扬,语词则用字母的组合来模仿事物的本质。苏格拉底猜测说,每个字母本身就有某种特征,例如"α"这个字母表示规模,"o"这个字母模仿圆,古人大概就是依此创造了我们现在使用的语词。

在苏格拉底和赫摩根尼的以上对话中,苏格拉底似乎是在为克拉底鲁的主张提供理据,支持语词不是约定的,语词是自然的并因此有真假。但苏格拉底表示，他对刚才获得的那些结论很没把握。这时，苏格拉底转向克拉底鲁，对话的后一半一直是苏格拉底和克拉底鲁两人之间的对话。克拉底鲁认为，一个名称要么命名了事物，因此是正确的；要么没有命名事物，因此是没有意义的，就像一个噪音，只是无意义的而无所谓对错。苏格拉底把语词比作肖像，借以表明克拉底鲁的主张是错误的，因为一幅肖像可能不够真实，但也不是完全走样。但克拉底鲁反对把语词比作肖像，一幅肖像可能略去了原型的一些特征，因此不大像原型，却仍然是可辨认的肖像，一个语词若减去一个字母，可能就是另一个词或根本不是一个词了。

随着对话的进展，苏格拉底列举了有利于约定说的一些典型事实，逐步调整语词模仿本质的主张，结论大致是：如果语词能够完全模仿事物的本性，我们就得到完善的语言，然而，实际语言却总是由约定来加以补充的。

在柏拉图那里，语言问题的探讨始终和一般哲学问题交织在一起，这篇对话讨论了我们是否可以只凭研究语词来洞悉事物的本性，我们是否能够不借助语词来认识事物，不变的本质和流变的现实之间是何种关系等极重要的话题。

错误还是无意义？这是语言哲学中反复讨论的问题，在希腊哲学的全盛时期，这个问题经常这样表述：真的就是存在的。那么，错误的岂不就是不存在吗？《泰阿泰德篇》从认识论的角度探讨了这一问题。柏拉图否定了不通过任何媒介对事物的"直接认识"。居于首要地位的媒介是逻各斯。知觉通过逻各斯成为思想，就此而言，思维和语言是同一的。但是，如果思维和逻各斯（语言）同一，就会出现一个困难：思维怎么会与逻各斯相悖而出错？柏拉图采取的路线似乎与近世的逻辑还原论非常相似。苏格拉底告诉泰阿泰德，他似乎曾在梦里听人说过，构成人和万物的最基本元素是无理可解的，它们只能被命名，却不可能加以述说，因为若能以无论肯定抑或否定的方式谈到它具有某种禀性，它都不再是最简单的东西。我们只好不靠任何一种规定性直接为它们命名，因此它们只有名称，别无其他。由这些基本元素编织而成的东西是复杂的东西，因此是可述说的，它们由名称的组合来表达。《智术师篇》继续探讨《泰阿泰德篇》中已经提出过的否定的存在陈述问题。"王母娘娘从不存在"这类否定的存在命题一直令人困惑，因为似乎在某种意义上必须先有个王母娘娘，我们才能说她存在还是不存在。这个哲学史上经年不治的老难题，蒯因称之为"柏拉图的胡须"，它十分坚硬，让奥康姆剃刀犯了难。本书将多次回过头来讨论这个问题。

　　亚里士多德是系统探讨语言的方方面面的第一人。亚里士多德常被尊为科学之父、各门科学之父，这个尊号在语言学上也是恰当的。在《解释篇》开篇，亚里士多德说明他将要首先定义名词和动词，然后将解释否定、肯定、命题等等的含义。他接着表明了他对语言的一般看法：口语是内心经验的符号，文字是口语的符号。语词由约定产生，名词具有与时间无关的意义，动词的意义则与时间有关。[①] 名词和动词结合，形成句子。各个民族的口语和文字都是不同的，然而，虽然各个民族的语言有不同的约定，但内心经验

----

　　① 在希腊语以及后来的各种西语里，动词是带时态的。德文表示"动词"的词 Zeitwort，直译为"时间词"。

对所有人都是相同的，由这种内心经验所表现的对象也是相同的。词汇本身无所谓对错，只有由词汇结合而成的句子才可能有对错。句子或我们心中的思想，有时没有对错之分，有时则有对错，例如祈祷就无所谓对错，但若句子对存在作出了肯定或否定，就出现对错之分。这种有对错之分的句子，就是命题。在《解释篇》里，亚里士多德只研究有对错之分的句子即命题，并表示其他的句子属于修辞学和诗学的研究范围。亚里士多德接着讨论了肯定命题和否定命题、简单命题和复合命题、单称命题和全称命题、包含可能性的命题和包含必然性的命题（大致与后世所谓综合命题／分析命题相当）。在《范畴篇》中，亚里士多德对语词作了分类，将其分为实体、数量、性质、关系、处所、时间、姿态、动作、承受，并对这些范畴一一作了探讨。

亚里士多德在他的其他著作中，也有大量关于语言的深入探讨。《形而上学》中关于"四因"的分析，《物理学》中关于"运动"等概念的分析，都是概念分析的典范。《诗学》《修辞学》中探讨"非命题形式的"语言现象。在谈论具体的语言现象时，亚里士多德经常超出自己对语词本性的简单解释，把语言和理解联系在一起，而不限于从句子的对错出发来评论语言，例如他曾这样谈到隐喻："日常语词只传达我们已经知道的东西，通过隐喻我们才能最好地把握新鲜的东西。"①

后世语言哲学的主要论题，鲜有亚里士多德不曾探讨过的。他的论断，无论对错，多半都对后世产生了深刻而持久的影响。他

---

① 亚里士多德:《修辞学》，1410b，罗念生译，上海人民出版社，2006 年。

的某些真知灼见，曾被后世曲解或掩忘，待后人重新思及，才发现在亚里士多德那里其实早有先声。例如奥斯汀关于以言行事的洞见，是近世语言哲学的重要部分，然而这在亚里士多德关于命题形式与非命题形式的区分中已现端倪。此外，亚里士多德在其各种著述中还提到了很多前辈哲学家的观点，其中一则说，赫拉克利特的信徒克拉底鲁坚持万物不断流动，因此无法给任何事物命名，乃至他不肯开口说话，只用手指来指。这类简短的引述直击某些思路的要害。

第三节 罗马、中世纪对语言的思考

罗马人的思辨水平远低于希腊人，不过，由于罗马人热衷于拉丁语的语法规则研究，所以在语言学领域里，罗马人留下了不少遗产，近代语法学的术语和体例多半是从拉丁语法继承下来的。

罗马时期的大思想家奥古斯丁对语言作了全方位的思考。他把《约翰福音》开篇的一句理解为"太初有言"，明确提出了言语创生万有的认识。奥古斯丁区别声音与意义："声音与意义是两回事，声音方面有希腊语、拉丁语的差别，意义却没有希腊、拉丁或其他语言的差别。"[1] "幸福"这个词在各种语言中不同，不懂这种语言，你听到这个词就会无动于衷，但对幸福本身的追求却是操各种语言的人共有的。意义的这种同一性是怎么获得的？奥古斯丁建议用记忆来加以解释。奥古斯丁有时也把意义称作内在的语词，内在语

---

① 奥古斯丁：《忏悔录》，周士良译，商务印书馆，1997年，第196页。

词无须通过声音的表达而存在，外在的语词却总是依赖于内在语词的预先存在的。但他也承认，从内在语词到表达，其中发生了一些变化：思维在最终的表达中成为清楚的东西。当然，上帝的行动没有先后之分，对于上帝来说，内在语词已经是清楚的。托马斯·阿奎那后来继承了奥古斯丁的这一区分，主张内在语词是上帝的语词，体现着上帝的创造力量，外在语词则是一种被创物。上帝可以通过外在语词对人说话，也可以直接通过内在语词对人的内心说话。近世语言哲学中关于私有语言的讨论，以及深层语法的讨论，都可在这里找到端倪。

人们最初是怎么学会语词的呢？奥古斯丁这样描述自己童年的经验：

> 听到别人指一件东西，或看到别人随着某一种声音做某一种动作，我便有所觉察：我记住了这东西叫什么；要指那件东西时，就发出那种声音。我又从别人的动作了解别人的意愿，这是各民族的自然语言：这种语言通过表情和眼神的变化，通过肢体动作和声调口气来展示心灵的种种感受，或为要求、或为保留、或是拒绝、或是逃避。这样一再听到那些语言，按各种语句中的先后次序，我逐渐通解它们的意义，后来我的口舌也会自如地吐出这些音符，我也就通过这些符号来表达自己的愿望了。[1]

---

[1] 奥古斯丁：《忏悔录》，周士良译，商务印书馆，1997年，第11—12页。

罗马之后，欧洲进入了中世纪，中世纪哲学总体上当然远不及希腊哲学辉煌，但在语言探究这一领域，中世纪哲人做出了重要的贡献。中世纪早期的普利西安编著了鸿篇巨制《语法原理》，差不多涉及语言学的所有方面。后世中世纪学者继续对语法学进行广泛细致的研究，在语言学的很多方面有所建树。在中世纪所谓的七艺中，语法、辩论术、修辞学是最重要的三艺。

中世纪重视语言探索的一个原因是当时的哲人热衷于对《圣经》的诠释。《圣经》里本来就有很多关于语言的故事，其中巴别塔的故事最为著名。这个故事说，天下人的语言一开始都是相同的，他们聚在一起，决定建造一座直通天顶的塔，传扬人类的名字，以免人类始终分散在大地上。耶和华恐怕人类要是做成了这件事，以后无论要做什么，就没有做不成的了，于是，耶和华变乱了人们的口音，使人们互相之间语言不通，从此分散在各地，放弃了共同建设高塔的事业。巴别塔中的"巴别"，意思就是"变乱"。这个故事寓意深长，曾被无数人引用、阐释。直到今天，不同语言仍是区分不同社会群体的主要基础。另一方面，共同的科学语言好像有望直达终极理论，让人类能像上帝一样获得对世界的最终认识。

中世纪语法学与本体论、认识论、逻辑学等学科紧密交织，其中一个最著名的争论就是唯名论和唯实论的争论。哲人们注意到有些名词如苏格拉底指称的是个体，有些名词如人指称的是类。因此，我们应当区分这两类名词：一是专名，一是通名。唯实论者认为通名像专名一样也指称实在的对象，唯名论者持相反的观点。唯名论的重要代表阿伯拉尔从个别高于一般的基本立场出发来区分专名和通名，专名如苏格拉底是有所指的，指的就是苏格拉底这个人，作为专名，它的所指是唯一的；通名如人却没有一个同样明确的对象与之对应，人固然是有意义的，但人的意义不在于有所指，而在于人是代表一个类的记号。另一个著名的唯名论者奥康姆也持类似的观点。奥康姆是中世纪最重要的逻辑学家之一，在逻辑研究过程中，他发现必须对语词作出新的分类，例如需要区分实体语词和形式语词，前者如"桌子"，后者如"有些""不""如果……那么……"，后面这些词很接近后世所谓的"逻辑常项"。唯名论／唯实论之争通过一些变形广泛重现于 20 世纪语言哲学。

中世纪语言学家对另一些语言哲学问题也发生过很大的兴趣，例如：句子在先还是词在先？多数论者倾向于认为词在先，基本的根据是句子乃由词构成的。

第四节　几位近代哲学家的语言观

近代以来，有很多重大的事件影响到语言学和语言思辨的发展，这里仅提数端：中世纪晚期，西欧人重新发现希腊、罗马典籍；文艺复兴时期，兴起近代人文主义；近代科学方法的诞生；拉丁语的衰微和各民族语言的生长；伴随新大陆的发现，人们了解到印第安语等多种新的语言；此外还有对汉语以及汉语语法学的了解；等等。

近代有很多哲学家在多个方面对分析哲学传统的语言哲学家们有较大影响。这里亦仅提数端。

洛克持意义的观念论，认为词所指示的不是事物，而是观念。通名指示类的观念，类的观念是由类的属性合成的。马具有四足、有毛、食草、善跑等多种属性，这些属性结合到一起就是"马"的意义，同时也是识别马的标准。

莱布尼茨从多个方面对洛克的学说提出挑战，在语言领域也不例外。莱布尼茨质疑说：每个人的观念或心象都不尽相同，如果一个语词代表观念，那它代表哪个人的观念呢？莱布尼茨因此倾向于把语词认作是语言共同体共享的符号。莱布尼茨对后世语言哲学更重要的影响是他建设人工语言的努力。莱布尼茨从一个更广泛的意义上理解语言，把语言看作各种可能符号的一种。他强调自然语言依赖于知觉，因此具有知觉的模糊、歧义等种种缺陷。自然语言不是描述客观事物的最佳工具，人们发明语词，一方面受到客观事物的引导，另一方面却掺进了人们自己的偏好。为了探究真理，必须建立一个由普遍符号组成的更为清楚的符号体系，他本人就为此做出了长期的努力。这种努力在数学方面是卓有成效的，今天人们使用的微积分符号就是从莱布尼茨的符号系统发展出来的。他甚至设想，有一天人们不必再进行无谓的争论，人们使用一种清晰的逻辑语言，所有争论都可以在黑板上像解数学题一样得到解决，在这一点上，我不敢说莱布尼茨及其后继者取得了成功。

贝克莱从另一个角度对洛克发起挑战。他认为，名称不直接指称任何对应于实体的观念，而是指称对应于现象的特殊观念。通过类似的论证，贝克莱最终还否定了"物质实体"的概念。

18世纪到19世纪，欧洲的语言研究如火如荼，尤其集中在语言起源问题上。当时，已很少有思想家相信上帝造人的观念，人的自然起源及进化以各种形式得到讨论，语言作为人的本质规定，其起源等问题吸引强烈兴趣原不足怪。卢梭写过《论语言的起源》。

普鲁士皇家科学院设立专奖征求关于语言起源的论文,最后获奖的是赫尔德的《论语言的起源》。再如 J. 伯尼特的《论语言的起源和进步》,相关论著不可胜数。18 世纪末,语言学家大规模展开梵语与欧洲语言的比较研究,以此为契机,大量语言研究逐渐脱离哲学思辨,转向语言科学的方向。当然,每一门大科学学科成形之初,其创始人都深具哲学洞见,从洪堡到索绪尔都是如此。

　　哲学家则从另一些角度继续关注语言,形成了 20 世纪语言哲学的一些论题,如指称问题、意义问题。英国哲学家、逻辑学家密尔把绝大多数语词视作名称。名称对应于对象。名称分作专名和通名。通名既有意义(connotation)又有指称(denotation),或者也可以说,既有内涵(intension)又有外延(extension)。内涵代表对象的根本属性,外延是名称所适用的对象的集合。内涵决定外延,例如“人”的内涵是两足无羽的理性动物,凡符合这一定义的所有对象并唯符合这一定义的对象即是人。所以,也可以把内涵视作通名所指对象品类的定义,或视作确定这一品类有哪些成员的识别标准。关于通名的理解,密尔大致采取了洛克的看法,但他更进一步提出,通名直接指示一类对象,而同时间接地表明了这类对象的属性。“马”指示马这个类,同时间接表明了四足、有毛、食草、善跑等属性,这些属性就是“马”这个名称的内涵。另一方面,“马”这个名称的外延就是所有的马。专名没有内涵只有外延,等于说专名是一个没有意义的标记,我们通过它和心里关于对象的观念或它所指的对象联系到一起。“的卢”没有意义,只是一个名称,我们无法从这个名称得知对象的任何属性,以及这个名称和它所指的对象(那匹马)的直接联系。Dartmouth 是一个地方的名称,命名它为 Dartmouth，因为它是 Dart 河的河口（mouth 的一个意义是"河口"），但这是命名的起因而不是这个名称的意义。即使 Dart 河改道，Dartmouth 不再是 Dart 河的河口，这个地方完全可能沿用这个地名。

密尔的看法似乎接近于我们对语词的初级反思。"马"是个通名，可以在字典上查到这个词的定义，这个定义同时也是马这个动物种类的本质特征。本质涉及的是类，"的卢"是个个体，因此说不上有什么本质特征。"的卢"也没什么含义，你要问我"的卢"是什么意思，我会回答说："的卢没什么意思，那是一匹马的名字"。不过，这一理论也包含很多疑问，我们将在第十三章再来讨论。

对 20 世纪语言哲学产生重大影响的另一位哲学家是康德，特别是他对综合命题和分析命题的区分。不过，康德在他的皇皇巨著《纯粹理性批判》里几乎没有谈到语言，如果我们想到几乎与他同时的赫尔德、洪堡等人，想到"语言"那时候差不多成了"精神"和"文化"的代词，这就更显得奇怪了。很多康德研究者都对这一点表示过迷惑、遗憾、不满。但也有持相反看法的论者，如对维特根斯坦颇有影响的毛特纳就把《纯粹理性批判》视作"语言批判"。

第五节　语言转向

阿佩尔曾经这样总结西方哲学的发展：古代哲学注重的是本体论，从近代开始，哲学注重的是认识论，到 20 世纪，哲学注重的是语言。本体论要确定的是"什么东西存在"或"什么是实在的基本存在形式"。认识论要确定哪些东西是我们能认识的，我们是怎样认识这些东西的。从本体论到认识论，可以看成是一种进展：我们不再独断什么东西存在，而是通过对人类怎样认识世界来确定什么东西存在。沿着这样的线索，我们可以把语言哲学（意义理论）看作一种进展：我们在何种"意义"上能够认识存在——而"意义"的首要载体就是语言。所以，阿佩尔的说法既可以看成一种描述，也可以看成一种主张：哲学归根到底是对语言的思考。例如达米特就认为我们现在应该把语言哲学而不再是把认识论置于哲学的中心。

当然，无论用什么模式来概括历史，都不可能事事解释得通，但 20 世纪哲学经历了一个"语言转向"①，这可说是论者的共识。"语言转向"不仅属于本书所介绍的分析哲学传统，现象学-解释学传统也经历了这一"转向"。语言在胡塞尔哲学中是附属的，而海德格尔则称语言为"存在的家"。海德格尔、伽达默尔等人后来弃用"现象学"这个名号而代之以"解释学"也透露了这一"转向"，因此，不少论者认为20世纪哲学和对语言的哲学探讨成了同义语。②

为什么会发生语言转向？人们经常提到的原因有以下几条。

第一，20 世纪语言哲学兴起的直接缘由是世纪初一批新哲学家如摩尔、罗素等对当时英国主流哲学及其德国古典哲学背景的不满。他们认为，在格林和布拉德雷的形而上学中充满了意义不明的大概念。要改善哲学研究，第一步就需要澄清所使用语词的意义。澄清语词意义这项工作展开以后，不少哲学家感到，这项工作远不

---

① 无论从本体论-认识论-语言哲学这三个阶段来看，还是从语言转向的内涵来看，linguistic turn 都应译作"语言转向"，而不宜译作"语言学转向"。

② 参见 Bernard T. Harrison, *An Introduction to the Philosophy of Language*, The MacMillan Press LTD, 1979, Preface。

只是一项准备性的任务，它似乎就是哲学的真正任务。维也纳小组的青年人更加激进，他们认为，对命题意义的研究将代替对认识能力的研究，传统的认识论将从此消失，哲学将不再纠缠于那些不清不楚的问题，凡是可以表达的，就可以表达清楚，"原则上没有什么不能回答的问题"，所谓回答不了的问题，根本不是什么真正的问题，而是一些无意义的语词排列。[①] 由是哲学不仅发生了革命，而且是一场最终的、一劳永逸的革命。在哲学世界之外，我们经历过同样的激情。当然，也经历过"革命之后"。

第二，新逻辑的发现。前两点可以合在一起看，新逻辑的拥护者发现，借用新的逻辑手段进行语言分析，可以揭示出古典哲学中的很多混乱，并批驳过去的很多论证。他们相信，借用这些逻辑手段将能够建立新型的哲学论证和新的哲学。

第三，反对哲学中的心理主义。无论是分析哲学的鼻祖弗雷格还是现象学的鼻祖胡塞尔都极力反对心理主义。对心理活动的解释总难免存在主观成分，对语言-命题的意义却可以进行客观研究。

第四，语言科学的建立和进步。这一点可以从洪堡、索绪尔、乔姆斯基等人对现代哲学的影响看到。

霍金在他那本无人不知的科普著作中引用了"本世纪最著名的哲学家"维特根斯坦的一句话："哲学剩余的唯一工作就是语言分析。"并且评论说：从亚里士多德到康德的伟大哲学传统以整个宇宙的真理为己任，而到了20世纪，哲学探索的领域竟抽缩得如此狭窄，

---

① 参见石里克：《哲学的转变》，见洪谦主编，《逻辑经验主义》，商务印书馆，1989年。石里克的议论显然受到维特根斯坦"凡能够说的就能说清楚"这句格言的鼓舞。

不啻堕落。[①] 那么，哲学中的"语言转向"究竟是一种进步还是一种堕落？我不认为从长期来说，哲学有所谓进步。泛泛地说，哲学对自己所处的时代作总体的思考；具体一点说，19世纪以来，实证科学，包括社会科学，明确从哲学-科学的西方大传统分离出来，哲学之为概念考察的本性更加凸显，以此观之，语言转向是哲学自身调整的应有之义。

阿尔斯顿在他引论式的《语言哲学》里提到"对语言哲学有着特殊干系的转变"："传统上人们总是觉得，概念分析的工作无论怎么重要，那毕竟是一项初步的工作，哲学家的终极任务是获取对世界的基本结构的充分理解、获取关于人类活动和社会组织的一套充分的标准。"但是在我们的时代，人们已经不再相信这些任务可以由哲学家坐在沙发上完成，也许还只有概念分析适合于哲学家去做，而概念分析当然"总是牵涉到语言的"[②]。我认为这是解释"语言转向"最重要的角度。从前，哲学和科学是一回事。亚里士多德把哲学定义为关于真的科学，这是哲学家亦即科学家的事业，他们一方面扩展知识的领域，另一方面通过概念思辨使得不断扩展的知识得到理解。然而，科学的发展使得古典的求真概念受到挑战。求真这项伟大的事业似乎已经逐步由近代科学去独立承担了。然而，近代科学的求真活动主要是通过技术性概念推进的，基本脱离了自然概念的思辨。（人们一般是反过来说的：科学活动把概念思辨驱逐了。）现在只剩下两件事情适合于概念思辨：一是探索实证方式没

---

① 参见霍金：《时间简史》，许明贤、吴忠超译，上海三联书店，1993年，第154页。

② William P. Alston, *Philosophy of Language*, Prentice-Hall, Inc, 1964, pp.6-7.

太大作为的那些领域，如伦理、艺术等等；一是沟通科学理解和自然理解，亦即努力使技术性概念获得非技术性的理解。认知的进展割开了科学和哲学，割开了实证求真和概念思辨，割开了科学家和哲学家。今天的科学家和哲学家都已经不再是以往意义上的科学家-哲学家。这不是因为哲学家转向了概念思辨的领域，而是现在有了一块和实证求真活动相分离的概念思辨领域留给哲学家管理。概念思辨本来就主要是在语言分析层面上进行的，**当概念考察明确成为哲学的主要工作后，语言转向也就自然而然发生了。**

第六节 语言哲学的基本问题

一般认为，语言哲学的中心问题是：其一，**语言和世界的关系**；其二，**语言或语词的意义问题**。哲学问题总是互相勾连的，上面提到的两个大问题是近邻，甚至可以说是从两个角度看待同一个问题。例如，要知道一句话是真是假，我们就得察看实际情况（语言和世界的关系问题），但我们须懂得这句话的意思（语句的意义问题）才知道该察看什么实际情况。这样看来，意义问题在真假问题之前。然而，语句怎么就有意义了？从何处获得意义？有些哲学家提出了意义的成真条件理论：了解一个句子的意义就是知道它在何种情况下为真。这样一来，是否为真的问题在先。但是，我们通常的确还不知道一句话是真是假就先了解其意义，这是怎么做到的？一个主要设想是从构成语句的词语获得。然而，词语从何处获得意义？这就引向词语的指称和意义问题。

单说语句为真与否，也会引发一系列的问题。一个句子可能在这个场合为真在另一个场合为假，例如"中国现任总理是周恩来"，这个句子在 1962 年时为真而在 1992 年时为假，这就引向句子和命题的区分。真命题内部的区分也是一个热点问题，有的句子似乎无关世界而始终是真的，例如 $2 \times 2 = 4$；有的句子却要看世界上实际发生的事情如何，例如老子是孔子的老师。这就把分析（逻辑）和综合（经验）这对老范畴引入了讨论。逻辑的核心内容是推理：我们不必每一步都去察看现实，只要前提为真，推理程序有效，就可以达到真结论。逻辑是怎样使推理具有保真（truth preservation）性能的？只靠建立正当的程序吗？抑或需要首先理解语词和语句的意义？经验句子为真在于符合事实，这就要求我们对"事实"进行思考，"原子事实""分子事实"这些概念应运而生。然而，很多句子有意义却无所谓真假，例如"请把门打开"，对这类句子的思考就把我们引向记述式与施行式这样的区分。

诸如此类的问题构成了语言哲学的大致范围，我们可以通过另外的方式组织这些问题。所谓"基本问题"只是笼统言之，各个问题互相缠绕，"是、存在"和"意义、指称"，"迈农悖论"和"特称描述语理论"，哪个是更基本的？本书在阐论一个问题的时候，将常常提示它与其他问题的联系。

第七节　语言哲学和语言学

哲学漫游于各个学科之间，语言哲学也不例外。语言哲学领域里的大家，有些在逻辑学卓有建树，有些浸润于科学哲学，有些则与文学亲缘更深。而在各门相邻学科中，语言哲学显然和语言学的关系格外紧密。

语言是一个符号系统。"符号"有很多近义词，如信号、象征、标志、画符等等，这些东西都含有施指／所指的关系，即一事物-现象表征另一事物-现象。我们不妨把符号或指号（希腊语是 semeion）用作概括的名称，凡有所表征的，都可以称为"符号"。索绪尔已经预言可以建立一门符号学（semiology，也常译作指号学），对所有种类的符号作总括的研究。后来美国的莫里斯（C. Morris）接受了这一建议，创建了"符号学"[1]。语言是符号系统之一，因此，语言学是符号学的一个分支。绘画、舞蹈、服饰、仪式、礼节等等都具有符号性质，都是符号学研究的对象。不过，正像索绪尔预言的那样，由于语言比其他符号系统具有更大的任意性[2]，在符号学的各支中，语言学始终是最为重要的。更进一步的考察还将表明，语言不仅比其他符号系统更复杂、更系统，而且语言是一种具有崭新性质的符号[3]，因此，哲学对语言本质的关注并不是对一般符号的关注的一个特例而已。

语言学大致分为语音学、词汇学和句法学等类别，词汇学又有两个分支：词形学和语义学。语音学的技术性较强，发生较晚，取得的成果却最系统，实际上，正是对语音的科学研究造就了现代语言科学的基础。近年来，乔姆斯基语法的出现，计算机的出现和广泛应用，以及另一些因素，已经根本改变了语言学的景观。语言学，或至少语言学中的大部分内容，已经构成一门标准的实证科学，由

---

① 参见莫里斯：《指号、语言和行为》，罗兰、周易译，上海人民出版社，1989年。

② 参见本书第四章第一节。

③ 参见本书第十五章第一节。

自己的若干分支结合成一个整体。形式语言学已经成为这门实证科学的主干。形式语言学也称数理语言学[①]，在这里，语言被视作一些语句的集合，这些语句则是由一些有限的符号组成的。这种集合论的处理方式在很大程度上是为了探索怎样使自然语言能够由计算机进行处理，但同时也在幼儿的语言学习、不同自然语言之间的翻译、自然语言的语法机制和概念结构等多个方面提供了新的洞见。形式语言学大致是乔姆斯基语言学和由弗雷格等人开创的数理逻辑的结合，虽然乔姆斯基本人对从集合论切入语言学研究的这条外延主义思路本身深表怀疑。本书在谈到语言学的时候，多半限于传统的语言学。

　　语言学的几个分支互相联系，例如，词汇学里最重要的问题之一，如何确定词的界限，就须借重于语音学。虚词、语气词等则既是词汇学又是句法学研究的对象。但总的说来，哲学和语音学、词形学联系较少，但和句法学尤其是和语义学联系较多。哲学本来就是对基本观念的概念性研究，语义和概念的关系最近，自然会受到哲学家更多的关注。

　　但即使在语言学家和语言哲学家共同关注的领域，两者的旨趣仍然不同。大致说来，语言学家旨在更好地理解语言的内部机制，直到掌握这一机制，哲学家关注的则是凝结在语言中的人类理解，他通过对语言的理解来理解世界。哲学家可以从语言学汲取营养，就像从各种经验和各门学科汲取营养，不过，一、语言最系统地凝结着人类理解，哲学关注语言现象更甚于关注另一些现象，因此，

---

　　① 也有论者区分"形式语言学"和"数理语言学"，但本书不讨论这些细微的差别。

无论有没有语言转向，哲学都始终会关注语言，而对（例如）地质的关注却是特殊的兴趣。二、哲学无法从高度形式化的科学汲取多少营养，语言学的一些分支如语义学，原则上不可能高度形式化，它们将始终与哲学反思密切联系。

第八节 语言哲学和逻辑学

语言哲学的另一个近邻学科是逻辑学。逻辑研究推理，研究有效推理的规则，区分什么是正确的推理，什么是错误的推理。如果我们宽泛地理解"推论"，逻辑的范围也就相应宽泛，我们说到一个人逻辑性强，逻辑思维能力强，大致是在很广的意义上说的。但"逻辑学"现在通常是在狭义上使用的，专指对推论中的纯形式因素的研究。

从广狭不同的意义上来理解逻辑，会对哲学和逻辑的关系作出截然不同的判定。哲学-科学要求论证，要求讲出持某一论点的道理何在，因此有别于神话、启示、感想；若在"道理"这种广义上理解逻辑，逻辑就是哲学的核心工作。在这个意义上，黑格尔可以心安理得地把自己哲学系统的概念形式部分称作"逻辑学"。但绝大多数逻辑学家狭义地理解逻辑学，完全否认黑格尔的"逻辑学"是逻辑学。但若我们这样狭义地理解逻辑学，那么我们就会像亚里士多德那样，不把逻辑学放在哲学之内，而是把它当作哲学-科学的工具来看待。

亚里士多德是第一个对推论形式作出系统分类和研究的人。此后，逻辑学在许多技术细节上得到发展、修正，但大的框架始终是亚里士多德式的。

在中世纪，逻辑学和语法学完全纠合在一起。语法学本来研究自然语言，我们有希腊语语法、拉丁语语法、英语语法，从后来的眼光倒回去看，逻辑学像是某种意义上的普遍语法，无论说拉丁语的人还是说英语的人都要遵从逻辑规则。一般说来，句法比语词意义容易形式化，有一部分句法比另一部分句法容易形式化，所以，逻辑学一开始就和语法学交织得更密切，主要研究与推论有关的一些特定句式的句法。

传统逻辑有一些明显的缺陷，例如没有哪条规则可依据马都是动物推论出马头都是动物头。布尔在分析数学证明步骤时发现了这一点，并着手对传统逻辑进行改造。弗雷格推进了"新逻辑"的研究，并为现代逻辑设计了一套新的符号，这套新的"概念文字"的一个突出优点在于逻辑学家能够借以进行量化和混合量化。罗素和怀特海合作撰写了《数学原理》，致力于从纯逻辑原理推导出整个数学基础，这个理想虽没有实现，但大大推动了逻辑学的发展，而且，他们采用了一套更加有效的符号系统，对于新逻辑的发展也非常有利。

一般认为，新逻辑是语言转向的一个主要动因。19 世纪 20 世纪之交，很多哲学家对传统形而上学命题是否有意义表示怀疑，至少认为这些表述过于含混。新逻辑看来为他们澄清甚至消解传统形而上学命题提供了有力的工具。语言哲学家中有很多代表人物，如弗雷格、罗素、维特根斯坦、卡尔纳普、克里普克等，或是重要的逻辑学家，或对逻辑学有所贡献。另外如塔斯基等，主要从事逻辑学研究，但对语言哲学也产生了重大影响。

不过，我们记得，新逻辑主要产生于关于数学基础的探究，并在 20 世纪不断加深其数学性质。数理逻辑或数学性的逻辑（mathematical logic）不止是个名号，它标明了现代逻辑的本质。我同意王浩的看法："逻辑学从哲学中渐渐抽身而出，并使得自己慢慢融入了数学……逻辑学家对哲学（甚至对他们自己的技术性工作背后的哲学动机）的冷漠态度也与日俱增。"[①] 现代逻辑学现在是数学的一个常规分支，像所有高度专门化的学科一样，它与我们通常称作"哲学"的活动离得越来越远。

第九节　语言哲学发展的脉络

语言哲学是在现代逻辑学的背景下发展起来的。一般认为第一个最重要的语言哲学家是弗雷格。达米特阐释弗雷格哲学的巨著题名为《弗雷格：语言哲学》，这个题目已经提示了这个判断。不过，达米特在论述分析哲学起源的时候也指出，弗雷格本人并没有明确提出语言转向，而且他的有些论述看起来与语言转向正相反，达米特所要坚持的是，弗雷格的工作使得后继的哲学研究会自然而然地转向语言哲学，在这个意义上，弗雷格引发了语言转向。有些论者则认为罗素才是语言哲学的奠基人，他的描述语理论被普遍认作语言哲学的划时代成就。另有如哈克等不少论者，认定语言转向是在维特根斯坦那里开始的。泛泛而论，我们可以认为弗雷格等人开始了语言转向，维特根斯坦完成了这一转向。

---

① 王浩：《超越分析哲学》，徐英谨译，浙江大学出版社，2010 年，第 149—150 页。

　　弗雷格是个逻辑学家，罗素在 20 世纪初的哲学兴趣也主要在逻辑方面，自然而然，**逻辑主义**在早期语言哲学中占据了中心地位，此后也一直是语言哲学中的一条主线。维特根斯坦是罗素的学生，但他更是一个原创性的哲学家，他在第一次世界大战后出版的《逻辑哲学论》对语言哲学的发展产生重大影响。不久后在维也纳崛起的逻辑实证主义主要是从罗素和维特根斯坦那里汲取灵感。卡尔纳普的《世界的逻辑结构》是逻辑主义的又一代表作。弗雷格、罗素、前期维特根斯坦、维也纳学派、艾耶尔，以及 C. I. 刘易斯、古德曼等美国哲学家代表了语言哲学中的逻辑主义路线。

　　但是从一开始就有不同的声音。摩尔虽然也学习了一点数学和逻辑，但他坚持采用日常语言分析的方法。第二次世界大战以后，日常语言学派进入全盛时期。不过这个所谓的学派，并不是维也纳学派那样一个有组织有纲领的团体，只是一些在哲学的任务、方法等方面共识较多的哲学家，在牛津有莱尔、奥斯汀、斯特劳森，在剑桥有威斯顿，在维也纳有魏斯曼。威斯顿自 30 年代受到中后期维特根斯坦的影响后，从逻辑实证论转向日常语言分析，成为这一学派在剑桥的代表人物。魏斯曼是维也纳小组的成员，并先后在剑桥和牛津执教，在维也纳小组中，他最了解、同情维特根斯坦中期的转变。日常语言学派可以看作是对逻辑语言学派高度形式化的一种反动，从尽可能"上行"到逻辑层面退回到自然语言的分析。后期维特根斯坦也可以归入这一学派，甚至可以看作这一学派的主要代表人物，的确，日常语言学派哲学家中多数都深受后期维特根斯坦的影响。不过，维特根斯坦的后期思想自成一系，通常不把它归入哪个流派。

当然，逻辑语言主义和日常语言学派只是语言哲学内部大致可辨的两个主要方向，语言转向大潮流中其实包含多种多样的取向，不同方向的哲学家们的实际运思其实又多有交错，例如，"日常语言学派"的莱尔对"系统误导的表达式"的分析和罗素的描述语分析差不多，逻辑语言主义哲学家在认识论讨论中毫不介意利用奥斯汀对"知道"等语词的分析成果。

日常语言学派到 60 年代后期逐渐衰弱。魏斯曼和奥斯汀相继去世，莱尔和威斯顿年迈退休。美国哲学家塞尔继承了奥斯汀关于言语行为的研究，但这是一个比较专门的领域。总的说来，60 年代之后，逻辑主义和日常语言学派都已经不再作为一个学派发出声音了，虽然两个学派的代表人物还有一半仍然相当活跃。一些新的哲学家开始崭露头角，如达米特、蒯因、戴维森、万德勒、莱柯夫、普特南、克里普克。他们之中多数更接近逻辑主义而不是日常语言分析，不过，这两个流派的界限已经很难分清。例如，戴维·刘易斯主要是个逻辑学家，但在论著中常表现出对日常话语微妙差别的敏锐感觉，他的分析常以这些感觉为援助。刘易斯不仅在"听话听音"这点上颇有奥斯汀之风，甚至他的犀利文笔也同奥斯汀有几分相像。

新一代语言哲学家中有很多是美国人。我们知道，美国哲学的主流是实用主义，其主要代表人物有皮尔士、詹姆士、杜威等。近年来很多学者指出，这几位哲学家对欧洲哲学的影响比人们从前所知道的要广泛、深刻得多。杜威之后，美国一时没有出现什么重量级的哲学家。这一时期和语言哲学关系较近的美国哲学家有丘奇、C.I.刘易斯、莫里斯等人，他们主要从事逻辑方面或一般符号学方面的研究。三四十年代，C. I.刘易斯、莫里斯等人开始接受逻辑实证主义的影响。五六十年代，逻辑实证主义在美国达到全盛，但它在美国的版本融入了大量的实用主义因素。这一时期的代表人物有蒯因、古德曼等。古德曼与蒯因的关系很密切，哲学立场也相当接近，如果说有什么重大差异，那就是他在唯名论的方向上走得比蒯因更远，试图完全抛弃类这个概念。在这些美国哲学家的影响下，语言哲学在 20 世纪后半期形成的一个突出特点是逻辑实证主义和实用主义的结合，有人称之为"逻辑实用主义"。

我们可以从几条不同的主线来看待语言哲学的发展，例如：

第一，从逻辑分析到日常语言分析到两者较为密切的交织；

第二，从原子主义到整体主义；

第三，从反对形而上学到一定程度地重新接纳形而上学；

第四，从分析传统与现象学-解释学传统不相往来到一定程度的沟通。

这些线索各自有它的逻辑性，但这绝不是说，我们从一开始就能预见语言哲学将如何发展。时代的变化，每个哲学家的特殊兴趣和才能，引导着哲学重大论题的转变、发展。而且，我们当然还可以从另外一些角度来勾勒语言哲学发展的主要线索。

多数论者认为，到 20 世纪末，分析哲学作为一个相对统一的哲学倾向已经不复存在，语言哲学也部分并入新兴的认知科学，部分转而更多地探讨传统的哲学问题。其实，语言哲学名下的多数讨论本来与传统哲学问题紧密相连，很多传统的哲学争论，在语言转向的大潮流中，在所谓"语言哲学"内部以新的形式再次展开。弗雷格关于只有个体真实存在的假定，罗素关于一切认识从感觉原子开始的设想,特称描述语理论所关注的存在问题,摩尔关于善的定义问题,奥斯汀和斯特劳森关于真理符合论的争论,蒯因的本体论相对性,克里普克关于先验认知和必然知识关系的阐发,等等,这些问题和传统哲学的联系一目了然。语词意义问题是语言哲学的基本问题之一,而这个问题显然和更广范围的意义问题联系紧密。达米特说:所谓意义问题,就是理解问题,而我们只要想想洛克、莱布尼茨、休谟那些著作的书名,就知道理解问题是近代哲学讨论得最多的话题,而达米特还恰是最强烈伸张语言转向的哲学家之一。由此可知,与其说语言哲学有一套自己的问题,不如说语言哲学在一个新传统中用一套多多少少不同于以往的方式讨论一般的哲学问题。当然,语言哲学有一些侧重点,例如专名问题背后虽然是传统本体论中关于个体和类、实体和属性的问题,但语言哲学对专名问题作了广泛的技术性研究,这是语言哲学传统之外的哲学家所不为的。

一般参考书

这里列出的是本书的一般参考书。

A. P. 马蒂尼奇编:《语言哲学》,商务印书馆,1998 年。这是已翻译成中文的最全的语言哲学论文选辑。这个译本根据的选本是:A. P. Martinich, *The Philosophy of Language*, Oxford, 1985。这个选本后来多次改编再版,能阅读英文的读者可参考该书 2008 年出版的第五版。

涂纪亮编译:《语言哲学名著选辑·英美部分》,生活·读书·新知三联书店，1988 年。这是国内较早编译的语言哲学论文选辑，其中有马蒂尼奇编《语言哲学》中译本中未收入但十分重要的论文，例如罗素的《论指谓》。

卢德娄（Peter Ludlow）编：*Readings in the Philosophy of Language*（The MIT Press，1997）比马蒂尼奇的选辑所选论文更多，编选的范围也更广。

黑尔、莱特（Bob Hale and Crispin Wright）编：*A Companion to the Philosophy of Language*（Blackwell，1997）。本书编者请了一些当代哲学家对语言哲学的 25 个课题分别作了绍述和讨论，是一本特别有益的参考书。

车铭洲主编：《现代西方语言哲学》，四川人民出版社，1989 年。这是中国大陆第一本高校语言哲学教材，内容包括实用主义传统的皮尔士、杜威，现象学-解释学传统的胡塞尔，而本书则没有专门绍述这些哲学家。由于该书写作较早，很多概念还不曾在汉语学界经过讨论，因此有些用语和表述欠妥，例如把 ontological commitment 译作"本体约定"，相比之下，现在通行的"本体论承诺"要准确多了。

穆尼茨：《当代分析哲学》，吴牟人等译，复旦大学出版社，1981 年。该书不是以论题为线索，而是按几个主要分析哲学家的思想为线索，截止于蒯因。绍述基本准确，但有时行文啰嗦。

A. C. 格雷林：《哲学逻辑引论》，牟博译，中国社会科学出版社，1990 年。比起穆尼茨的《当代分析哲学》，这本书所处理的论题中有不少更新一些，探讨也比较细致。

迈克尔·达米特：《分析哲学的起源》，王路译，上海译文出版社，2005 年。与多数阐论分析哲学的书不同，这本书深刻洞见到分析哲学与现象学的共同起源。

迈克尔·陈波主编:《分析哲学》,四川教育出版社,2001年。这本书分两编,上编是西方哲学家论分析哲学,下编是中国哲学家论分析哲学,总体上有一种回顾与总结的意味。这本书的论域是分析哲学而不是语言哲学,但其中大量论文谈的是分析哲学传统中的语言哲学。

涂纪亮:《分析哲学及其在美国的发展》,中国社会科学出版社,1987年。这本书的材料比较翔实,不过,作者通常是直接从外文资料编辑摘选,并没有更进一步探讨所涉及的哲学家是在讨论哪些哲学问题,所以我们可以更多地把它视作一部资料汇编。

徐友渔主编:《语言与哲学——当代英美与德法传统比较研究》,生活·读书·新知三联书店,1996年。这是国内学者第一次尝试系统比较分析哲学传统中的语言哲学和现象学-解释学等传统的语言哲学,所做的工作是初步的。

此外,读者可以参考一些现代哲学史中的相关章节。这里可以提到:

施太格缪勒:《当代哲学主流》,王炳文等译,商务印书馆,上卷,1986年;下卷,1992年。

叶秀山、王树人总主编:《西方哲学史》,第八卷,凤凰出版社/江苏人民出版社,2005年。

第二章　语言哲学的一些常见概念

第一节　词义与句义哪个在先

从中世纪开始，人们就一直争论句子在先还是词在先。这个问题的现代提法是：**句子和词哪个是意义的基本单位**？句子是由词构成的，词是构成句子的元素，既然词是比句子更小的单位，所以词应当是意义的基本单位。但另一方面，你单独说一个词或一个词组经常不成意思，只有一句话说完才成个意思。我昨天不成意思。我昨天见到了一个老朋友才成意思，于是好像又该把句子定义为意义的最小单位。

然而，我们很难否认单个的词具有意义，人们也常问："这个词是什么意思？"于是人们有时说：句子是"完整表达意思"的最小单位。但这里的"完整"实在有点儿含混——我们怎么确定意思完整不完整？我们说到一颗不完整的牙齿，但不会说到一个不完整的水坑。完整和不完整是相对于某种范型而言的。圆圈这个词的意思在何种意义上是不完整的？王力说："我们普通也认词是有意义的；单词所有的意义……咱们似乎也该承认它是完整的。"[1]另一方面，一个

---

[1]　王力：《中国语法理论》，见《王力文集》，第一卷，山东教育出版社，1984年，第47页。

人说了好半天，说了好多句子，可能还没说出个完整意思来。也许我写了一整篇文章才把我的意思完整表达出来，你引用了其中的一个句子，我还说你断章取义。这个疑难，本书将在第十五章第一节中加以探讨。

第二节　语句与命题

句子有两个定义法。按照比较宽泛的定义，一个句子必须在最广的意义上合乎语法，但不一定要有意义。这样，绿色的思想愤怒沉睡是一个句子。同时，按照比较严格的定义，一个句子必须在最广的意义上合乎语法并具有意义，这样，绿色的思想愤怒沉睡不是一个句子。

一般语法书把句子分成四种：陈述句、疑问句、祈使句、感叹句。多数语言哲学家认为只有陈述句才能承担**真值**，即有真假之分。有些特殊的疑问句和感叹句的实际功能和陈述句相同，如这不是很清楚吗？在奥斯汀的言语行为理论中，祈使句也能承担真值。[①]

有人区分句子和说出句子(utterance)。有人区分句子和陈述(statement)，陈述是一个句子在特定场合的使用。这里的陈述相当于说出，不可与陈述句(declarative sentence)相混。

另一种区分，即句子和命题的区分，为很多语言哲学家所接受。Snow is white 和雪是白的是两个句子，一个是英语句子，一个是汉语句子，但两者表达同一个命题。张三的妈妈说我在家里和张三说我妈妈在家里，表达的也是同一个命题。张三在 1999 年和 2000 年

---

① 参见本书第十章第四节。

分别说今年是 1999 年，他说了同一个句子但它们是两个不同的命题：前一个命题是真的，后一个命题是假的。

英语里一般用 sentence 表示句子，用 proposition 表示命题，在德语里两者都用 Satz 来表示，因此经常引起理解和翻译上的困难。不难想到，逻辑学家喜欢谈论命题而不喜欢谈论句子。逻辑学中常用 p 来表示命题。

初一看，句子与命题的区分既有必要又颇清楚，但这一区分也包含不少困难，例如，日落西山，太阳下山了，太阳落入地平线，The sun is setting，这些句子都是同一个命题吗？它们之间的差异重要不重要？

第三节　索引词

索引性是指语词相对于说话人、说话时间等而改变意义、真值等。例如张三说我头痛是张三头痛，李四说我头痛是李四头痛，张三 1999 年说今年是 1999 年是个真命题，2000 年说今年是 1999 年则是个假命题。我、今年、现在等是典型的索引词（indexical word）。在戴维·刘易斯的可能世界语义学中，现实（actual）也是一个索引词。

索引词还有另外一些叫法，例如罗素把它们称作自我中心词。

第四节　类语句与例语句

一个字可以写得大、写得小、写得工整、写得潦草，但这个字还是这个字；与此相似，一句话可以说得快、说得慢、说得轻、说得重，但这句话还是同一句话。对于一句话的真值来说，字体大小音量大小是不相干的，为了在研究中避免这些"不相干"的因素的干扰，皮尔士作出了类语句（type sentence）和例语句（token sentencc）的区分，后者可说是一个句子的物理存在方式，前者可说是句子的意义。也可以说，例语句是个体，类语句是类。

像句子和命题的区分一样，类语句和例语句的区分并不像初看起来那样简单明了。在实际交流中，闭上眼睛这句话，情人说出和劫匪说出是同一句话的两个例语句吗？

第五节 使用与提及

我们来看看下面两个句子：

多数孩子都喜欢吃巧克力。

"巧克力"是个外来词。

这两个句子里都出现了巧克力，但它在两个句子中的身份是不一样的，前一个句子使用（use）了巧克力这个词，谈的是巧克力这种东西，后一个句子提及（mention）巧克力这个词，而且只是在谈巧克力这个词。当然，我们通常使用语词而非提及语词，可是在语言学和语言哲学中我们就会经常提及或谈论语词。

如上所示，人们为了区分使用和提及，在提及的场合经常把相关语词加上引号或换成另一字体（在西文中通常写成斜体，本书则写成楷体）。

使用和提及的区分以多种形式出现在语言哲学的讨论中。例如塔斯基的意义的成真条件论就利用了这种区分。语言哲学中的另一些区分可视作这一区分的变体，例如卡尔纳普区分两种语句，一是对象语句，二是句法语句或形式语句。北京是一个大城市，五是一个素数，这些是对象语句；昨天的演讲提到"北京"，"五"不是一个事物词而是一个数词，这些是句法语句或形式语句。卡尔纳普认为很多哲学混乱来自这两种语句的混淆，混淆的结果是所谓"假对象语句"，如昨天的演讲谈到北京，五不是一个事物而是一个数。

使用和提及的区分并不总是很清楚的。"请为马下个定义"中的"马"是提及还是使用呢？试比较"请描述一下马"。实际上，人们并不都像卡尔纳普那样认定五不是一个事物而是一个数等于说"五"不是一个事物词而是一个数词。例如艾耶尔就认为"大"是一个形容词或"大"有三个笔画是句法语句，而"五"是一个数词则与这些句子不一样，不是句法语句。使用和提及的区分基于这样的想法，一边是事物，另一边是语词，两者一一对应，但实际情况则并非如此简单。

第六节　语义上行

所谓语义上行（semantic ascent）是蒯因提出来的一种研究策略，要点是把关于事质差异的讨论转变为关于语词差异的讨论。关于存在的讨论是突出的事例。探究毛鼻袋熊或独角兽是否存在，是关于事质的讨论；但若讨论的是点、英里、数、属性、命题、事实、类等是否存在，"我们会立即发现自己谈论的几乎只是语词而排除了所争论的非语言对象"[①]。在蒯因看来，语义上行策略有助于我们避免很多无谓的争论，例如，关于外部世界是否存在的问题曾在哲学史上争论不休，而且似乎也争不出什么结果，但若我们转而讨论我们是在什么意义上在何种系统中使用存在这个词，问题就容易得到澄清。

语义上行概念虽然是蒯因提出来的，但是他指出，从弗雷格开始的分析哲学一直采用语义上行的办法。罗素在评论苏格拉底的方法时说：我们讨论"什么是正义"这样的问题，并不是因为我们对所讨论的事情缺少知识从而不能取得正确的结论，而是没有找到一种适当的逻辑来讨论我们已经知道的事情，要确定什么是正义，所需考察的是我们使用"正义"这个词以及某些相关词的方式。"我们所做的只不过是一桩语义学上的发现，而不是一桩伦理学上的发现。"[②]

维特根斯坦指出，哲学的考察是语法性的考察，哲学探究面对的不是现象，而是现象的陈述方式，即现象的可能性。维特根斯坦关于"本质在语法中道出自身"[③]这句名言道出了语义上行的本质。维特根斯坦在这里说：

> 必须问的不是什么是意象，或具有意象的时候发生的是什

---

　① 蒯因：《语词与对象》，见涂纪亮、陈波主编，《蒯因著作集》，第 4 卷，中国人民大学出版社，2007 年，第 462 页。

　② 罗素：《西方哲学史》，上卷，何兆武、李约瑟译，商务印书馆，1976 年，第 130 页。

　③ 维特根斯坦：《哲学研究》，陈嘉映译，商务印书馆，2016 年，第 371 节。

么；而是"意象"一词是怎样用的。但这不是说我要谈论的只是语词。因为，若说我的问题谈论的是"意象"这个词，那么在同样的程度上追问意象本质的问题谈论的也是"意象"这个词。……所谓意象本质的问题、什么是意象的问题，所询问的也是一种语词解释，但它引导我们期待一种错误的回答方式。[①]

这么说，语义上行就不是一个策略，而是概念探索的应有之义。语义上行是一个指示牌，表明所做的研究是指向概念考察而不是指向事质研究的。于是，要深入理解语义上行，就必须通盘理解概念考察和事质研究的分野。显然，只有涉及概念语词的时候才谈得上语义上行，涉及名称时就没有语义上行一说，"'骡子'这个词是怎样用的"这个问题不能代替对骡子的动物学研究。

第七节 "是（存在）"的四种意义

要讨论英语词 is 或与之相应的各种西文词，首先会碰上中文翻译的困难，有人建议译作存在，有人建议译作是，有人建议译作有，有人建议按不同的哲学体系分别译作存在、是、有。[②] 我们且不卷入这个争论，暂用是、存在或是（存在）来翻译这个词。是（存在）始终是西方哲学和逻辑学关注的一个焦点。所谓本体论或存在论，按亚里士多德的定义，就是讨论 to be、to on（所是之为所是、存在

---

① 维特根斯坦：《哲学研究》，陈嘉映译，商务印书馆，2016 年，第 370 节。
② 我自己的意见可参考我的论文《哲学概念翻译的几个问题》。

者之为存在者）的。

语言哲学初兴之时，人们就开始明确区分是（存在）的几种意义，并把这一区分视作新哲学的重大成果，不少人认为由此就消除了传统本体论的伪问题，解开了传统逻辑学的许多困惑。通常区分四种意义：

A. 存在。God is，或上帝存在。

B. 等同。《史记》的作者是司马迁。启明星是长庚星。包括逻辑上的等同：金星是金星。

C. 类属关系。太阳是恒星。金星是行星。

D. 本体／属性关系。太阳是明亮的。

to be 的第一种用法并不常见，这时它等于 exist。引起混淆的倒不如说是 B、C、D 似乎暗含了 A，例如林黛玉是个多愁善感的女孩子这话似乎暗含了林黛玉的存在，因为一个不存在的东西既不可能分出男女也不可能多愁善感。

B 和 C 的区别是明显的。例如，在等同关系中，"是"两边的表达式可以互换而整个句子的真值不变，如果晨星是金星为真，则金星是晨星也为真；但晨星是行星为真，行星是晨星却不为真。

作出以上这些区分经常是有益的，但不可因此忽视是（存在）的这几种意义具有内在联系，而正是这些内在联系构成了布伦塔诺、海德格尔等人的哲学主题。在分析哲学内部，后来欣迪卡建议的博弈论语义学也认为在很多情况下这些区别并不成立，强行区别反而会造成混乱。

第八节 "是（存在）"是不是（逻辑）谓词

区分是（存在）的诸种意义，常常着眼于一个重要的哲学争论：是（存在）是不是一个（逻辑）谓词？

predicate，逻辑学里称作谓词，语法书里称作表语，作动词时表示断言某种属性属于某物、把某种属性归于某物。据此，上述问题大致相当于：是（存在）是不是某种属性，像明亮、具有广延那样？

这里提出的不只是个语言问题，更不只是个西方语言的问题，但这个问题的确和西语的特点紧密有关，直接阅读对这一问题的某些西文表述，如格雷林所著《哲学逻辑引论》（*Philosophical Logic*）第四章，读者会有更清晰的体会。不过，各种表述背后的哲学问题还是共通的。

我们可以从否定性的存在命题着眼来看这个问题，柏拉图在《泰阿泰德篇》和《智者篇》里已经表述过这类命题带来的困惑。比较一下下面两组对话：

> A. 拿破仑是矮个子。
>
> 矮个子的是谁？
>
> （矮个子的）是拿破仑。
>
> B. 王母娘娘不存在。
>
> 不存在的是谁？
>
> （不存在的）是王母娘娘。

这里似乎包含一个悖论，可以称作"不存在者的悖论"：一个不存在的东西怎么能够成为命题的主词？这个悖论似乎有两种解决之法：一是承认王母娘娘在某种意义上的确存在，这是迈农的回答；一是论证王母娘娘存在（或不存在）和拿破仑是（或不是）矮个子只在表层相似，其实具有不同的逻辑结构。质言之，需要论证是（存在）只是语法谓词而不是逻辑谓词。

"存在"是不是一个谓词这一疑问的另一个源头可以从安瑟伦关于上帝存在的本体论证明谈起。证明大意如下：上帝指的是绝对完善的存在者，因此，上帝观念就不可能只在人们的心中；如果只在人们的心中，就等于受到了某种限制，有某种不足，因此，不是绝对完善的；而这与"绝对完善的存在者"这一原本定义矛盾，因此，上帝不只在人们心中，上帝具有客观的存在。此后，不断有人以新形式提出上帝存在的本体论证明。笛卡尔论证说：有些命题不依赖于我们的认识而为真，例如三角形内角和为180度。用后来的话说，这类命题分析为真——上帝的概念即分析地包含最完善的实体，由此可以推知上帝必然存在。

安瑟伦和笛卡尔关于上帝存在的本体论证明把存在当作一种属性，可以由上帝的本质推论出来，就像从三角形的本质可以推知它具有内角和为180度的属性。后世有很多人驳斥上帝存在的本体论证明，多半把重点放在论证是（存在）并非谓词，上帝存在不是上帝慈爱的同类命题，因此也不可能从慈爱、完善或任何内容推论出"上帝存在"。

一个著名的反驳来自康德。[①] 康德首先说明，谓词提供关于主

---

① 康德不是想证明上帝不存在，他只是表明必须通过其他途径证明上帝的存在。但这一点和眼下的讨论没有关系。

词的信息，你若不知道天鹅是白的，被告知"天鹅是白的"，你就增加了对天鹅的了解。是（存在）却不是这样的谓词。你手里捏着一张拾元的钞票和你想象你有一张拾元的钞票，对你的经济状况来说当然有差别，但就这张拾元钞票的属性来说，例如，它值十个一元，两者却毫无区别。是（存在）是一个系词，不是一种属性。为一个主词增添一个谓词，增加了主词所指之物的一个属性；但增加了存在，却没有增加任何新东西。

分析哲学家多数站在康德一边，否定是（存在）是一个（逻辑）谓词。弗雷格的命题函式理论大致把存在理解为"至少有一个实例"。圣人存在的表面语法似乎把"存在"作为属性归于"圣人"这个概念，其逻辑意义却大致是"一个人或多于一个人具有圣人这个概念所描述的那些特征"[①]。在这一点上，罗素与弗雷格的看法完全相同："有大量的哲学依赖于这样的想法：存在可说是一种可归属于事物的性质，存在的事物具有存在这种性质，不存在的事物不具有这种性质。这是无稽之谈"[②]。

摩尔直接通过概念分析来驳斥本体论证明。我们可以说所有天鹅都是白的或有些天鹅是白的或有些天鹅不是白的，无论是对是错，这些话的意思都是清楚的。但我们不会说所有天鹅都存在或有些天鹅存在或有些天鹅不存在。我们可以指着一只天鹅说：这是一只天鹅，而且它是白的。但我们这时不能说：这是一只天鹅，而且它存在。这不是同语反复，而是根本没有意义。可见，存在和是白

---

① 参见本书第五章第三节。

② 伯特兰·罗素：《逻辑原子主义哲学》，见《逻辑与知识》，苑莉均译，商务印书馆，1996年，第305页。

的这样的谓词不属于同一个范畴。

皮尔士继承了摩尔的思路，对这个问题作出了更细致的分析。他认为，我们会说这只天鹅是白的却不会说这只天鹅存在，这是因为这只已经蕴含了存在，所以，这只天鹅存在就是指称上的同语反复（referential tautology）。反过来，这只天鹅不存在就是自相矛盾。人们不承认存在是谓词，是由于这一类逻辑关系，而不是像康德所说的那样是由于存在没有为主词增添任何内容。皮尔士举了三类例子来说明这一点。第一，我们可以有意义地问紫鹃这个人物是否存在。这里，存在之所以有所指，是因为牵涉到了不同的世界，即曹雪芹虚构的世界和历史考证活动在其中的历史世界。第二，说燕昭王所筑的黄金台不再存在也是有意义的，这里牵涉到过去的世界和现在的世界。第三，说我虽然看见海市蜃楼，但知道它并不存在也是有意义的，这里牵涉到感性世界和实在世界。在这三个例子里，由于牵涉两个世界的转换，这个东西和存在不形成同语反复或互相矛盾的关系。那么，我们究竟是否应当把存在视作谓词呢？皮尔士认为只要澄清了以上诸点，这个问题就不那么重要了："如果存在（existence）是个谓词，那它也是个怪异的谓词"①。

语言转向之后的大多数哲学家都否定是（存在）是一个（逻辑）谓词。即使像汤普森（J.Thomson）那样，接受存在是个谓词的提法，也认为它是可以消掉的，例如我们可以不说方的圆不存在，而说所有的圆都不是方的，或没有方是圆的。

---

① C. S. Peirce, "Is Existence a Predicate?", in P. F. Strawson (ed.), *Philosophical Logic*, Oxford University Press, 1967, p.98.

第九节　悖论

据说有个克里特人恩披美尼德曾说："所有克里特人说的话都是谎言。"——若这个克里特人说了真话，所有克里特人说的话都是谎言就是假的，若他说的是假话，所有克里特人说的话都是谎言这话当然反倒成为真的了。这就是著名的"**说谎者悖论**"或"克里特说谎者悖论"。这个悖论更简明的形式是：

我这句话是谎话。

如果他说的是真的，那么我这句话是谎话是假的；如果他在说的是假的，那么我这句话是谎话就是真的。

"**罗素悖论**"也是个著名悖论。我们可以从这个问题开始：事物的类是不是这些事物中的一员？通常不是，例如，所有人的类不是一个人。桌子的类、星星的类也是这样。现在，我们人的类、桌子的类、星星的类归入一个更高的类，即由各种"类本身不是此类事物之一员的类"合成的类。这个类是此类事物的一员吗？罗素表明，无论回答是或否，我们都将陷入悖论，此所谓罗素悖论。

先假定它是此类事物的一员。我们本来是在谈论各种"类本身不是此类事物之一员的类"，所以，它若是自己的一员，它就是"类本身不是此类事物之一员的类"中的一员，所以它就不是自己的一员。再假定它不是自己的一员。根据这一假定，它属于"类本身不是此类事物之一员的类"，也就是我们正在谈论的这个类，所以，它是它自己的一员。

罗素解决罗素悖论以及一般悖论的方案称作"类型论"（Theory of Types）。这一方案涉及大量技术细节，但中心思想相当简单。罗素认为，解决悖论的关键在于看到"凡牵涉一个集合的所有成员的东西，绝不是这个集合的一员"[1]。我们在一个陈述中说到"一切""所有"的时候，是指涉一个确定的类的全体成员，而这个陈述本身不是这个类里的一员。在说谎者悖论中，所有克里特人说的话构成了一个类，而对这个类有所陈述，例如说"所有克里特人说的话都是谎言"，这个陈述本身是不包括在这个类里的，无论这个陈述是由某个克里特人作出的还是由非克里特人作出的。因为，所有克里特人说的话都是谎言这话若要有意义，所有克里特人说的话就必须有一个确定的所指，这就要求在说这话之前，所有克里特人说的话已经作为一个整体呈现在说话人面前。你若要谈论"一切命题"，你就必须先界定这些命题的范围，在作此界定的时候，必须把指涉"一切命题"的命题排除在这一范围之外。例如，所有原子命题非真即假这个断言若要有意义，它本身就不可以被涵盖在所有原子命题之内："任何种类（sort）的全体都不能是它自身的一个成员"[2]。在眼下这个例子中，原子命题构成了一个集合，这个已经得到规定的集合是第一类型，而指涉这一集合的那个命题，如"每一个原子命题非真即假"，则是第二类型。依此类推。按罗素的看法，

---

[1] Bertrand Russell, *Principia Mathematica*, W. W. Norton and Company, 1903, p.37.

[2] 伯特兰·罗素：《逻辑原子主义哲学》，见《逻辑与知识》，苑莉均译，商务印书馆，1996年，第319页。

所有悖论都源于混淆了不同级别的类型，一个断言本来应该指涉下一级的类型，实际上却把本身这一类型混同于它所指涉的类型，于是产生了恶性循环，不断要求进一步的类型来进行指涉。要跳出恶性循环，必须看到并明确规定：一个集合的范围一经确定，就不能加以更改。用逻辑学的术语说，命题函式（即弗雷格所说的"概念词"）的意义域必须是确定的。

罗素悖论及其解答主要是一个元数学问题。他想要为数提供一个纯逻辑的定义，即"类的类"，而类型论则是为了解决这一设想中包含的一个重要困难。他的类型论是不是一个良好的解决方案，在逻辑学中一直有争议。

一般说来，悖论问题是一个逻辑学问题，跟本书的主旨关系不大。不过，哲学史上有一个悖论却在语言哲学中反复出现，这就是上一节提到的"不存在物的悖论"：你说王母娘娘不存在，我问："不存在的是谁？"你只好回答："不存在的这个人是王母娘娘。"这似乎在某种意义上承认了王母娘娘的存在，如果王母娘娘谁都不指，你怎么知道是哪个人不存在呢？这背后的一般想法是：一个东西必须存在，你才能谈论它。于是，说任何东西不存在似乎都是自相矛盾的。

一般认为，这一问题的现代形式是由奥地利哲学家迈农提出来的，因此也称为"**迈农悖论**"。迈农解决这一悖论的办法是承认王母娘娘、金山、方的圆等等在某种意义上也存在。凡可以被人思考的都是对象，有些对象不具有现实中的存在，不能说它们 exist，但它们具有 subsist（广义对象性的存在，可将就译成"虚存"）。斯宾诺莎没结过婚也没有子嗣，但斯宾诺莎的妻子、斯宾诺莎的第二个儿子都是虚存对象。实存对象也许是个有限集，虚存对象或思想的宾语则无限之多。

摩尔和罗素都曾持有与迈农近似的观点。数、四维空间、玉皇大帝都有其存在，想象玉皇大帝和想象东海龙王不是一回事，和想象子虚乌有更不是一回事。如果玉皇大帝不是某种东西，我们就不能形成关于它的任何命题。

罗素后来改变了看法。减少实体的数目原是罗素信守的"奥康姆剃刀原则"（"若无必要，勿增实体"）所要求的。哲学的本体论世界已经过于拥挤，他要用奥康姆剃刀除掉方的圆、金山、麒麟、玉皇大帝等所有"不存在的实体"。动物学不承认麒麟的存在，逻辑学一样不能承认，尽管逻辑学比动物学抽象得多，但即使在这样高度抽象的领域，也必须保持一种"健全的实在感"。他剔除多余实体的具体办法就是特称描述语理论。[1] 蒯因后来也极力反对迈农的虚存概念。[2]

思想史上曾提出过形形色色的悖论。[3] 芝诺悖论，先有鸡还是先有蛋，自由与决定论的悖论，上帝万能悖论（上帝能造出一块他自己举不起来的石头吗），否定真理悖论（你若说世上没有真理，你这个论断本身的真理性已被否定），与此相似的相对主义悖论，日心说悖论，康德的二律背反，薛定谔悖论，等等。悖论的一个主要含义是"违乎常理的观点"，依此，哥白尼学说刚刚提出来的时候，

---

① 参见本书第六章第四节。

② 参见本书第十一章第五节。

③ 有兴趣的读者可读罗伊·索伦森：《悖论简史》，贾红雨译，北京大学出版社，2007 年。

是个悖论。但我们倾向于在狭义上说到悖论——如果承认了命题
A，就会推论得出命题非 A，如果承认了命题非 A，就会推论得出命
题 A，于是就出现了悖论。依据这种理解，通常称为悖论的，多数
都不是真正的悖论。日心说不必提了，即如迈农悖论，也是个典型
的概念考察问题，或通常所称的"哲学问题"，而主要不是个逻辑学
问题。

第十节 对象语言／元语言

对象语言／元语言的区别是塔斯基(Alfred Tarski, 1902—
1983)提出的，其大意是：为了建立某种语言的一个语义理论，我们
需要另一种语言来表达这个理论；前一种语言被称为对象语言，后
一种语言被称为元语言。"真"和"假"应当视作仅属于元语言的谓
词，例如"雪是白的"是真的就是一个关于雪是白的这句话的一个
元语言论断。

元语言可以是一种逻辑语言，也可以是另一种自然语言，例如
对象语言为英语而元语言为汉语。我们甚至可在同一种语言内部
建立对象语言的语义，例如对象语言和元语言都是汉语，不过这时
汉语是在两个层次上起作用的。每一层次的语言都不包含本层次
的语义概念，其上的元语言层次包含它的语义概念，但这些概念不
能用以表述该元语言本身的语义。若要表述该元语言层次的语义，
我们就需要第二层次的元语言，如此类推。

本书从俗把 meta-language 译作元语言。meta-language，尤其
是元语言这个译名，会使人误以为它是最终的语言，但这个词的使

用者通常没有这个意思。在塔斯基的形式理论中，我们可以用"上层语言"来解说甚至翻译 meta-language，但塔斯基本人以及后来戴维森等很多论者把这一概念应用来探讨自然语言，那么"上层语言"和"下层语言"的提法就不可行了。在谈论自然语言的翻译、解释的时候，我认为"主方语言"和"客方语言"是较好的用语，但这组用语显然不适宜标识形式理论中的 meta-language / object-language 的区分。我个人一向认为，形式语言中的翻译和自然语言的翻译根本是两回事，用同一组概念来谈论这两件事情原基于认识上的混淆，同时也加深了这一混淆。

　　塔斯基在《形式化语言中的真理概念》一文中通过对象语言／元语言的区别来解决说谎者悖论。为了突出说谎者悖论的特点，塔斯基采用了如下的表述。画一个方框，方框内写着：在此方框内写下的这句话是假的。

> 在此方框内写下
> 的这句话是假的

　　这里出现了一个悖论：如果方框内这句话是假的，则它是真的，如果它是真的，则它是假的。塔斯基认为悖论是由于这句话的**自指**产生的，而之所以会形成自指，是因为该语句不仅包含一个普通的表达式，同时也包含一个对该表达式有所指称或有所评价的语义学语词"是假的"，用塔斯基的用语来说，该语句形成了**语义封闭的语言**，这一点通过把这句话放在方框里凸显出来。

　　塔斯基认为，通过对象语言和元语言的区分，我们就能看到悖论是怎样产生的并从而能消除这个悖论。设想在一种近似汉语的语言里,黑意谓汉语里的白(那里的黑的外延和汉语里白的外延重合),那么在这种语言里"雪是黑的"为真。一般说来,一个语句 S 只有在一种特定语言 L 里才是真的或假的。然而,"S 在 L 里为真"这个语句本身却不是 L 里的一个语句,而应视作关于 L 的元语言 M 里的一个语句。在这个上层语句 M 中,S 不是被使用,而是被提及、被讨论。对语句为真为假的判断只能在元语言层面做出,而在此方框内写下的这句话是假的以自指方式做出真假判断可说是一种僭越,由此产生悖论。

那么,L 里的某个 S 何时可由元语言 M 判定为真呢?这需要用 M 把 S 翻译过来,或对 S 作出结构描述。例如,我们要判断孔子去卫这句话是否为真,就需要把这句话翻译成"孔子离开了卫国",或采用"孔子去卫,其中的'去'相当于现在所说的'离开'"这类描述。塔斯基把这一判定条件称为 T 约定〔Convention(T)〕,其标准形式为:

S 在 L 里为真当且仅当 P。

其中的 "P" 是 S 在 M 里的翻译,或用 M 对 S 作出的结构描述。如果把英语作为对象语言,把汉语作为元语言,T 约定的一个例子会是这样:

Snow is white 在英语里为真当且仅当雪是白的。

既然我们也可以在同一种语言内部区分对象语言和元语言,这时，上式也可采用这样的形式：

"雪是白的"为真当且仅当雪是白的。

为了正确地把对象语言里的语句转换成为元语言里的语句，对象语言里的语词必须都可以在形式上得到明确规定。塔斯基认为，自然语言是语义封闭的语言，自身包含有"真的""指称"这样的语义学词项，这些词项不能在形式上得到明确规定，因此，不可能对自然语言作出关于"真"的定义。他声明他所做的是说明形式化语言里该怎样界定"真"。他曾建议把他所谈论的"真"或 truth 叫作 fruth，即只是形式语言里的真理，虽然他认为从形式语言得出的真理概念在一定程度上对自然语言也是有效的。[①] 基于这一点，塔斯基认为他的"真理语义论"不依赖于某种特定的认识论和本体论，从而对于传统哲学争论是中立的。但关于这一点存在争议，不少评论者认为塔斯基理论所依赖的是一种"不加批判的实在论"。菲尔德在细致研究了塔斯基的论文以后得出结论说，塔斯基实际上是建立了一种与物理主义式的统一科学相协调的真理理论。[②]

塔斯基提醒说，T 约定不是我们平常所说的"真"的定义，不是要确定"真"这个词的内涵，而是要确定"雪是白的"的外延为真

---

① 参见 Alfred Tarski, "The Concept of Truth in Formalized Languages", in Alfred Tarski, *Logic*, *Semantics*, *Metamathematics*, trans.J.H.Woodger, Oxford, 1956, p.165. note 2。

② 参见 H. Field, "Tarski's Theory of Truth", in Robert M. Harnish ed., *Basic Topics in the Philosophy of Language*, Harvester Wheatsheaf, 1994。

当且仅当雪是白的。换言之，他是要从外延上在一种形式语言中定义"是真的"这一谓词。塔斯基处理的一直是形式化的语言，"只涉及表达式的形式"。任何超出纯语言形式的东西，塔斯基都称之为"非语言学的因素"。因此，在谈论塔斯基的时候，我们随时须记取，他对"语言学的"或"语义学的"所作的理解和我们通常的理解根本不同，差不多相当于我们平时所说的"逻辑学的"。

即使把 T 约定扩展到自然语言中，它涉及的也不是一般性的真或真理，而只是"在某种语言中为真"这个概念："所要定义的（真这个）概念之外延在某种本质意义上依赖于所涉及的那种特定语言。一个表达式可能在一种语言中是真的，而在另外一种语言中是假的或无意义的，这里根本不可能对（真）这个词项提出一种唯一的普遍定义"。[①]不同语言中如何可能有"同样的"表达式，或者，"不同语言中的同样的表达式"这一概念应怎样理解，塔斯基未作说明。而且，"只在某种语言中为真"是否会滑向"只对我为真"这样几乎没有意义的短语？塔斯基有时声称他的真理定义"旨在把握一个旧概念的实际意义"，是要以更加形式化的方式阐明亚里士多德所表达的直觉[②]，使之获得"更加精确的表述"，然而，亚里士多德探讨的，从来都不是"在某种语言中为真"，而是一般的真。这样的考虑提示：塔斯基的真理语义论不是关于真理的哲学探索，T 约定毋宁说是一个逻辑学中的约定。

---

① Alfred Tarski, "The Concept of Truth in Formalized Languages", in Alfred Tarski, *Logic*, *Semantics*, *Metamathematics*, trans. J. H. Woodger, Oxford, 1956, p.153.

② 亚里士多德关于真的著名界定："把是的东西说成不是，或把不是的东西说成是，这就是假；把是的东西说成是，或把不是的东西说成不是，这就是真。"

然而，塔斯基的理论首先在逻辑实证主义哲学家中引起了巨大的反响，例如卡尔纳普就是 1935 年在巴黎会议上听到塔斯基宣读其论文之后才转而关心语义学的。后来，戴维森的语言理论也建基于塔斯基的理论。

第十一节 真值

真值（truth value）概念是弗雷格提出的。一个命题可能是真的，可能是假的。为真时，一命题具有真作为其真值，为假时，具有假作为其真值。曹操是个男人的真值为真，曹操是个女人的真值为假。弗雷格发明这个绕口的说法是为了和数值（numerical value）概念相对应。如果一个命题的真假完全由其中的一个词项决定，则该词项被称作该命题的真值函项。复合命题的真值由各个子命题的真值决定，因此，这些子命题可以视作复合命题的真值函项。在联合句里，任一子命题为假，则全命题为假，如诸葛亮和司马迁都是西汉人（即诸葛亮是西汉人＋司马迁是西汉人）；在选择句里，任一子命题为真则全命题为真，如要么司马迁要么诸葛亮是西汉人。涉及间接引语的复合句的真值稍微复杂一点儿。蒋干相信黄盖憎恨周瑜是个复合句，其中黄盖憎恨周瑜称作整个句子中的间接引语，从真值角度考虑，这个句子里的间接引语句虽然是假的，但显然并不因此使得全句为假。断定整个句子的人并不曾断言也无须相信黄盖憎恨周瑜。

真值概念主要是用来处理命题演算的工具，而不是用来探讨传统真理问题的哲学概念。前期维特根斯坦发展了真值演算的规则。

第三章　意义理论

第一节　"意义"词群

无论在日常话语里还是在哲学专著里，意义都有很多近义词，例如意思、含义、涵义、内涵。它们各有差别，例如意思和有意思相连，而意义以及西文中的 Bedeutung、significant 等词都有重要性的意思，而这一点不是无足轻重的。我们平常多说"一句话的意思""一个词的意思"，但书面语言多改用意义。此外，第十五章第一节还将表明，句子的意思和词的意思的逻辑身份并不相同。我们还经常需要区分句子本身的意思和说话人的意思。警察来了——句子本身的意思就是警察来了，而在实际场景中说话人可能意谓：我们马上要得救了；也可以意谓：我们马上要玩完了。

论理词经常捉对出现。语言哲学里也有一对特别常见的对偶概念。我们不妨先从逻辑学中的**内涵与外延**（intension and extension）谈起。内涵大致相当于一个词项的定义，外延是这一定义所界定的对象域。符合一词项定义的个体是这一词项外延中的一个成员，因此也可以把内涵视作确定这一品类有哪些成员的识别标准。两足无羽且有理性是人的内涵，张三、李四皆两足无羽且有理性，因此符合人的定义，都包括在人的外延之中。男人的内涵比人更多，其外延相应地比人的外延狭窄。如果两个词项具有等值的内涵，它们就具有等值的外延，但不能反过来认为具有等值的外延就有等值的内涵，例如"有心脏的动物"和"有肾脏的动物"外延相同，内涵却不同。我们在第一章第四节谈到密尔所使用的connotation 和 denotation，它们的意思和内涵／外延差不多，实际上密尔有时就使用 intension／extension 这对概念。分析哲学谈论语言，本来多是从逻辑学的角度着眼的。

不过，在日常英语里，connotation 这个词主要指蕴含的、联想的意义，密尔用它来指一个语词的基本意义，难免会造成混淆。但这似乎是没办法的事情，哲学家经常发现一些他们认为重要的新区分，要标识这组区别，最惯常的做法就是把日常语言里两个不那么针锋相对的语词甚至两个近义词拿来当作对偶词用。后来，弗雷格用 Sinn 和 Bedeutung 这组词来表示一对对偶概念，在很多方面这和密尔所说的 connotation／denotation 所要标识的对偶相当，但弗雷格的用法更加复杂，也因此造成了更多的困扰，这我们到第五章第二节再详谈。

意义词群里还有一大批动词，bedeuten、beziehen auf、bezeichnen、to mean、to denote、to refer、to designate、to signify，此外还有 to represent、to stand for 等等。这些词当然各自有些区别。罗素在阐述自己的描述语理论时用 denoting，而斯特劳森批评这个理论的时候用 referring，有不止一个论者认为两人谈的不是同一回事情，因此斯特劳森并不曾真正挑战罗素。这种评论是否站得住脚，有赖于审查语词用法的很多细节，更有赖于一些一般认识——

语词（施指）和所指是什么关系，哲学家须在何种程度上尊重语词的原本意义或日常用法，等等。这些一般认识正是语言哲学期望澄清的。

　　我们用汉语来讨论西方语言哲学面临一种特别的困难——我们无法找出或造出一批汉语词来与 Sinn、Bedeutung、meaning、significance 等一一对应。这些西文名词差不多都跟动词同形或同根，例如 meaning 来自 to mean，生造一个汉语词来对应西文名词有时还行得通，但生造动词几乎毫无意义。幸好，哲学上的困难并不是靠越来越精细地区分论理词来解决的，语词的日常用法已经为我们提供了大致的引导，引入某些论理词只是辅助的手段。

第二节　意义的指称论

　　意义的指称论 ① 主张一个语词的意义就是这个语词所指的对象，例如莫邪指那把叫做"莫邪"的宝剑，那把宝剑是莫邪的意义。第一章第三节引用了奥古斯丁的一段话，可以视作指称论的粗略表述。密尔则是第一个发展出系统指称论的哲学家。他把大多数词都视作名称，并把语句称作"若干单词组成的名称"。单词和语句的意义都是它们所指称的东西。

---

　　① Referential theory of meaning，有 时 也 称 作 denotative theory 或 entitative theory。德文是 Gegenstandtheorie。意义的指称论也简称"指称论"，这是一种特定的意义理论，不同于"指称理论"。指称理论泛指研究语词和它所指称的东西的理论，指称论则是关于如何确定语词意义的一种主张。各个哲学家的用词不同，本书把弗雷格的 bedeuten，罗素的 denote、indicate，斯特劳森的 refer to 等都译作"指称"。

　　密尔自己已意识到意义的指称论与通常对意义一词的理解并不一致，他的意义理论会导致一些严重的困难，所以在具体阐述中，他作了不少限制、修正、补充，这里只列举以下几项。

　　第一，密尔承认有些语词不是名称，例如是、不、如果、和、经常，他把这些语词称作"语法词"甚至"句子的语法成分"，认为它们的作用在于连接名称。密尔有时把"名称"用得更严格些，只承认名词、代词等为名称，即那些能在主谓句中充当主词的语词。

　　第二，密尔区分指称意义和蕴含意义（denotation and connotation），大多数名称既指称事物也蕴含事物的属性，而"意义"通常被理解为是蕴含意义的。专名只有指称，没有蕴含。密尔的指称意义和蕴含意义与后来弗雷格所说的指称与意义（Bedeutung und Sinn）颇为相似。

　　第三，密尔区分集体名称（collective names）与一般通名。皇室是一个集体名称，它指所有皇室成员的集合，但不指任何一个单个的皇室成员，就此而言，皇室显然不同于人、马这样的词。

　　第四，密尔区分抽象名称和具体名称。具体名称如苏格拉底或人代表事物，抽象名称如聪明或红则代表事物的属性。通名不一定是抽象的，例如人就不是。有一种传统认为通名也就是抽象名称，密尔反对这种看法。

　　第五，涉及专名时，密尔专门考虑了太阳、上帝（神）这样的名称，这些都是单称语词，但说这些词没有内涵似乎不妥。密尔的结论是它们其实不是专名而是通名，在多神论中存在着不止一个神，科学表明宇宙里不止存在着一个太阳。

　　这些限制和修正在局部可能是有效的，但它们并没有消除指称论的深层困难。对指称论提出的主要诘难有下列几种：

第一，指称论充其量适合于莫邪或苹果这样的名称，我若问你义务的意思是什么，你回答说"义务的意思是义务"，就像是在开玩笑了。如密尔自己注意到的，像如果、经常这样的虚词、副词这类，指称论就更派不上用场。仅仅引入"语法词"这个概念肯定是不够的，我们最多能同意如果这类词是语法词，经常、义务等则肯定不能说是语法词。

第二，即使单说名称，指称论仍难成立。你吃了一个苹果，显然，你不是吃了"苹果"的意义。"用'含义'一词来指称与词相对应的东西，不合语言习惯。这样做混淆了名称的含义和名称的承担者。N. N. 先生死了，我们说这个名字的承担者死了，而不说这个名字的含义死了。"[①] 名称的承担者（指称）不是名称的意义，虽然我们经常通过实指来解释名称的用法。

第三，两个词可以指称同一个对象而意义不同，例如启明星和长庚星。

第四，有些名称，似乎根本没有指称，世上并没有麒麟，但麒麟之为一个有意义的词似乎和长颈鹿没有什么两样。关于不存在的事物的名称（空名）这个疑难，弗雷格以"空类"这个概念来解答，迈农用"虚存"概念来解答，罗素则希望通过特称描述语理论来解答。

第五，后来蒯因还提出，指称本身是不确定的。我们到第十一章第四节再谈这一点。

---

① 　维特根斯坦：《哲学研究》，陈嘉映译，商务印书馆，2016 年，第 40 节。

　　这类批评诚然正当,甚至犀利,但只限于否定,就是说,没有从正面澄清意义概念。虽然后世论者没有谁再持有密尔那种粗糙的理论,但指称论并没有由于这些批评销声匿迹,而是不断以更精致的形态重现。

　　在指称论里,一边是语词,一边是所指称的对象,语词和现实两两成对,整齐相应。莱尔带点儿挖苦但颇为形象地把指称论叫作"'菲多'菲多理论"[1]。从根本上说,指称论和认识论中的**反映论-符合论**传统一脉相承,差不多可说是应用在语言研究上的反映论。对指称论的批判也必然不限于语言哲学,而和传统哲学问题密切相关。

　　语言意义上的指称论,认识论上的反映论等理论,我愿称之为典型的初级反思。人们反思语词意义时似乎最容易走向指称论,甚至英文词 meaning 的字典解释也常有一条是"所指之物"。语言哲学的中心问题是语词意义问题和语言与现实的关系问题。指称论认为语词的意义即是语词的指称,这样不仅对意义问题有了个交代,而且建立了语言和现实的关系。并且,作为初级反思,指称论比大多数后世的理论来得自然。固然,指称论需要面对一物多名、空名等困难,但语词意义似乎难以完全摆脱语词所指称的东西,例如,你若没有见过绿色,似乎无论如何都无法知道绿的意义。

　　然而,进一步思考会发现指称论这种初级反思不仅不能解释形形色色的语言现象,而且自身包含很多触目的缺陷。不妨说,指称论这类初级反思提供了进一步思考的出发点,其他各种意义理论都

---

　　[1]　菲多是林肯的宠物狗的名字。

包含克服指称论缺陷的努力。

第三节　意义的观念论（意象论）和联想论

意义的观念论或意象论（Ideational Theory）主张一个语词的意义是它所代表的观念或意象。观念论也被称作**联想论**：一个词有一个意义，这个意义就是人们说这个词、听到这个词想到的东西。

洛克谈到"语词的意义"时说："语词无非是代表其使用者头脑里的观念……他用自己的一些观念来向自己表现别人的观念时，即使他愿意给这些观念以别人通常（为别人自己的观念）所用的那些名字，他其实仍然在为自己的观念命名。"[①] 罗素也有类似的说法，他在《亲知的知识》一文中说到"俾斯麦"的意义因人而异，即使大家都把他想作"德意志帝国的第一任总理"，仍然于事无补，因为"'德意志'一词又会对不同的人有不同的意义。它会让一些人回想起在德国的旅行，让另一些人回想起德国在地图上的样子，等等"[②]。洛克和罗素的观念论是**主观观念论**。

对主观观念论的一个主要批评是：意义有别于联想到的观念。因为一个表达式唤起的联想人各不同，听到三角形这个词，有人想到的是一个等腰三角形，有人想到的是直角三角形，有人甚至没有联想到什么特殊的形状。如果意义等于观念，那么三角形这个词对每个人的意义都不同，我们就不可能通过语言进行交流了。

---

① 洛克：《人类理解论》，关文运译，商务印书馆，1962 年，第 386—387 页。

② Bertrand Russell, "Knowledge by Acquaintance and Knowledge by Description", *The Problems of Philosophy*, Oxford University Press, 1998, p.30.

　　主观观念论在 19 世纪下半叶相当流行，20 世纪哲学兴起时的一个主要批判对象就是这种意义理论。弗雷格、胡塞尔等人都反对"心理主义"的主观观念论。弗雷格说："对'Bucephalus'[①]这个名字，画家、骑手、动物学家大概各有极为不同的意象。因此，意象和符号的意义就有根本的区别。符号的意义可以是很多心智的共同性质……因为不能否认人类有一个世代相传的思想库藏。"[②]弗雷格虽然反对主观观念论，但他在这里仍然把意义理解为观念，我们可以把他的看法称作客观观念论。"客观观念"有它自己的困难，这一点从柏拉图起就被广泛讨论。

　　观念论虽然能避免指称论的一些困难，如关于"空名"的困难，但谈到语言和现实的关系，它却比指称论更隔了一层，即使马的意义在于表达了马的观念，我们还要追问：马的观念和现实中的马是什么关系？

　　其实，无论主观观念论还是客观观念论，都可以看作指称论的一种变体，差别在于指称论认为语词对应的是实物，观念论认为语词对应的是观念。语词和某种东西相应，这是一种根深蒂固的成见，即使一位哲学家在原则上并不赞同这种成见，在思考具体问题的时候仍然可能经常套用这个模式。如上节所提示，无论指称论还是观念论，它们差不多就是经过语言哲学改装的认识的反映论，而它们共有的根本缺陷在于这些理论把现实设想为现成事物的集合，而没有看到认识或语言是对现实的一种建构。

---

　　① Bucephalus 是亚历山大大帝的战马的名字。

　　② 弗雷格：《论意义和指称》，见《弗雷格哲学论著选辑》，王路译，商务印书馆，2001 年，第 93 页。

杜威不仅反对主观观念论，同时也反对客观观念论，他自己谈到语言意义的时候始终强调人际性和行为性："意义的确不是一种心理的存在，它首先是行为的一种性质。"[①] 蒯因对观念论的批评既尖刻又轻松。据说，语言是用来传达观念的，说话的人把一个观念和一个词联系在一起，我们听见这个词，把它和同样的观念联系在一起。可谁知道所系的是不是同一个观念？我们都学会把红应用于血、西红柿、煮熟的龙虾，在这些场合，我们谁在乎是不是把红系于同一个观念？我们谈论语词，不谈论观念，观念也许以某种方式存在，但语词就摆在那里，我们看得见听得着。……语言绕过观念，在物体那里住家。对语言研究来说，很少有什么比观念更没用的了。[②]

第四节　行为主义的意义理论

意义的行为主义理论（Behaviorist Theory）是行为主义心理学首先提出来的。行为主义心理学反对传统心理学对意识的研究：科学必须以可观察事物为对象，以可重复实验的方式进行研究，但行为主义认为，意识是不可观察的，无法成为真正的科学对象。我们应该用外部刺激和机体对刺激的外部反应的研究来取代传统的意识研究。

---

① John Dewey, *Experience and Nature*, The Open Court Publishing Company, 1929, p.180.

② 参见蒯因：《指称之根》，见涂纪亮、陈波主编，《蒯因著作集》，第 4 卷，中国人民大学出版社，2007 年，第 541—542 页。

　　行为主义心理学是从美国发源的，意义的行为主义理论也首先
出现在美国。在语言学里，布龙菲尔德是行为主义最重要的代表人
物。他崇尚科学，按照他的理解，科学方法要求研究者有意识地排
除一切不能直接观察到的也不能进行物理测量的素材。他把语言
理解为一些引发反应的刺激源以及对某些刺激的特定反应。他认
为语词意义是受语言刺激而产生的行为，如果我们准确地知道一个
人在特定时刻的身体状态，我们原则上就能够预测他会说什么话。
布龙菲尔德认为当时的科学水平远不足以有效开展关于语词意义
的研究，因此，他的追随者实际上有数十年几乎完全放弃了语义研
究，甚至声明应把这部分研究摒除在语言学之外，把语言学限制在
关于句法的纯形式研究方面。这一努力到哈里斯那里达到顶点。
所以，通常叫作"行为主义"的意义理论，其实不如说是不谈论意
义的行为主义理论。

　　美国的实用主义者，特别是皮尔士和杜威，深受行为主义理论
的影响，在不同程度上用行为主义方式理解意义。如上节杜威引文
所示，采纳行为论的一个主要动机是反对观念论：意义不能用内在
的意识、观念等等来说明，而必须用公共可观察的行为来说明，意
义的同一和差别不在于头脑里观念的同一和差别，而是体现在行
为中的同一和差别。由于意义的行为论采用外部刺激和机体对刺
激的外部反应的模式来说明语词意义，这一理论也被称作意义的刺
激-反应理论（Stimulus-Response Theory）。

　　行为主义的影响也扩展到欧洲。罗素、维特根斯坦等人都从不
同角度吸纳了意义行为论的某些因素。分析哲学从欧洲传到美国
以后，由于与实用主义相结合，行为主义的影响更加明显。蒯因断

言："科学理论整体上要求于世界的只有一点：它是如此构造的，从而我们的理论让我们去预期的刺激系列始终是可靠无误的。"①

行为论的一个困难是，很多语词似乎并不引起什么反应，例如"三角形的内角和是 180 度"。一个辩解方案是主张这句话引起了机体内部的反应，如体液的变化、大脑中的变化；另一个辩解方案是这话虽然没有导致直接的反应，但改变了未来反应的倾向。这些辩解显然都相当软弱。

行为论的另一个困难是：我们根据什么标准来判定两个刺激是同一的抑或不同的刺激？听到不同的话，人们可能做出同一的反应，听到同一句话，人们可能做出不同的反应。行为论者本来试图反对观念论，因为观念论把意义理解成某种私有的东西，丧失了公共的标准，但行为论虽然强调公共的标准，却仍然无法建立意义的公共性。

这背后更重要的疑问是，一个符号的使用是一种规范的联系，有对有错，而对一个刺激的反应则是一种因果联系，无所谓对错。对某种行为是否出现的预期无法代替对该符号使用得是否正确或理解得是否正确的判断。我们且不管科学是否有一天能像布龙菲尔德设想的那样根据一个人的身体状态预测他会说什么话，即使有一天我们做到了这一点，也并不等于我们就了解了语言的意义。

虽然很多语言哲学家持意义行为论立场或部分地接受这一理论，但只有蒯因系统地从刺激-反应模式来探讨语词意义。我们将在第十一章介绍蒯因的相关论述。

---

① W. V. Quine, *Theory and Things*, Harvard University Press, 1981, p.22.

第五节　意义的可证实理论

维特根斯坦中期提出的、主要由维也纳学派加以发展的一种意义理论，认为一句话是否有意义在于这句话是否可以得到证实。前面介绍的几种意义理论侧重于回答"语词的意义是什么"，意义的可证实理论则侧重于回答"句子怎样算是具有意义"。我们将在第八章详细介绍讨论这一理论。

第六节　意义的成真条件论

弗雷格首先提出这一观点：给出一个语句的成真条件就给出了这个语句的意义。这被称作意义的成真条件理论或真值条件论（Truth Conditional Theory）。举个例子来说，要想确定"午门在天安门北面"，就要给出如果此话为真，实际情况该是什么样子，就要查看午门、天安门以及两者的空间关系。我们还不易确定弗雷格本人是否一直持有这一观点，实际上他的意义／指称理论以及很多其他阐论与成真条件论颇不易调和，虽然弗雷格的权威诠释者达米特坚持认为不管有多少沟沟坎坎，这的确是弗雷格的根本主张。

早期维特根斯坦持有这一意义理论，他曾主张："了解一个语句的意义就是了解在这个语句为真的情形下实际情况是怎么一回事"。[①] 卡尔纳普作过几乎一模一样的表述。维特根斯坦中期，在

---

① 　维特根斯坦：《逻辑哲学论》，4.024。

转向"不要问意义，要问使用"之前，仍经常有类似的表述："理解
一个句子的意义，就是，知道怎样可以决定这个句子是真是假"。[①]
但是"怎样决定"这个短语提示了某种微妙的转变，我们可以从意
义的可证实理论来加以理解。20 世纪 60 年代兴起的可能世界语义
学（模态语义学）总的来说都建立在成真条件理论上面。后期语言
哲学中系统阐发这一理论的则主要是戴维森。

　　初一想，我们总要先知道一个词的意思，才能知道它所指的东
西存在不存在；总要先理解一个句子的意义，才能知道它是真是假。
这么想来，意义先于真理。你不知道"雪是白的"是什么意思，就无
法判断这话说得对不对。不过，所谓成真条件论，像别的意义理论
一样，要问的问题是：你一开始怎么学会"雪是白的"是什么意思？

　　不过，即使我们站在出发点上，同样的问题似乎还是存在：你
不理解"午门在天安门北面"这话的意义，于是去查看如果此话为
真实际情况该是什么样子，但若你根本不知道这句话的意思，你又
怎样知道应该去察看哪些条件呢？

　　与观念论相比，成真条件论的优点在于把语言与实在的联系置
于语言意义的核心地位，但在我看来，"什么使一个句子为真"是
一个过于狭隘的限制。逻辑主义的语言哲学过于被句子的真假占
据，而我认为，"理解一个句子的意义在于知道在何种情况下这个
句子为真"实则是"理解一个句子的意义在于知道它是干什么用的"
的一个分支，但若如此，我们就离开了成真条件论而来到了某种意

---

① 　Ludwig Wittgenstein, *Philosophische Bemerkungen*, Basil Blackwell, 1957,
p. 77.

义上的使用论了。

第七节　意义的使用论

后期维特根斯坦认为：语词和语句的功能都不在于指称外部的对象和事实，它们编织在生活场景中起作用。学会使用一个表达式就是能用它来指挥、请求、描述、传达，理解一个表达式就是理解它在各种语境中发挥何种作用，从而相应地服从、援助、寻找对象、理解事物。根本不存在由意义或命题之类组成的神秘的第三领域，意义、命题等都必须在其平凡的生活场景中得到理解。"不要问意义，要问使用"这条思路，被人称作**意义的使用理论**（Use Theory），虽然维特根斯坦本人明确否认自己提出了任何一种意义理论。

哲学家经常把意义理解为某种实体，但这种实体存在在什么地方呢？一个常见的建议是：意义存在于我们心里、存在于观念世界里。意义、意谓容易引向内心意象，而使用则提示一种可公共考察的过程，这是从"使用"来探讨语言的一个明显优点。

我们将在第九章第一节和第九章第二节介绍并讨论维特根斯坦的相关思想。

第四章　索绪尔

费尔迪南·索绪尔（Ferdinand de Saussure，1857—1913）是现代语言学的创始人。就语言哲学领域中的影响而言，索绪尔对法国哲学的影响最大，在分析哲学传统中影响较小。本书主要讨论分析传统的语言哲学，不过，他的一些基本概念广泛出现在各种关于语言的讨论之中，与我们将要讨论的诸多问题密切相关，有必要简要介绍一下。

第一节　施指／所指

语言是用声音表达思想的符号系统，符号是用以表示者和被表示者的结合。索绪尔把用以表示者称为**施指**（signifiant，signifier，多译"能指"，但还是译作"施指"好些），把被表示者称作**所指**（signifié，signified）。这里首先要简要澄清一种误解，即以为所谓所指是些实物性的存在，例如马的所指是一匹或一些有血有肉的马。这不是索绪尔的意思，施指／所指不是名实关系，所指不是实物，而是概念。马这个声音指马的概念，"语言符号联结的不是事物和名称，而是概念和音响形式"①。

---

① 费尔迪南·德·索绪尔：《普通语言学教程》，高名凯译，商务印书馆，1999年，第101页。本节出自该书的引文我只标明页码。

　　我们平常会说，声音本身不能施指，鹦鹉学舌发出了声音，却没有所指；声音还有待被赋予意义，语言就是这样一种具有了意义的声音。这种表述把意义说成了似乎是附加在声音上的东西。把某些声音分析为纯声音和纯意义是分析的结果，而不是声音原始现象的方式，**有些声音没有意义，有些声音具有意义，才是声音原始现象的方式**。把事后能够分析开来的东西视作事先就由两个部分合成，或一个部分附加到另一个部分上，这是初级反思最严重的错误。幼儿牙牙学语，他的声音一开始没有意义，后来有了意义，这不是后来把意义附加到了声音之上，而是声音生长成为有意义的声音。

　　我们可以把话语分析成为声音和意义，这种可分是**形式上的可分**，而**不是实质上可分**。一个足球有 32 块皮子和一个足球有表面积是两种"具有"，我们可以把足球拆成这些皮子，但我们无法把表面积拆下来——表面积只是在形式上是可分的。语音和语义也是这样。索绪尔说，施指和所指，声音和概念，两者是合二而一的。索绪尔把施指和所指比作纸的正反面，我们可以说到纸的正面和纸的反面，但纸却不能只有正面或只有反面。不过，纸的比喻以及"合二而一"的提法都很容易导致误解。纸的正面反面都实存，而声音和概念两者的本体论地位不同：声音是实存的，概念并不在同样的意义上实存：可以有无意义的声音，却不可能有无声音的意义。

　　不仅语言包含施指／所指，施指／所指关系存在于所有表征关系中。例如，开奔驰车代表有钱有权的身份，这里，奔驰轿车是施指，车主的身份是所指。凡能施指的，可以统称为"指号"或"符号"（semeion）。索绪尔提出可以相应地建立一门**符号学**。后来，莫里斯等人果然创建了这一学科。不过，在所有符号系统中，语言最复杂、最具系统性，与此相应，语言学虽然是符号学的一个分支，然而却是其中最重要的分支，是符号学的范本，也是符号学的主干。

第二节 任意性原则

人们常说，语言是约定的，显见的例子如汉语用马这个声音来指马，英语却用 horse 这个声音来指。所谓约定，含有任意的意思。

索绪尔所谓的任意性原则主要不是在这个层面上谈的。**任意性原则**是说：在施指之前和之外，并没有边界明确的所指。语言不是简单地为已经现实存在的事物或现实存在的概念命名，而是创造自己的所指。例如，汉语里有虫和爱这两个概念，英语里却没有两个概念恰恰和它们对等，虫有时译作 insect，有时译作 worm，爱依上下文译作 love、like、want、tend to 等等。虫和 worm 不是对同一个所指的不同施指，不同语言创造、建构不同的所指。我们并不是面对一个已经清楚分节的世界，然后用语词给这些现成的成分贴上标签，实际上，语言才把现实加以明确区分，"若不是通过语词表达，我们的思想只是一团不定形的、模糊不清的浑然之物……在语言出现之前，一切都是模糊不清的"（索绪尔，第 157 页）。每种语言都以特有的、"任意的"方式把世界分成不同的概念和范畴。正是基于这一要义，索绪尔强调这个原则是"头等重要的"。

施指和所指都是纯形式的，在系统内部由相互之间的关系所确定的。各种语言中颜色词的同异可以作为一个典型例子来说明这一点。不管某人多少次看见棕色的东西，他都不会学到棕色概念，除非他学会了区别棕色和红色、黄色等等。概念通过互相之间的区别得以建立，"概念是纯粹表示差别的，不能根据其内容从正面确定它们，只能根据它们与系统中其他成员的关系从反面确定它们。它们最确切的特征是：它们不是别的东西"（索绪尔，第163页）。索绪尔用了好几个比喻来说明这种纯形式纯差别的关系。国际象棋里把王做成什么形状并不重要，重要的只在于能把它与后、马、兵等等区别开来。一趟班车，无论车厢、司机、乘务员怎样更换，只要它在每天同一时间从同一地点出发，在同一时间到达另一同样的地点，它就是同一趟班车。甚至有这样的情况，一趟按列车时刻表8∶25发车的班车每天都误点10分钟发车，我们仍然把它叫作"8∶25那班车"，只要它能区别于另外几趟班车就行。

不仅符号的所指是靠差别确定的，施指也是靠差别确定的。我们每个人说高超，语音语调都会有些差别，此时彼时也会有些差别，但人们都知道我们说的是同一个词，只要我说出高超能与说出高潮、高唱等等明确有别就可以了。"语言符号与所表示的东西没有联系。因此，如果没有 b 的帮助，a 就不能表示任何东西，反过来也是如此。换句话说，只有通过 a 和 b 的差别才能体现它们各自的价值。如果没有这种由反面的差别构成的关系网，不管 a 和 b 的组成成分是什么，都不会产生价值。"①

索绪尔关于符号价值由系统内部的相互关系所确定的思想，提

---

① 《索绪尔未发表的笔记》，转引自 J. 卡勒：《索绪尔》，张景智译，中国社会科学出版社，1989年，第66—67页。本书没有阐述索绪尔的价值概念，最简单地说，索绪尔区分两种词义，语词在语言中具有价值（valü，valeur），而在话语中具有用义（signification）。

示了一条与指称论不同的思路来把握语言与现实的关系。索绪尔反对语词和现成事物一一对应的简单指称论，没有虫这个概念，现实中的东西就不是作为虫显现的，虫这个概念把现实中某些"模糊不清的"东西转变为明确界定的虫。

的确，施指／所指与任意性原则有助于克服意义指称论的浅见。不过，如利科指出的，施指和所指都属于语言这一方，所指的划分是任意的，这样一来，现实好像变得与语词意义无关了。[①] 如果虫这个声音只是指虫这个概念，那么它和现实之中的虫是什么关系呢？在语言出现之前，当真一切都是模糊不清的吗？猴子能识别来自地面的危险和来自天空的危险，草履虫能识别有营养的液体和有毒害的液体。我们大概并不能泛泛说猴子眼里的世界是模糊不清的。我们甚至不能说语言就使人类眼中的世界格外清晰，我们有语言，但我们的嗅觉远不如狗的嗅觉清晰。

指称论的确含有重要缺陷，把符号分析为施指与所指，并不足以克服指称论的缺陷。就此，我们倒不如把语言符号理解为具有**双重坐标**，语词一方面和其他语词相连，受到其他语词约束；另一方面与现实相连，受到现实约束。语词之间的联系是横坐标，语词和现实的联系是纵坐标。绿不仅和绿颜色相连，而且和蓝、青等语词相连。如果没有蓝、青等词，我们就不知道绿所界定的颜色范围。但另一方面，如果没有现实的颜色，我们就无从区分绿和蓝。我们不再以语词和现成事物的一一对应为前提，而是把语言看作一个整

---

① 参见利科的批评，见保罗·利科：《哲学主要趋向》，李幼蒸、徐奕春译，商务印书馆，1988年，第354页。

体系统,与现实在整体上相联系。像绿这样的词,和现实紧密联系,看不见颜色的人,如盲人和色盲,也许无法学会绿这个词。另一些词,如导数,纵坐标上的联系很虚,它主要是在横坐标上确定的。

　　只要考虑到语言与现实的联系,我们就必须对任意性加以限制。仅就事物的区分来说,就不是完全任意的。例如自然品类名称,杨树、柳树、松树、橡树等等,它们的分界线差不多是由现实强加给语言的,各种语言作出的区分大同小异。前面提到的"8:25那班车"也可以反过来说明任意性的限度:每天都误10分钟,我们仍可能称之为"8:25那班车",但若每天都误一小时,我们多半就会放弃这个叫法。

第三节　约定

　　任意性原则可视作语言约定论的一个代表。语言是约定的还是自然的? 这个问题贯穿我们对语言的思考。第一章第二节曾介绍,《克拉底鲁篇》里的苏格拉底似乎认为语言主要是自然的,但语词不能完全模仿事物的本性,所以实际语言总是由约定加以补充。近代以来,约定观似占上风。孔狄亚克区分自然符号和约定符号,前者如快乐和痛苦引发的喊叫,而语言符号则理所当然地归入约定符号。索绪尔直截了当地说"语言是一种约定"(索绪尔,第10页),他的任意性原则即意在阐发语言的约定性质。乔姆斯基的学说虽不是索绪尔类型的约定论,但可说更加远离了苏格拉底那种"语言模仿自然"的主张。

　　在很大程度上,语言显然是约定的,一个常被引称的理据是,如果语言完全相应于自然，天下就只有一种语言了。不过，"语言是约定"的提法毕竟粗放，往往流于肤浅，例如，洛克一流谈论约定，多援引这样的理据：汉语用马这个声音来指马，英语用 horse 这个声音来指，一种语言任意地把一个词当作一个观念的记号。这里，表示观念的符号是约定的，而我们有如此这般的观念则不是约定的。奥古斯丁所谓外在语词是约定的而内在语词则是非约定的，亦是此意。本章第二节已经说明，索绪尔所谓的任意性原则主要不是在这个层面上谈的。

人们说到约定，首先是与**自然／必然**对称。必然如此的事儿无须约定，开车看见前面竖起一堵墙，都会把车停下来；但看见红灯停车，则需要约定。不过，我们按约定行事成了习惯，本来是约定的，也像是自然的。文化习惯多数如此，我们中国人朝见皇帝要匍匐下跪，就像是有一种自然力使然，西人见着，却觉得别扭。我们的母语对我们是那么自然，我们要么忘了其中有很多约定，要么也容易夸大自然的成分，小视了约定的成分。

约定一方面与自然／必然对称，另一方面则与自由对称。叶斯帕森以约定用法或曰**特配法**与**自由表达**（formulas and free expressions）为基本范畴来研究语言，"约定用法和自由表达的差异渗透到了语法的各个部分"[①]。在自由表达中，各成分完全根据规则联系在一起，或曰可以根据一个公式**类推**，马耳朵是一个自由词组，因为凡"动物名称"加耳朵的说法统统成立，驴耳朵、牛耳朵、

[①]　奥托·叶斯帕森：《语法哲学》，何勇等译，语文出版社，1988 年，第 7 页。本节叶斯帕森引文均出自该书，只注出页码。

兔子耳朵……根据同样的道理,可知马耳是自由词组而木耳则是约定用法或曰特配法,我们有木耳这个词,却没有草耳、土耳这些词。大老鼠里的大是自由表达,大象里的大是约定用法,老妇女里的老是自由表达,老鼠里的老是约定用法。老鼠是典型的约定;我明天来则是典型的自由表达。约定需要逐一学习,而一旦掌握了约定或规则,我们就可以类推了,只要懂得我、你、他,懂得我明天来,也就懂得你明天来、他明天来。于是不妨说,语言是基于约定的自由表达。

我同意叶斯帕森,语法的各个部分都有约定用法和自由表达的差异,"约定用法可以是一个完整的句子,也可以是一个词组,或是一个词,或一个词的一部分"(叶斯帕森,第13页)。但从词与句的区别着眼,大致可以说,词是约定的,句子是自由表达。叶斯帕森也有此意:"语法(按指狭义的语法即句法)研究语言的普遍事实,而词汇学则研究特定的事实。"(叶斯帕森,第23页)语言是基于约定的自由表达这话,平常不妨说成:语言是用约定好的词汇说出句子。词多多少少都需要逐一学习,句子则不是。我们有词典,没有句典。我们问"别墅是什么意思",不问大别墅是什么意思,不问"我昨天晚上到他的别墅去了是什么意思",除非别墅两个字下加了重音。以类推方式把大加到其他语词上说出大别墅、大耳朵、大卡车是基本的说话能力。另一方面,牲口拉的车之为大车却不是大卡车那样的词组,它可能比加长林肯小一截。词典里收入大车,但不收入大卡车。前者是词,后者是自由词组。

不过,上面所举的情况,把约定和类推分得清清楚楚,而在实际语言中,两者经常交织在一起。语言中有些约定可说是纯粹约定，例如复数加 s 而非加 en，这类约定就像桥牌里方片高于草花，没什么道理，或者说，是完全任意的纯粹约定。不过请注意，所谓任意，指的是约定的内容，而不是做出约定这件事情本身。在桥牌里，方片高还是草花高，总要有个约定，但约定方片高于草花则没有什么道理。复数加 s 是约定的，但区分单数、复数则是有道理的。把马叫作马或 horse 是纯粹约定，但把马从牛羊那里区分开来是有道理的。

毫无道理的约定比较少见，大多数约定的内容多多少少是有道理的，换句话，约定常常依附于自然。大方、大员、博大之为大，这个叫大老爷们儿而那个叫小媳妇儿，道理相当明显。大粪是人的粪便，大车却是牲口拉的车。却也不是纯粹约定，但即使在这里，我们也不能断定这种称谓毫无道理可言，牲口躯体大力气大，人的粪便肥力大。

有道理为什么还要约定？为什么不直接按道理行事呢？道理与狭义的逻辑不同，道理**通常不能带来唯一确定的结果**。我们把地震叫作地震，当然是有道理的，但并不是非叫作地震，古时候说地动也没有什么不好。也许从另一个角度说更好：很少有什么事情是由唯一的道理管着的，依这个道理该说 it's I，依那个道理却该说 it's me。道理不够，约定来补。

由道理引导的约定，索绪尔称之为 relative motivation，可以说成是**促动的约定**。从自由表达 / 纯粹约定切入语言研究以及另一些领域的研究，的确是很好的角度，但并非两者要分得清清楚楚，两者之间有一个广阔的中间地带，对于我们来说，这个中间地带最富意趣。

在促动的约定里，**约定程度有深有浅**，且相差甚多。以构词来说，打听的约定程度明显高于听说，口吻的约定程度明显高于口译。发轫的约定程度甚深，我们很可能只知道它的整体意思而不清楚其词素的意思，或不尽能看明白发和轫这两个字怎样合成了发轫一词的意思。另一端，闭上的约定程度很浅，但仍应看作是约定，我们不说闭下眼睛，虽然实际上我们很难说眼睛是闭上的而不是闭下的。

一般说来，词组和语句是自由表达，但其中也多多少少有些约定。履行职责是自由表达呢抑或按约定表达？也许本来也可以说实行职责。区分不定冠词和定冠词的道理相当清楚，但我们说英语，还是经常拿不准该用 a 还是用 the。

这里我们接触到语言学里常讲的**听话人**和**说话人**的区别。我学会了口译、口传，就像听到自由词组似的以类推方式听懂口信、口语、口试，但我并不能以类推方式断定这些说法的确存在，例如，我不知道可否用口证来表示"口头提供的证据"。语言中的类推，这里那里常冷不防被约定打断。我听到过大舅子、小舅子、新娘子，于是说出新郎子这样的外国汉语来。我们常说一等、头等、一流，可偏偏不说头流。恰如赵元任所说，"有时候意义相加虽等于相加的意义，可是不知道加起来成不成这个语言所用的词"[1]，赵元任喜欢举的一个例子是法语用"四个二十，十九"来表示"九十九"。成年人学习外语，他的类推能力已经成熟，但无法预料推到哪里会碰上埋伏好的约定，往往依语言的逻辑类推，"编出"九十九这样的

---

[1]　赵元任:《语言问题》，商务印书馆，1980 年，第 43 页。

说法，母语者听也听得懂，但一听就是洋泾浜外语。

第四节　语言／言语及共时性／历时性

如果施指和所指都是由区别建立的，那么很明显，它们都必须存在于系统之中：语音必须构成一个系统，我们才能区别这个词和那个词，概念也必须坐落在一个概念系统之中。这就是索绪尔所说的"语言系统"或"由形式构成的系统"。和语言（系统）相对的，则是言语。言语是语言的体现，语言（langue）和言语（parole）总称为language（或可强译作语-言）。索绪尔用多种方式来描述言语和语言这组对偶：言语是个人的、从属的，语言是社会的、主要的。从言语的角度来看，两个人说同一个词的声音可能相差很远；但从语言的角度来看，这两个相差很远的声音是在说同一个词。在言语中，张三说"我"是指张三，李四说"我"是指李四，在语言中，我既不指张三也不指李四，而是指说话人。说出一个句子（utterance）属于言语，句子（sentence）这个概念则属于语言。概括言之，语言是语言共同体成员心中的语法体系，言语则是人们平时所说的那些话，是依赖于语法系统的说话行为。语言学研究实际语言行为中所潜藏的形式系统，因此，在索绪尔看来，**语言学的对象是语言，而不是言语**。

由此又可以推论，语言学的主题是语言的共时现象。语言的共时研究和历时研究又称作静态语言学和演化语言学。共时现象是同时存在的各种形式之间的关系，例如对立关系。**普通语法的一切都属于共时态**。语言在不断变化，这索绪尔当然知道，他不仅经常引用语言各方面的变化进行论证，而且任意性原则还解释了语言发生变化的条件：所指对现实连续体的分割是任意的，现实连续体中并没有什么能够保证所指固定不变。同样，语音也会不断变化。但看似矛盾的是，恰恰因此，语言研究从本质上讲是共时研究。这是因为，语言是一个形式系统，每一单位的价值都由另一些单位确定，而这一单位和其他单位的关系必然是共时关系。说语言在不断变化，即是说各个单位相对于其他单位的关系在不断变化，如果把语言看作时间长河中的流变体，那么，在任何时间作一切片，这一切片上所显示出来的各个单位对其他单位的关系却是确定的。"语言状态无异就是历史现实性在某一时期的投影"（索绪尔，第 127 页），而语言学所研究的本来就是这个投影的逻辑关系，所以，尽管"历时事实是一个有它自己存在理由的事件"，但"由它可能产生什么样的特殊的共时后果，都是跟它完全没有关系的"（索绪尔，第 124 页）。由此可知，所谓"语言既是历时的又是共时的所以必须把两个方面结合起来进行研究"这种说法只是庸人的高论，其左右逢源来自对问题实质的麻木。历时和共时不是语言中的两类现象，而是两个层次上的"现象"："历时的就等于非语法的，正如共时的就等于语法的一样"。（索绪尔，第 195 页）当然我们也可以对语言做历时研究，但历时研究是以共时研究为基础的，因为没有单个语词的演变，只有系统的演变，历时研究所研究的其实是两个共时体系之间的关系，所以，历时描述从共时描述派生出来。在语言学上，解释一个词就是找出这个词跟另外一些词的关系，词源学也许能协助这一工作，但它本身不是对语词意义的解释。

我们并非在所有情况下都能够区分哪些是共时现象哪些是历

时现象，实际上，在语音领域之外，例如在语义领域，经常不可能清晰地对两者作出区分。

索绪尔关于共时／历时的主张主要是用来界定语言学研究内容的。但这一主张显然涉及远为广泛的历史性和时间性问题，这里无法就这些重大课题展开讨论，但有两点可以提到：

第一，共时／历时之所以在语言学研究中成为一个独特的问题，是因为语言学研究的是符号的形式关系，而形式关系天然就是从其脱时间性的方面来界定的。一块土地的价值不完全取决于通货变化的情况，土地本身（换句话说，这块土地和其他土地的比较）是确定价值的一个因素，然而，符号自身没有任何价值，其价值完全依赖于它在符号系统里的位置。"如果价值根植于事物本身，根植于事物之间的自然关系中，我们就可以在某种程度上就历时的发展去追溯这种价值。但不可忘记，这种价值在任何时候都取决于与它同时存在的价值系统。"（索绪尔，第118页）

第二，索绪尔反对语言变化的目的论，他认为语言变化来自其中某些成分的自发的、偶然的变化，索绪尔这一思想与达尔文进化论的构想是一致的，实际上，他也专门引用达尔文来说明进化没有明确的目的性。而且，这一见解也不能不让人想到哈耶克等自由主义者对社会发展的一般见解。历史产生形式，系统使用形式，形式科学或所谓规范科学所研究的是这些形式如何被使用，而不是它们如何产生。"原始事实和它对整个系统可能产生的后果没有任何内在的联系。"（索绪尔，第127页）

我在这里想提两点自己的看法。第一，共时／历时这组概念相应于哲学传统所称的哲学的／历史的、本质／变易等等。所谓共时，是就语-言的形式关系来说的，因此，共时性是一个容易产生误导的用语，因为形式关系是超时间的或最好说是脱时间化的关系，而不是在"同时发生"的意义上共时的。索绪尔本人所谓投影就是一个较好的概念。第二，语言是一个系统。就此而言，任何成分的变化都是系统的变化，不过，语言系统并不是一个严密的形式系统，它有中心有边缘，系统对边缘地带的变化不敏感，所以尽管有些边缘成分发生了变化，我们也不妨说，语言系统本身没有改变。

第五节　结构主义语言学

索绪尔的语言学被称为**结构主义语言学**，结构主义语言学的中心论点是：语言是一个系统，在这个系统中，各成分完全由它们在系统中的相互关系界定；这个系统有不同层次，每一层次上的一些成分通过结合形成更高的层次，而且，一个层次上的各种成分与其他层次上的各种成分形成对照，也就是说，每个层次的结构原理都是相同的。

索绪尔认为，在各种形式关系中，有两种关系是最基本的，他分别称作联想关系（associative relation）①和组合关系（syntagmatic relation）。前者如 p 和 b 相对，foot 和 feet 相对，是一种对比关系；后者是序列之间的关系，这种关系决定两个单元是否能够组合在一起。这两种关系适用于语言分析的各个层次，整个语言系统都可以通过这两种关系加以解释。

---

① 现在更多称作聚合关系，paradigmatic relation。

结构主义语言学为此后数十年的语言学研究提供了理论原则。包括马泰休斯（V. Mathesius）、雅各布森（Jacobson）、布龙达尔（V. Brondal）等人的布拉格语言学会深受索绪尔影响。叶姆斯列夫（L. Hjelmslev）宣称他只赞成索绪尔的思想，由他发起成立的哥本哈根语言学会自然宣称以索绪尔为师。美国最重要的结构主义语言学家大概非布龙菲尔德（Leonard Bloomfield）莫属。不过，布龙菲尔德的结构主义深受行为主义的影响，与索绪尔的基本思路已有很大差别。

结构主义语言学的各个学派，各有各的取向和特点，不过，总的说来，它们都从索绪尔的主要概念出发，在更深入的研究中加以扩展和修正。这种趋势一直延续到 20 世纪 50 年代，直到乔姆斯基的转换-生成语言学取代了结构语言学的统治地位。

索绪尔不只是一个专家，他还是一个名副其实的思想家。虽然索绪尔本人并没有一般意义上的哲学著作，但他的语言学洞见不只为这门科学做出了贡献，而且对现代思想有深刻的影响。结构主义不仅是此后数十年语言学中的最主要传统，而且也延伸到众多社会／人文研究领域。在一定程度上，社会可以被看作一个整体结构，个人是这个结构里的单元，但个人之成为单元不是自然的，而是由他们在一个较高层次的功能来界定的。这里只举一个例子，1946 年，列维-斯特劳斯提出结构分析和人类学的关系，后来他又明确提出人类学是符号学的一个分支。

作为一种哲学思想，结构主义的主要立论在于：意义出现在结构之中，这个结构，无论是语言系统，还是社会规范系统或心理结构，都不是行为者平素的意识内容，但它无所不在，是任何意识所

依托的东西。我们平素会思忖我们要说的内容，但不去思考为什么
我们这样说就能表达这样的意思——这个问题是结构问题、机制问
题，由哲学家-科学家通过理论加以说明。

索绪尔参考书

费尔迪南·德·索绪尔:《普通语言学教程》，高名凯译，商务
印书馆，1999 年。本章对索绪尔思想的绍述基本来自此书。

费尔迪南·德·索绪尔:《普通语言学教程:1910—1911 索绪
尔第三度讲授》，张绍杰译注，湖南教育出版社，2001 年。这个编
定本更贴近索绪尔实际授课笔记的原貌。

J. 卡勒:《索绪尔》，张景智译，中国社会科学出版社，1989 年。
这是一本小书，但是对索绪尔的思想有精彩的绍述。

第五章　弗雷格

第一节　概况

　　哥特洛布·弗雷格（Gottlob Frege, 1848—1925）是数理逻辑的开创人，一般也公认为是分析哲学的开创人。弗雷格 1848 年 11 月 8 日生于德国维斯玛（Wismar），父亲和母亲都是教师、校长。他在维斯玛读完小学、中学和大学预科，从 1869 年起，先在耶拿大学后在哥廷根大学攻读数学、物理学、化学，也攻读了一些哲学课程。1873 年，他在哥廷根大学获哲学博士学位，论文题目是《论在平面上对想象图像的几何描述》。自 1874 年起他在耶拿大学数学系执教 44 年，直至 1918 年退休。他在争辩问题时十分直率，从不吞吞吐吐，而且他也公开宣称他的同事们没有能力理解他的工作。当时和后来的几个大哲学家和他都有某种直接的联系。胡塞尔出版《算术哲学》第一卷后，他写了书评，批评了其中的心理主义倾向，这对胡塞尔本人转向反心理主义立场大概有重要的作用。当时已经名满天下的逻辑学家皮亚诺曾受益于他的批评，卡尔纳普曾是他的学生，维特根斯坦曾登门求教，凡此种种。尽管如此，弗雷格生前没有得到多少承认，没有一本著作引起广泛重视，最后可说是默默无闻地死去。他死于 1925 年 7 月 26 日，时年 77 岁。关于他生平的材料不多，但我们知道他的经历相当不幸。他少年丧父，几个孩子都幼年夭折。我们通过达米特引证弗雷格一本日记的残篇得知弗雷格持有极右的政治观点和反犹主义。弗雷格生前是个不起眼的普通教师，但他的成就在后世获得了极高评价。

弗雷格毕生的工作都集中在一个问题上：为数学提供可靠的逻辑基础。虽然数学一向被视为严格演绎的典范，但那个时代的许多数学家、逻辑学家和哲学家开始注意到数学并未建立在坚实的逻辑基础之上，于是开始致力于奠定逻辑基础的工作。他们形成了数学哲学中的逻辑主义派，他们认为数学的基本概念都能够或大半能够归约为纯粹的逻辑概念。弗雷格是这一学派的早期代表人物，怀特海和罗素合著的《数学原理》是这项努力的登峰之作。不过，越来越多的困难和疑点促使人们怀疑这项事业，怀疑数学是否能够归化为逻辑，也怀疑数学是否当真需要逻辑学作为其基础。弗雷格和罗素等人晚期都放弃了逻辑主义的立场。现在大多数论者（包括笔者在内）的看法是，与其视数理逻辑为哲学的一个分支，不如视其为数学的一个分支。从逻辑上为算术和数学奠定基础，这个设想无论是否行得通，都是数学内部的一项工作。我一般地认为，一门独立的科学不需要从外部为自己寻找"元层次"的基础，不需要哲学或逻辑学来为自己奠基。元数学、元物理学，要么是哲学家的非分之想，要么是这门科学内部从未中断进行着的一项工作。

不过，正是在数学和逻辑的相邻地带进行的工作形成了数理逻辑这一新学科，刷新了逻辑学，产生了许多积极的成果。弗雷格被公认为数理逻辑的主要创立者。而且，在一个重要的新学科建立其基本概念之际，如弗雷格自己明确意识到的，创立者必会被带向一些重大的哲学问题。弗雷格是一位真正的思想家，他直面艰难的问题，例如数、一、同一等等概念的含义，他对这些"硬问题"提出了一系列深刻洞见，并对 20 世纪哲学产生了巨大影响。

弗雷格早期的主要著作是 1879 年出版的《概念文字：一种模仿算术语言构造的纯思维的形式语言》（以下简称《概念文字》）。《概念文字》一书的主要任务是构造一种纯形式化的语言，其直接目的是为算术及可以划归为算术的数学分支 [1] 提供严格的逻辑基础，也就是说，用逻辑概念来重新定义包括数本身在内的所有算术基本概念，并证明所有合格的算术推理都遵循逻辑推理的规则。这项工作的意义是双重的，它既为算术提供更精确的逻辑概念，同时也扩大了逻辑的范围，因为把算术的基本概念归结为纯粹的逻辑概念，等于把算术作为一个分支纳入了逻辑。这项工作包括：设计一套人工符号系统，它只表征概念本身和概念之间的联系，排除自然语言中修辞之类的内容，从而消除自然语言的模糊性和不确定性；用这套符号系统来重新表述算术的基本概念和推理规则；明确所有推理的前提；保证一个证明中各个命题间的所有推理规则，使推理不再依赖于直觉，也不存在跳跃和脱节。这些设想一旦实现，任何人都将可以检验每一推理的前提和步骤，无歧义地达到同样的结论。

这部重要著作当时并未引起多少注意，经罗素的引荐之后才广为人知。《概念文字》出版以后，弗雷格继续深化自己的工作，同时

---

① 这里的算术概念是广义的，包括代数、微积分等所有与数有关的数学分支。弗雷格认为广义的算术真理都是先天分析的，但他同意康德的观点，认为几何学的真理是先天综合的。

寻找更明确的表述，五年以后出版了他的第二部巨著《算术基础》，这本书是弗雷格核心思想的最明确、最完善的阐述。这部著作的主要论题包括：反对康德认为算术真理是先天综合命题的主张，论证它们是先天分析命题；数可以被归结为逻辑的类；数本身是某种独立的抽象对象，数字是对数的指称，算术是关于这些对象的性质的科学；算术不是人的创造性游戏，而是对客观真理的发现。

这部著作的导言里提出了后世语言哲学常引称的三条著名原则：第一，始终把心理的东西和逻辑的东西、主观的东西和客观的东西严格区别开来；第二，绝不孤立地寻问一个词的意义，而只在一个命题的上下文中寻问词的意义；第三，绝不忘记概念和对象的区别。[1]

第一条原则明确反对当时甚为流行的心理主义。心理主义者试图通过对内心过程的研究来探讨意义、判断等，弗雷格则主张逻辑学家研究的是语言表达式，这些表达式指称具有客观实在性的东西，专名指称单个对象，概念词指称概念，关系表达式指称关系，等等。概念不是某种心智过程或精神实体，而是某种特殊类型的客观事物。例如，一条特定的鲸鱼归属于鲸这个概念，鲸这个概念包含在哺乳动物这个概念里，这些概念及其联系都是客观的。语言表达式具有可以公开考察的性质，意义的研究依赖于对这些性质的考察，而不是依赖于对心理过程的臆测。

第二条原则常称作"语境原则"或"整体主义原则"。这条原则弗雷格没有多加解说，看起来它依附于第一条原则，因为，人们如

---

[1]　参见 G. 弗雷格：《算术基础》，王路译，商务印书馆，2006 年，第 8—9 页。

果个别地研究语词的意谓，"那么几乎不得不把个别心智的内在图像或活动当作语词的意谓"①。弗雷格的"语境原则"本来是着眼于数学符号提出来的，并不能直接应用到自然语言的语词上。后来，弗雷格更多从"合成性"来理解语义：一个复杂表达式的意义或指称由其诸构成部分的意义或指称合成。这一思路与"语境原则"有明显张力。

第三条原则我们将在本章第三节阐论。

像《概念文字》一样，《算术基础》并未受到重视，只引发了少数评论，而且这些评论差不多都是负面的，其中包括大数学家康托尔的一篇评论以及胡塞尔在其《算术哲学》中的一段评论。弗雷格不为所动，在自己开创的道路上继续挺进，发表了一系列重要的论文，包括《概念与对象》（1892）和《意义与指称》（1892）。他在这些论文中提出的思想具有经久不衰的魅力，为 20 世纪语言哲学反复引征、批评、发挥。

弗雷格曾计划把这些著述最后综合为一部完整的逻辑哲学著作。他的下一部主要著作《算术基本法则》可以视作这一计划的实施，然而，他最后并没有完成这部著作——该书第一卷出版于 1893 年，第二卷出版于 1903 年，计划中的第三卷从未出版。在《算术基本法则》中，弗雷格尝试用集合概念来定义数，并自认为这一任务已大致完成。然而就在这时候，他收到了罗素的一封信，其中的主要内容是所谓的"罗素悖论"，这一悖论对弗雷格的整个事业是一个毁灭性的打击。用弗雷格自己的话来说，"在工作已经结束时，

---

① G.弗雷格：《算术基础》，王路译，商务印书馆，2006 年，第 79 页；又见第 77、120 页。

自己建造的大厦的一块主要基石却动摇了，对于一个科学家来说，没有比这更让人沮丧了”①。弗雷格尝试解决罗素悖论，并且一开始以为自己找到一种解决办法，把它作为附录发表在《算术基本法则》第二卷里。但波兰逻辑学家列斯尼耶夫斯基（Lesniewski）证明“弗雷格出路”是走不通的。弗雷格最后承认了这一点，并承认他的方法无法证明所有的算术真理都是先天分析的，也就是说，他要把算术建立在逻辑上的毕生努力是一个失败。弗雷格对罗素来函的反应被视作学术真诚的一个典范：只有出于对理论和真理的深刻忠诚，一个已经达到充分深度的研究者才可能看到相反例证和相反论证的力量。在这一点上，我们能做的只有羞愧，我们中国人一向少有认真的学术批评，偶或有之，回应也多是在不知不觉中错过批评的要点，继续自说自话。

　　弗雷格晚年转变了工作方向，尝试在具有先天综合性质的几何学基础上建立全部数学的基础。这一尝试也未获成功。后世在证明理论领域的一系列工作，特别是康托尔和哥德尔的工作，从根本上否定了弗雷格的逻辑主义路线。

　　弗雷格的初衷并不在研究语言，也不是通过语言研究来穷理。“研究语言和确定语言表达式的内容不可能是逻辑的任务。想从语言中学习逻辑的人，就像是成人想从孩子那里学习思考一样。”②他不得不研究语言，为的是“打破语词对人类精神的统治，揭露几乎无法避免地出自普遍用法的关于概念关系的欺骗，把思想从仅仅

---

　　①　Gottlob Frege, *Die Grundgesetze der Arthmetik*, Oxford University Press, 1959, Vol. II. appendix, p.127.

　　②　转引自陈波主编：《分析哲学》，四川教育出版社，2001年，第41页。

受到语言表达方式性质的影响中解放出来"。但我们须记取，弗雷格所设想的"纯粹思维的形式语言"是为严格科学准备的。他把这种语言对日常语言的关系比作显微镜对肉眼的关系。对科学研究来说，肉眼有诸多缺陷，但弗雷格也看到肉眼与精神生活具有内在联系，显微镜的种种特点虽然能更好地服务于科学目的，但也正是这些特点使得它无法应用于科学以外的目的。这两个比喻并不协调，依孩子-成人的比喻，逻辑语言是日常语言的全面发展，依显微镜比喻，作为一门人工语言的概念文字是异于日常语言的一种特殊工具——倒是需要自我辩护：它是为逻辑学这门特定科学构想出来的，"不能因为它在其他方面毫无用处而批评它"[1]。

从这个角度看，有些论者并不认为语言转向是从弗雷格开始的。与这种看法相反，达米特坚持认为语言哲学是从弗雷格开始的。他承认语言哲学并不是弗雷格的初衷，然而，作为新逻辑的开创人，为了创立一种"新语言"，弗雷格就语言的本质提出了一系列新思想，从而发动了现代哲学的语言转向。这一转向的根本之点在于：思想的结构必须在语句的结构中得到考察。

我想，无人能够否认弗雷格对一般哲学和语言哲学做出了巨大贡献。从《概念文字》开始，弗雷格就旗帜鲜明地反对心理主义，主张概念既不是物理的东西又不是心理的东西，这不仅被后世分析哲学奉为圭臬，对现象学开创人胡塞尔也有重大影响。他后期关于意义与指称、思想与命题的探讨，具体而微地影响了语言哲学的发展。语言哲学后来所关心的种种问题，大多数能直接从弗雷格那里

---

[1]　Gottlob Frege, *Begriffschrift*, Hildesheim, 1964, pp.12-13.

找到相当确定的起源。罗素、维特根斯坦、卡尔纳普可能是弗雷格之后一段时期里语言哲学领域中最重要的名字了，而这三个人都直接受惠于弗雷格。罗素自称是第一个仔细研读弗雷格并使学界开始重视弗雷格的人，他和怀特海合著的《数学原理》的序言里说："在逻辑分析的所有问题上，我们主要应当感谢弗雷格"。[①] 维特根斯坦青年时就和弗雷格通信，也曾前去讨教，并且接受了弗雷格的建议而前往罗素那里研习哲学。在《逻辑哲学论》的序言里，他只提到了弗雷格和罗素。即使后期维特根斯坦开辟了语言哲学的一条新路，但他在很大程度上仍然是以弗雷格为假想论敌来思考的。维特根斯坦自称，甚至连他的"文句的风格"也"极其强烈地受到弗雷格的影响。乍一看谁都看不到这一点，但若我愿意，我可以确证这种影响"[②]。卡尔纳普曾在耶拿大学听了弗雷格几个学期的课，并在其《自传》中论述了弗雷格对他的重大影响。日常语言学派的哲学家也有很多深重弗雷格，比如他著作的第一个英译本，1950 年出版的《算术基础》英译本，就是奥斯汀译出的。

　　在很多哲学基本问题上，弗雷格提出了一系列深刻洞见，但我们必须始终记取，弗雷格哲学深深刻有数学-逻辑学印记，例如，他反对心理主义，这有一般的重大意义，但这一原则弗雷格本人首先是从数学真理的性质着眼提出的。实际上，在他那里，真（真理）、理性、概念基本上可以理解为数学真理、数理理性、适合于数理工作的"纯粹概念"。我个人认为这种数学-逻辑学导向对语言哲学造

---

①　Bertrand Russell, *Principia Mathematica*, W. W. Norton & Company, 1903, Preface, VIII.

②　Ludwig Wittgenstein, *Zettel*, §712.

成了相当的负面影响。弗雷格说："算术跟感觉根本没有关系。"[1]
他说得对,然而,哲学跟感觉处处相连。在弗雷格的逻辑主义路线
上,语言交际的周边环境始终未受到关注,或用一向环护弗雷格的
达米特的话说:"研究语言在交际中的用法是弗雷格理论的一种合
理发展,而且确实是它的一种必要的补充"。[2]

　　虽然不少重要的哲学家很早开始钻研弗雷格的著作,但研究专
著却直到 20 世纪 60 年代以后才陆续问世,其中特别值得提到达米
特的巨著《弗雷格的语言哲学》(1973)。语言哲学领域中较晚起的
哲学家,如斯特劳森、蒯因、戴维森、克里普克等人,也突出推进了
弗雷格思想中的某一方面。

第二节　意义与指称

　　1892 年,弗雷格发表了《论意义和指称》(über Sinn und Be-
deutung)一文。这篇论文被视为意义理论发展中的里程碑,对语言
哲学后来的发展产生了深远的影响。

　　在讨论此文内容之前,先说说 Sinn 和 Bedeutung 这个词。据
考证,Sinn 和 sense 相当,Bedeutung 和 meaning 相当,这两个德
文词和这两个英文词,意思差不多,用这一个还是用那一个,经常
"只是出于文体的考虑"[3]。现在,弗雷格把它们用作一组捉对的概

---

①　G.弗雷格:《算术基础》,王路译,商务印书馆,2006 年,第 5 页。

②　迈克尔·达米特:《分析哲学的起源》,王路译,上海译文出版社,2005 年,第
14 页。

③　迈克尔·威廉·涅尔、玛莎·涅尔:《逻辑学的发展》,张家龙、洪汉鼎译,商
务印书馆,1985 年,第 619 页。

念，这已经引起困难。一般说来，弗雷格用 Bedeutung 表示符号所指的对象，例如金星的指称是金星这颗行星。汉语哲学通常译之为指称，大致可视为被指称者的缩写。但"所指的对象"本身不是一个无歧义的表达式，如上章提到，在索绪尔那里，马这个词的所指是马这个概念而不是马这种实物。弗雷格的 Bedeutung 相当于概念抑或实物抑或其他？研究者就此争论不息。弗雷格的主要汉译者王路反对把这个词译作指称而主张译作意谓。这里无法就这个词的翻译做更深入的讨论，无论如何，这里的困难不只是翻译上的困难。

意义和指称问题的基本内容是这样的：启明星和长庚星指同一颗行星——金星，但它们在很多场合不能互相替换，例如，"他天还没亮就起身，迎着启明星向东走去"，其中启明星不能说成长庚星。弗雷格由此提示：启明星和长庚星指称相同而意义不同。

这看来应该是个很简单的道理，怎么会引起人们经久不息的兴趣呢？一个哲学论题的重要性往往在于它能使大量的问题聚焦。意义和指称的讨论是一个典型的例子，我们将看到，这个简单的道理汇聚着语言哲学的很多关键课题。

弗雷格这篇论文本来旨在澄清等于或全等这一概念。弗雷格开篇明义，等同是一种关系。但它是谁和谁的关系？让我们来考虑两种等同，一种是 A=A，例如启明星就是启明星，另一种是 A=B，例如启明星就是长庚星。我们可以从这两种不同的等同关系着眼来分析等同概念。

第一，设想等同是对象之间的等同关系。若是，A 之所以等于 B 是因为 A 和 B 都指同一个对象，A=B 表示的是对象与其自

身的同一。但是，A＝A 表达的也是对象与其自身的同一。而 A＝A
和 A＝B 显然不同，至少在认识论上有不同的意义：A＝A 是同一律，
单从逻辑上就能确立，而 A＝B 却"并不总是能够先验地建立起来
的"[①]，例如启明星就是长庚星是个天文学的发现。

　　第二，因此，弗雷格在《概念文字》中否定了对象同一的解释，
设想等同是两个名称之间的关系。但现在他觉得这个回答也不妥
当，因为两个名称并非直接有关系，"唯当这两个名称确有所指，
它们才能发生关系，这就像是说，这两个名称是通过它们所指的东
西为中介联系起来的"[②]。

　　第三，所以，等同关系既不单属于对象方面，也不单属于名称
方面，而是属于名称和对象的关系。名称和对象的关系不能只包括
指称方面，否则，既然在这里 A 和 B 指称相同，它们的不同就又退
回到仅同一个对象有不同名称了，而这些名称只是些任意的符号。
于是，弗雷格提出，启明星就是长庚星之所以具有知识价值，在于
它们虽指称同一对象，但这个对象在两个表达式中是以不同方式给
予的，即具有不同意义。从而，我们必须区分一个表达式的指称和
它的意义。

　　例如，设三角形的三条中线为 a、b、c，根据平面几何可知，a
与 b 的交点和 b 与 c 的交点是同一点。然而，a 与 b 的交点和 b 与
c 的交点显然不是任意的符号，实际上，我们正是从这两个表达式
的特定意义推知它们指同一个点，点 O，若给这个点命名两个随意

---

　　① 　弗雷格：《论意义和指称》，见《弗雷格哲学论著选辑》，王路译，商务印书馆，
2001 年，第 95 页。

　　② 　同上书，第 95—96 页。

的名称，如A或B，我们就完全无法推知它们指的是不是同一个点。正因为此，三角形的中线a和b的交点与中线b和c的交点是同一点这个命题才传达了真实的知识。a与b的交点和b与c的交点虽然指同一个点，但它们指示的方式却不同。同理，林副统帅和林贼这两个表达式指称相同，意义不同。

弗雷格基于对意义与指称的界说，提出以下一些论断。第一，一个语法上正确的表达式总有一个意义。第二，意义提供了关于某种识别指称的标准。第三，理解就是理解意义，使我们能够根据意义所提供的识别标准去寻找指称，即所谓"从意义推进到指称"。第四，我们不一定找得到指称，因为这个表达式不一定有一个指称，例如最慢收敛的级数、刺杀了秦始皇的那个人，这些表达式有意义，是可以理解的，但它们没有指称。

在自然语言里，乃至在一些理论著作中，同一个符号往往有好几个意义。在弗雷格看来，这是造成混乱的一个根源。理想的情况应该是：每个符号有且只有一个意义，与这个意义相应的有且只有一个指称。但反过来，我们应当允许（实际上不可避免）一个对象用好几个符号来表示，例如同一个点由a与b的交点和b与c的交点来表示，同一个人既由秦始皇又由嬴政来表示。

弗雷格曾举过不少例子来比喻意义和指称的关系。这里引用一个望远镜看月亮的比喻。月亮本身相应于指称，它是观察的对象，但我们是通过物镜所显示的图像和视网膜上的图像为中介看见月亮的，前者相应于意义，后者相应于直观。望远镜上的图像是片面的，依赖于观察方位，等等，但它是客观的。视网膜上的图像则因人而异。

在弗雷格那里，意义和指称的区别适用于所有表达式，既适用于专名，也适用于概念词和句子。概念词和句子的意义是什么，他的界说不尽一致，但关于它们的指称，弗雷格的说法相当一致：概念词指称概念，句子指称真值。

弗雷格经常把句子视作一个词、一个专名，不过他有时称之为"复合专名"："若从一个陈述句的语词的指称着眼，每个陈述句都应被视作一个专名"。[①] 每一个语法上正确的句子都有一个意义，这一点不难理解，但句子的指称是什么呢？弗雷格认为句子的指称是句子的真值。所有的真句子都有同一个指称，那就是真，所有的假句子一样，其指称皆为假。单称表达式的指称千千万，世上有多少东西就有多少能成为指称的东西，所有的句子却只有两种指称，一个是真，一个是假，无论我们怎样理解弗雷格的 Bedeutung，这个提法从直觉上都会让人觉得很奇怪。的确，把句子看作一个专名，本来就是一个极奇怪的构想。后来很少有人继承这一主张。

概念词指称概念，似乎比句子指称真值稍好理解，然而，概念毕竟不同于金星这类实存事物，我们能用克服指称克服来比附菲多指称菲多吗？菲多是林肯的宠物狗的名字，但"克服是克服的名称"却会是很奇怪的说法。因此，围绕弗雷格的 Bedeutung 是否具有统一的意义以及这个统一的意义是什么产生了经久不息的争论。在我看来，弗雷格文本研究尚不足以辨明这些争论，我们需要对相关哲学问题进行完整的思考。这里只提两点相互联系的疑问。

---

① 弗雷格：《论意义和指称》，见《弗雷格哲学论著选辑》，王路译，商务印书馆，2001 年，第 103 页。

　　依弗雷格的理论，意义是通达指称的途径，我们通过启明星、长庚星这些表达式特有的意义通达它们所指的行星。有人把这种意义理论称作**意义的途径论**。这里的第一点疑问是，按照这条"从意义推进到指称"的思路，我们好像从来都不首先面对世界，无论走到任何地方，都是先从地图上识认某些标志，然后按图索骥，寻找现实中符合地图上的标志的地点，如果相合，就是指称，如果始终不相合就意味着没有指称。这一按图索骥的模式一直遗传到罗素、达米特，对语言哲学产生了深远影响。但若我们尚未进入这个传统，难免觉得奇怪——人们一开始是怎样画出地图来的呢？

　　"从意义推进到指称"的思路尽管奇怪，但若终究能达到所指称的对象，倒也罢了。但依上面提到的望远镜比喻，我难免会担心我们最后是否真能达到对象。在这个例子里，我们发现，我们不是仅有指称和意义两样东西，而是有指称（对象）、意义和直观三样东西，其中，意义不是直观意象，它处于直观和对象之间。这又产生出新的困难。首先，弗雷格称，一个语法上正确的表达式总有一个意义；然而，我们很可以撇开望远镜直接看到月亮，但依弗雷格，我们却不能不借助任何意义直接指称一个对象。当然，我们可以抛开望远镜却不可能抛开视网膜。然而，这只使问题变得更糟：如果视网膜上的图像总是因人而异，这就意味着我们每个人都戴着一副脱不下来的有色眼镜，而这副眼镜因人而异，从而我们谁都看不到月亮的真相。弗雷格以反心理主义为己任，强调思想、概念等等的客观性，望远镜比喻也意在表明意义不同于直观，意义是客观的，然而细想下来，这个比喻却暴露出指称、意义、直观的区分无法保障客观性，反倒引向相反的结论：我们归根到底看到的不过是个主观的东西。

不过，弗雷格并非始终采用"从意义推进到指称"的进路，在对意义和指称关系的具体阐论中，他经常采用相反的进路：若不首先诉诸指称，就无法解释表达式的意义。怎样疏解甚至调和并存于弗雷格著述之中的这两条进路，是弗雷格专题研究的一项任务，这里我只想做个简短评注：这两种进路背后是意义先于真抑或真先于意义的一般问题，而如前文第三章第七节提示，这两种主张各有其需要面对的困难。

第三节　概念与函式

《算术基础》里提出的第三条原则是：绝不忘记概念和对象的区别。弗雷格所称的对象，大致就是我们平常所说的个体，例如秦始皇这个人，由专名和特称描述语来指称，如嬴政、秦始皇、中国第一个皇帝。唯名论倾向的哲学家往往只承认个体是实存的，概念则是我们头脑中的东西。弗雷格则持概念实在论立场，主张概念及其相互关系是客观的或曰实在的东西，例如鲸和哺乳动物这些概念及其联系，都是客观实在的。为了彰明概念实在论，我们需要明确区分概念与概念词。我们通常须区分一个对象和标识这一对象的记号，例如区别嬴政这个人和嬴政这个名字或曰语言表达式。这一点似乎非常清楚。现在，弗雷格进一步要求**区分概念和概念词**（概念的记号）：概念词是标示概念的语言表达式，概念本身则是客观的东西，不是语言的一部分，更不是某种心理活动或内心的观念。根据这一区分，我们须把一个数字和这个数字的表达式加以区分，

"7"是一个记号,代表 7 这个数,这同一个数还可以用别的记号来
代表,例如"4 + 3""$2^3 - 1$"等等。

　　概念是实在的东西,但它们不同于嬴政或莫邪这些实在的个
体。个体事物处在因果关系之中,构成了我们通常所说的现实,
而概念之间却没有因果关系,它们构成了另一个性质不同的实在
世界。

　　按照密尔的理论,通名是有指称的,一个通名指称包含在此概
念外延中的所有对象,而弗雷格的概念词(包括通常所谓通名)指
称概念。那么,马这个概念与一匹马的关系是什么呢?按弗雷格采
用的术语,个体的马"归属于"马这个概念。

　　那么,像麒麟这样的概念,没有任何个体归属于它,它是否还
有意义呢?弗雷格认为,我们应当容许使用这样的概念,甚至容许
使用圆的正方形、木质的铁、不同于自身这类自相矛盾的概念,因
为在进行研究之前我们不见得预先知道一个概念包含矛盾,而要加
以研究就要先加以了解。唯一的要求是一个概念必须界限分明,以
便决定一个对象是否归属于这个概念。不同于自身就是这样的概
念,我们清楚地了解它,因此能断定没有任何对象归属于它。

　　弗雷格这里提出的问题几乎有一种悖论的性质:对于自相矛盾
的表达式,如果我们不理解它,就无法知道它逻辑上不可能,但若
它在逻辑上是不可能的,我们怎么能了解逻辑上不可能的东西?

　　要想进一步了解弗雷格关于概念 / 个体的思想,我们无法绕
过他的函式理论。函式概念[①]是从数学引入的。$2 \times n^3 + n$ 是个函

---

①　function 在数学中通译"函数",但现在把它运用于一般语言分析,不(接下页)

式，n 代入不同的数值，或自变元[1]，整个函式就代表不同的数值，代入 1，其数值为 3，代入 2，其数值为 18，等等。函式本身不标示任何特定的数值，弗雷格据此把函式称为"不饱和的"或"不完整的"。自变元代入了特定的数目后，这个函式就有了一个特定的数值，因此成为"饱和的"或"完整的"。现在，弗雷格把以上几个概念运用到语言分析上来。让我们考虑首都这个概念。首都总是某一国家的首都，可以写成"（　）的首都"，相当于一个函式。括号里代入不同的"自变元"，如中国、英国，这个函式的"值"也不同，例如中国的首都的"值"是北京，英国的首都的"值"则是伦敦。与此相仿，"（　）是圣人"是一个不饱和的表达式，必须填入孔子、秦桧、4 之类才成为一个饱和的命题。

首都、（是）圣人之类，弗雷格称之为概念词（Begriffswort 或 nomina appellativa），孔子之类则是专名。一个命题中必须有一个专名，这个命题才饱和，才有确定的"值"，才能是真的或假的。"（　）是圣人"代入孔子为真，填入秦桧或 4 为假。（也可以说，代入 4 无意义。）逻辑学类型的文著通常这样写："是圣人"对孔子为真，对秦桧为假。函式是从数学中借用来的，这里的真假概念在数学里也有效，例如，作为一个函式，方程式 $x^2 = 4$ 在自变元为 2 和 -2 时为真，代入其他自变元时为假。

再限于"数"，所以有人在逻辑语言讨论中译作"函项"。但 function 根本上是表示应变量对自变量的对应关系，不是"项"而是"式"，本书因而译之为函式。实际上我以为即使在数学中也可采用函式这一译法。

[1]　argument，在数学中通译"自变元"，在逻辑语言讨论中常译作"主目"，本文仍然保留"自变元"这一译法。

　　弗雷格的"概念词"在某些方面和传统逻辑中的"谓词"相仿，弗雷格本人也交替使用谓词和概念词。但两者也有重要的区别。以曹操杀了杨修这一命题为例。按传统逻辑，曹操是主词，杀了杨修是谓词。但用函式方式来分析，曹操杀了杨修可以看作"（　）杀了杨修"这一函式代入了曹操这一自变元，也可以看作"曹操杀了（　）"这一函式代入了杨修这一自变元。重要的是何为函式、何为自变元，而不是何为主词、何为谓词。实际上，曹操杀了杨修完全等同于杨修为曹操所杀，而这时杨修就成为主词了。

　　我们还可以为曹操杀了杨修建立另一种形式的函式，即"（　）杀了（　）"。为使这一函式饱和，我们须填入两个空位。这样的函式称为二位谓词。据此，（　）是圣人是**一位谓词**，（　）杀了（　）、（　）大于（　）是**二位谓词**，（　）把（　）给（　）是**三位谓词**。在弗雷格那里，"概念"通常指一位谓词，指二位谓词的则是"关系"，但人们后来通常用"概念"泛指所有位数的谓词。

　　我们一般把杀叫作一个概念，而不是把杀了杨修叫作一个概念，把行星叫作概念，不是把是行星叫作概念，否则我们就会有无数的概念，概念也就失去其具有概括性的优点了。弗雷格对概念、谓词以及专名等重新作出界说，并不是为了更好地解说我们的自然语言，而是旨在建立一种新的逻辑科学，这一点我们不可不牢记。

　　按照函式理论，只有专名才能用作真正的主词。但我们常见如"母亲都是爱孩子的"这样的句子，这里，母亲是概念词，同时也是句子的主词。弗雷格说，这只是从表层语法着眼而已，按照正确的逻辑分析，这个命题是一个由量词来连接几个自变元的命题：对于 x 的一切值来说，如果 x 是母亲，则 x 爱孩子，这样一来，我们就能清楚地看到，母亲或是母亲并不是真正的主词，它跟是爱孩子的具有完全相同的逻辑地位，两者都是谓词。这样，这个全称命题也就合乎弗雷格的函式理论了。用一种比较直观但不大严格的方式来说，所有的母亲都是爱孩子的这个句子应改写为如果一个人是母亲，这个人就爱孩子。弗雷格的这一主张，实已开罗素特称描述语理论的先声。

为了便于上述讨论，我们需要引入阶层的概念。在数学中有一阶函数与高阶函数的区分。一个函式的自变元是数字，这个函式就是一阶函式；一个函式的自变元本身是一个函式，这个函式就是二阶函式。与此相应，在弗雷格那里有一阶概念和二阶概念之分。是圣人是一个**一阶概念**，它的自变元是孔子之类的专名。**二阶概念**的自变元不是专名，而是一阶概念。二阶概念的一个典型例子是"有圣人（圣人存在）"里的有（存在），这个函式里的自变元（即圣人）不是一个单个对象而是一个概念词。我们这里大致可以把"有（ ）"改写为"是（ ）的一个或一些实例"，（ ）所表示的自变元（例如是圣人）显然只能是概念而不可能是个体。如果至少有一个专名，例如孔子，能代入是圣人这一函式并使之为真，那么有圣人这个二阶函式也为真。如果代入任何专名都不能使那个一阶函式为真，那么这个二阶函式就是假的。例如，没有一个制度能使"（ ）是美好无缺的制度"为真，所以与之相连的二阶函式"有一种美好无缺的制度"也是假的。

存在概念是个二阶概念，表示的是确有一些实例归属于某一个一阶概念。说狮子存在而麒麟不存在，就是狮子这个一阶概念确有实例，而麒麟这个一阶概念没有实例。二阶概念只能以一阶概念而不能以单个对象为自变元，圣人有实例这句话是有意义的，而孔子有一个或几个实例这句话是没有意义的。这又等于说，说单个对象存在是没有意义的。于是，弗雷格用他特殊的方式声援了"'存在'不是一个谓词"的主张，并进一步站到对上帝的本体论证明进行批评的一方。

自然语言不了解这种区分，说孔子贤达，或说孔子无与伦比，似乎都是在描述孔子。但后一个命题实际上涉及二阶概念，用逻辑上更清楚的方式来表达，它是说"不存在（二阶概念）具有孔子那些伟大特点的人（一阶谓词）"。这种逻辑分析，用日常眼光来看，似乎牵强而没有积极的结果，但它极大地改变了逻辑的面貌。例如，在传统逻辑中，所有人都是有肾脏的和有些人是有德性的这两个命题，一个属于全称肯定即 A 型，另一个则属于特称肯定即 I 型，但它们都是由一个主词和一个谓词构成的。按照新逻辑，所有人都是有肾脏的应改写为任何对象，只要是人，就有肾脏，也就是说，是人和是有肾脏的两者都是谓词。有些人是有德性的这个命题也应作相应地改写。从而，弗雷格就取消了传统逻辑中的主词概念，而引入了量词（任何、有一些实例）来约束变元。从这些考虑发展出来的新逻辑被称为**量化逻辑**，此后逻辑主义的语言哲学家都是采用这种新逻辑作为分析工具的。

第四节　语句与命题

在其晚期论文《思想》一文中，弗雷格总结了他关于句子的理论，他把句子分为三个层面。第一，说出的或写下的句子，相当于索绪尔所说的施指，或相当于皮尔士的例语句。简要说，这是句子的物理层面，逻辑关心句子的真假，而句子的物理特性一般不影响句子的真假。第二，伴随说或写出现的精神观念，相当于索绪尔所说的心理学上的概念。第三，该句子所表达的思想（Gedanke），或通常所称的"命题"，相当于索绪尔所说的所指。命题是真值的承担者，句子根据其表达的命题才间接地有真假。精神观念是主观的，允许每个人有每个人自己的观念；命题或思想则是客观抽象实体，命题和其他抽象实体一起组成了非物理、非心理且超时间的第三领域。

一个句子的物理特性一般不影响这个句子的真假，然而，说出同一语句的人可以不同，时间和场合也可以不同，这些都将影响语句的真假。邓小平说"我是四川人"，这句话是真的，周恩来说"我是四川人"，这句话就是假的；1962 年时说"现任总理是周恩来"是真的，1982 年时说这话就是假的。说话人、时间、地点等统称为**场合因素**。

要排除场合因素对真假的干扰，我们可以区分**语句和命题**。邓小平说"我是四川人"这个句子，是在陈述邓小平是四川人这个命题，这是一个真命题，其真不以具体的说话人改变；同样，1962 年时说"现任总理是周恩来"，这话所表达的命题是 1962 年时的中国总理是周恩来。同一个语句可能表达不同的命题，例如邓小平说"我是四川人"和周恩来说"我是四川人"，句子是同一个，所表达的命题则不同。反过来，不同的句子可以表达同样的命题，例如英语句子 It is raining 和德语句子 Es regnet 表达同一个命题：正在下雨。

　　命题和语句的另一重要区别在于，命题只从与真值有关的意义来考虑一个句子，因此，命题必须排除一个语句所含的情绪成分，这样，我们会从"可惜他不在这里"这个语句中得到他不在这里这个命题。弗雷格承认，色彩、语气、美感等在诗歌甚至在人文学科中都很重要，但它们和命题无关，命题概念是为科学语言服务的。

　　在弗雷格看来，表达式的意义不是主观的东西，同理，句子所包含的思想也不是主观的东西，而是客观的、公共的、一致的东西。一个句子表达一个思想，这个思想是客观的，是句子真值的承担者。思想甚至就是一个对象，可以被命名，例如"2+3 是 5 这一思想"。但一个特定的句子不仅包含一个思想，而且包含对这一思想的某种态度，例如断定、否定、疑问等等。我们可以用断定的口气说"他来"，也可以用疑问的口气说"他来?"两个句子包含的思想是一样的，但我们对这一思想的态度却相差很远。为了把思想和对这一思想的态度区分开来，弗雷格在《概念文字》引进了一些逻辑符号，用"——"来表示思想本身，或句根，用"⊢—"来表示对这一思想的断定，这两个符号分别称为内容短线和断定记号。——庄子是出世的标示一个可断定的命题，⊢—庄子是出世的标示一个已断定的命题，此外还有否定记号、疑问记号等等，分别表示各种**命题态度**。断定符号本身既没有指称也没有意义，而只是标识着断定行为。在断定句中，断定这一态度和命题结合得极为紧密，乃至于人们经常看不到两者实质是可分离的。

　　提出命题态度的一个主要目的是反对心理主义：我们对句子所包含的"思想"可以持赞成或否定的主观态度，但这个"思想"本身是客观的东西。

维特根斯坦在《哲学研究》专门批评了弗雷格的这一理论。[①]他指出，句子并不现成地分成了一些种类，对句子种类的区分是以研究目标为转移的，除了肯定、否定、疑问、命令之外，还有期待、假设、恳求等等。我们可以把恳求和命令都归入祈使句，也完全可以取消祈使句这个大类，突出恳求和命令的区别。维特根斯坦把弗雷格的命题符号比作标点符号，我们有六种标点符号，不等于句子原本只能分成六种。这在很大程度上是一种约定，就像有些语言在书写时标出重音，有些不标那样。维特根斯坦根本否认有"句根"这样的东西。设想一个人说："我不相信已经下雨了"，而你只听到下雨了，那你就没听懂他的意思，或他的一半意思，下雨了还不是"交流的媒介"。与此相似，我期待他到来只是在句子形式上是由我期待和他到来合成的，但绝不是在思想的意义上是由我期待这一思想或这一态度和他到来这一思想合成的，不是由一个期待的画面和一个到来的画面合成的。

弗雷格参考书

弗雷格：《弗雷格哲学论著选辑》，王路译，商务印书馆，2006年。王路是国内研究弗雷格用功最多的学者，这本选辑从编选到翻译都不错，是初步了解弗雷格语言哲学的必读书。

G.弗雷格：《算术基础》，王路译，商务印书馆，1998年。

汉斯·D.斯鲁格（斯鲁加）：《弗雷格》，江怡译，中国社会科

---

① 参见维特根斯坦：《哲学研究》，商务印书馆，2016年，第21—25节。

学出版社，1989 年。斯鲁加是新一代弗雷格专家，这本书的最大特点，正如作者自己所言，在于"它具有更大的历史倾向性"，即把弗雷格的思想放在当时西方哲学特别是德国哲学氛围中来绍述。

王路：《弗雷格思想研究》，社会科学文献出版社，1996 年。这是中国人写的唯——一本弗雷格研究，270 页，篇幅不大，但内容翔实。作者不限于罗列弗雷格的主要思想，而是从弗雷格所思考的问题出发，努力提供弗雷格各种主张的理路。愿意更深入阅读弗雷格的读者可以通过这本书的附录"主要参考文献"查到弗雷格自己的主要文著和研究弗雷格的一些重要文著。

第六章　罗素

第一节　概况

伯特兰·罗素（Bertrand Russell，1872—1970）是 20 世纪最著名的哲学家之一，同时也是一位有广泛影响的社会活动家。在 20 世纪哲学家中，他的著述、言论、活动所涉及的范围是最广阔的。他出版过六十多部著作，其中大约二十部是哲学著作。单就哲学来说，本体论、认识论、伦理学、政治哲学、历史哲学、科学哲学，无一不在他的论述范围之内。罗素在数理逻辑的专门领域作出了重要的贡献，因此有专家的声誉，而他在一般哲学问题上的看法相当浅显，易于为一般读者明了，这两个方面相辅相成地提升了他不寻常的学者知名度。他是分析哲学早期发展的核心人物——他和摩尔是好友，摩尔受他影响研习逻辑，他"发现"了弗雷格，"发现"并提携维特根斯坦。而这三个人，尤其弗雷格和维特根斯坦，性情上都远离群众，不是公众人物。可以说，若非罗素，分析哲学不大可能成为有声有色的潮流。罗素去世时，差两个月即满 98 岁，他结过四次婚，进过两次牢房，经历过很多社会政治事件，独自或与其他名人发表过无数声明。在他漫长而丰富的一生中，他的哲学观点经常改变，这给介绍罗素哲学增添了困难。本书所介绍的罗素的哲学观念，都是他在很长一段时期中反复阐述的观点，但不一定是他始终坚持的观点。

罗素生于 1872 年 5 月 18 日。罗素的父母两系都是辉格党的贵族，他的祖父约翰·罗素是著名的自由主义政治家，在维多利亚女王时代曾两度出任首相，后来被封为罗素伯爵，哲学家罗素于1934 年继承了这一爵位。罗素不到四岁就失去双亲，六岁时，祖父去世，从此由祖母和家庭教师抚养教育。他的祖母出身于一个苏格兰长老会传统的世家，一直重视培养孙子的宗教信仰和道德精神，据罗素自述，他从少年起就开始反叛这种浓厚的清教徒气氛，反叛所依靠的力量是理智，他先迷上了数学，后来又迷上了哲学。成人后的罗素是个坚定的无神论者，在道德方面，他一生中也颇富引起后人争论的行迹。

罗素于 18 岁进入剑桥三一学院并获得数学奖学金，当时他的主试就是年长他 11 岁的怀特海。在此后的剑桥岁月里，罗素结识了摩尔等人。他先钻研数学，三年级后转而钻研哲学。他的新朋友们把他带向德国哲学，但他在仔细阅读了黑格尔的著作以后，觉得其内容混乱不堪，因而转向一种修正过的柏拉图主义，但不久也加以抛弃。正是在这个时候，摩尔带头反叛黑格尔，罗素追随其后，获得了一种"解放的感觉"，与唯心主义最后决裂，重新建立了对"外部世界"的"健康信仰"。在这场反叛运动中，罗素重点批驳的是新黑格尔主义者布拉德雷提倡的内在关系说，主张一种多元论的形而上学，他称之为"外在关系理论"。虽然罗素在反对唯心主义时说了很多以布拉德雷为靶子的挖苦话，但布拉德雷的逻辑研究其实早就提出了很多罗素后来宣扬的见解，有研究者甚至断言"罗素的主张显然无一处不是从布拉德雷的《逻辑原理》中学来的"[①]。

　　在逻辑方面，罗素接纳了数理逻辑中的皮亚诺技术，认为借助它可以使许多原先充满混乱的哲学问题变得清晰可解。但更重要的是，他和怀特海一道，尝试运用这种技术来把数学归化为逻辑。其中的一个基本设想，是借助逻辑中的"类"（class）、"类的类"、"某一类里的成员"、"相似性"等概念来定义"数"这个概念。张三、李四、王五是一集合（collection），这一集合是张三、李四、王五的类；苹果 A、苹果 B、苹果 C 是一集合，这一集合是苹果 A、苹果 B、苹果 C 的类。我们可以使这两个集合的成员一一对应，例如张三对应苹果 A，李四对应苹果 B，王五应对苹果 C。成员一一对应的集合是相似的，相似的集合构成一个类，这就是一个特殊的数。每一集合本身就是类，所以，每一个特殊的数都是类的类。把数定义为类的类，一方面是为了推进数学的逻辑化；另一方面，罗素有更深的本体论用意，那就是尝试从比较容易把捉的东西那里推论出数的存在，而不必像很多传统哲学家那样把数想象成一个神秘世界里的实体。

　　我们知道，弗雷格在这项工作上已经取得了很多成果，但罗素对这些一无所知。他 1901 年开始认真阅读弗雷格，立刻认识到他的价值，发现自己的工作有很大一部分是在重复弗雷格的工作。也是在这一年，罗素发现了"罗素悖论"，并函告弗雷格，最终迫使弗

---

① 　D. J. 奥康诺：《批评的西方哲学史》，洪汉鼎等译，东方出版社，2005 年，第807 页。引文出自该书 W.H.Walsh 所写的"布拉德雷"章，朱正琳译，徐友渔校。

雷格改变了研究方向。罗素自己的工作进展顺利，他在1903年出版了《数学的原则》，1910—1913年和怀特海合作出版了三卷本的《数学原理》，这部著作被艾耶尔称作"不朽之作"。这两部著作的一个突出成果是提出了解答"罗素悖论"的类型论。罗素在1905年发表《论指称》一文，提出了特称描述语理论。后世经常引用拉姆塞的话把这一理论称作"哲学的典范"。

1912年，维特根斯坦来到罗素门下学习。在此后的几年里，通过当面讨论，以及维特根斯坦离开英国后寄来的笔记，罗素受到这位弟子的深刻影响。这些影响首先是纯逻辑方面的，但也涉及某些一般哲学原则。1918年初，罗素提出用"逻辑原子主义"这个名号来概括自己的哲学，逻辑原子主义无疑是建立在他早年主张的外在关系理论的基础上，但其中也不乏维特根斯坦的影响。

罗素一向有从政的欲望，20世纪20年代以后，他在实际政治活动和政治写作方面投入了更多的精力。他1920年访问苏联，翌年访问中国，他不喜欢布尔什维克统治下的苏联，但是中国给他留下了良好的印象。政治活动、社会活动和一系列恋爱事件是他此后几十年间的主要故事，在哲学领域的工作则相对减少了，但他撰写的比较通俗的哲学书籍使他在读书界更加知名。他1921年出版了《心的分析》，1927年出版了《物的分析》，1940年出版了《意义和真理的探索》，1945年出版了《西方哲学史》，1948年出版了《人类的知识：其范围与局限》。1957年出版了《我的哲学的发展》一书，这是研究罗素传记的重要史料。同时，他在此书中也对他以往哲学主张所引发的一些争论作了反省和回应。

在20世纪西方哲学家中，罗素是最早被介绍到中国的一位，也是中国学人最熟悉的一位。我个人也乐于建议初入哲学的学子多读罗素，他的文著中充满对各种常理的反思，但又不曾穷理而至乎深奥晦暗。何况，罗素写得一手好文章，是 1950 年诺贝尔文学奖的获得者。我常推荐初涉哲学的学子读罗素，他反思形形色色的问题，而这正是哲学的开端。不过，我认为罗素的反思一般而言并不够深入。

第二节　逻辑原子与亲知

逻辑原子的提法和黑格尔的整体主义针锋相对。罗素所理解的黑格尔整体主义大致是这样一种主张：世界是一个浑然不可分割的整体，所有个别事物都是这个整体的有机组成部分，可以从一个部分推导出另一个部分，脱离整体的个别事物不过是这个有机整体的一些假象。我们可以从绝对是舅舅开始，有舅舅就必然有外甥，于是，作为绝对是舅舅的反题，我们就有了绝对是外甥这个命题，两个命题合在一起，就是绝对是舅舅和外甥构成的整体这一合题。然而，这一整体仍不完整，因为一个人必须有姊妹才能当上舅舅，于是"我们被迫扩大我们的宇宙，把姊妹连姐夫、妹夫一起包括进来"，如此扩展，直到把万有都合在一起的整个宇宙。[①] 与此相反，逻辑原子主义主张，世界是由个别事物组成的，这些个别事物是最真实的存在，它们互相独立，我们无法从这一事物的存在推导出另一事物的存在。"原子"不是常识所认为的那些个体，例如项羽、这

① 罗素：《西方哲学史》，下卷，何兆武、李约瑟译，商务印书馆，1976 年，第 278 页。

张桌子、这个地球，因为这些东西实际上都是复合事物。我们会想，项羽是由心、肺、眼、鼻、四肢等很多个别器官组成的，心、肺、眼、鼻又可以继续分解下去，一直分解到夸克。但这是物理学的分解法。从认识论角度看，物理对象必须以某种方式还原为知觉。我们以为自己看到了一颗客观存在的星星，但实际上这颗星星可能早已不存在了，我们看到的只是它在若干年前发出的光线而已。我们对对象属性的认识既然依赖于我们的神经系统以及其他条件，那么，我们实无理由断定物理对象本身一定具有这些属性。简单说，从认识论来看，项羽是由众多可被感知的性质组成的，这些性质继续分析下去，直到不能再细分的、真正简单的对象，或**逻辑原子**。罗素有时也说，世界是由简单殊相构成的，每一简单殊相只包含简单性质，简单殊相之间则只具有简单关系。

　　真正的简单事物，或逻辑原子，是些什么呢？罗素很长一段时期称之为**感觉资料**（sense-data，通常译作感觉材料或感觉予料），虽然后来放弃了这个提法。罗素有时也说，逻辑原子只是理论上的结论，我们无法得到真正简单的对象，这是因为，无论从物理学上说还是从认识论上说，事物都是无穷可分的。

　　罗素关于逻辑原子的本体论主张和他的认识论密不可分。按照罗素的看法，我们所有的知识都可以分成亲知（acquaintance）和描述（description）两种。我到过北京，在那里见过天安门，那么，我知道北京，知道天安门，知道天安门在北京，这些都是我的亲知。你没到过北京，也知道这些，那是通过交谈、读书、照片等等知道的，这些知识不是你的亲知，是通过广义的"描述"知道的。

　　亲知是第一手的所知，由"描述"而知则是第二手的，一切从描述获得的知识都依赖于亲知。我从没见过项羽，但我可以亲知"读书读不下去是个什么样子"，可以到乌江边上看看乌江，可以到博物馆去亲眼看看楚汉相争时代的文物，有了这些亲知，我就能从"那个少学书不成的人""那个在乌江岸边杀汉军数百人的人"来了解项羽。当然，要把关于项羽的知识一一还原为各种亲知，那肯定是个漫长的程序。而且，每个人还原为哪些亲知，也各不相同，于是，"项羽"一词对于不同的人就有不同的意义，有人想到的是一个追杀敌人的勇士，另一个想到的是一个男人对着一个美人一唱三叹。同样的道理似乎能帮助解决"空名"疑难。世上没有鬼，至少我们很少有人活见过鬼，但鬼大概长得跟人差不多，只是特别轻，昼伏夜出，诸如此类。人我们都见到过，而分量轻，夜里出行，这些我们都很了解，因此我们也大致懂得鬼这个字的意思。

不过，认真讲来，即使你亲见项羽，亲见天安门，这些东西也还不是严格的亲知。真正分析起来，你看到的不是整个天安门，而是一片红色，一个近似长方形的巨大梯形，梯形中间的一些门洞形状，梯形顶上的金黄颜色和这些颜色块的形状，等等。分析可以进行下去，直到不可分析的最终元素。这些最终元素，就是"感觉资料"——大体上，它们才是真正称得上"亲知"的东西。所以，你只是在间接的意义上看见了天安门，你直接看见的是感觉资料——天安门是你对一批感觉资料进行整理、推论、组织的结果。

除了感觉，记忆和内视也能提供亲知，我们能通过回忆亲知过去的事情，通过内视（introspection）觉知自己在觉知事物，觉知自己的欲望以及心智里发生的别的事情。我们对他人心思的了解，依赖于我们对他人外部体貌的亲知和对自己心思的亲知：一方面，我们据有"对他人身体的知觉"，即据有"我们自己的、与他们的身体相关联的感觉资料"；另一方面，"要不是亲知我们自己的心智的内容，我们就不能想象其他人的心智，因而我们就绝无可能知道他们具有心智"①。

你所看见的天安门，最终可以分析为这个那个的感觉资料，这些感觉资料既不单属于主体也不单属于客体，实际上，在分析的这一终端，根本还没有主体和客体，主体和客体本来都要靠感觉资料才能建构起来。所以，这个理论帮我们消除了二元论，罗素把自己的这一理论称作**中立一元论**。

罗素的这套理论把逻辑原子主义和感觉经验主义结合在一起，可以称作感觉原子论。追溯其渊薮可至休谟。"感觉资料"大致相当于休谟的"印象"。事实各自独立这一提法也见于休谟："凡存在者都可以不存在。否定一个事实绝不会陷入矛盾。"②复杂事物由简单事物组成，复杂观念可以分析为简单观念，这都是英国经验主义哲学的主流观点。就基本哲学思想论，与其说罗素提供了多少新东西，不如说他时不时能够利用新时代的逻辑工具赋予传统英国哲学的主要观点以较为精致的形式。我们有必要了解这些主张，因为罗素及他的很多后继者对于语言的一般看法和这些哲学主张有紧密的联系。

---

① Bertrand Russell, "Knowledge by Acquaintance and Knowledge by Description", *The Problems of Philosophy*, Oxford University Press, 1998, p.27.

② 休谟:《人类理解研究》，关文运译，商务印书馆，1972 年，第 144 页。

第三节　罗素的一般语言理论

罗素对语言现象作了广泛的考察，例如，他对定冠词和不定冠词进行了极其详细的讨论，对自我中心词和逻辑词做了认真研究，也曾关注语词分类等问题。不过，如罗素自己所说，在他从事哲学的很多年里，包括他写作《数学原理》、发表特称描述语理论的那些年头，他一直不大关心语言与世界的关系问题等语言哲学的基本问题，因为语言是怎么回事，似乎是不言自明的。他首先关注的是逻辑。实际上，即使在后来的几十年中，像弗雷格一样，罗素仍主要是从逻辑兴趣出发来讨论语言问题的，这里仅举一个小例子：我们会怎么看待、怎么分析"恺撒死了"这样一个句子？罗素说，这个句子"断言了两个类的共同成员的存在，这两个类分别是：是恺撒的那类事件和是死亡的那类事件"①。

按照罗素对语言的一般理解，语言是由两个部分组成的。一个部分是纯粹形式的或句法的，由很小一部分逻辑词组成，例如和、或者、不（非）、如果，这些词项的功能是把不同命题或命题中各成分结合起来。另一部分是对象词，包括单称语词和一般语词。逻辑原子论主张，世界由一些个别的东西组成，每种个别的东西都独立于其他东西存在。凡不是个别的，就是抽象，就不是世界里的实存。与此相应，在语言中，单称语词或专名用来指称或"代表"个别的事物，一般语词或抽象语词对这些事物有所述说。要谈论个别

---

① Bertrand Russell, *Inquiry into Meaning and Truth*, Penguin Books, 1967, p.32.

的东西，必须借助专名，而要理解专名，唯一需要并有效的办法是亲知（acquainted with）这一名称所指的个别事物。一般性的语词，包括通名、形容词、动词等，主要用来表示个别事物之间的关系。句子能够传达知识，在于它告诉我们某些已知对象按照某种已知形式联系在一起。我们要理解一句话，既要理解其形式又要理解其词汇——你可能懂得一个句子里的所有语词，却仍不理解这句话，尤其碰到十分复杂的句子；另一方面，你也可能理解了句子的形式，但不知道其中某个语词的意义，因此你仍不理解这句话。例如"司马迁受了宫刑"，你不知道司马迁是谁，或你不知道宫刑是一种什么刑罚，你就不理解这句话。

在语词意义问题上，罗素很长一段时期持指称论立场：语词的意义是它所指称的语言之外的某种东西。[①] 这不难想见，如第三章第二节所说，意义指称论与本体论上的原子主义相适配。罗素在不同场合用不同的词来标识语词和语词之外的东西之间的关系，例如 indicate、denote、stand for、refer to 等。我们无法指望在汉语里找到和这些用语一一对应的译名。这些用语有时联系的是日常语词和逻辑中的项，有时联系的是语词和思想，有时联系的是语词和现实中的事物，究竟是哪一种，要就每一文本作具体的研究。不过，这并不妨碍我们讨论语言和现实的一般关系。

密尔区分专名如"苏格拉底"和通名如"人"，专名有外延无内涵，通名有外延也有内涵。弗雷格区分专名和概念词，两者都既有

---

① 当然，如所有指称论者都同意的，这并不适用于所有语词，例如，不适用于逻辑词。

指称也有意义，专名的指称是个体，概念词的指称是概念。弗雷格也常把特称描述语视作专名。罗素区分专名和概念词，也区分专名和特称描述语。罗素认为，一个专名是一个简单符号，它必须指称一个独一无二的个体，这个个体必须是一个实存的对象，这个对象必须是该专名的使用者所亲知的。在以上四点中，只有在"指称独一无二的对象"这一点上，特称描述语和专名相同。专名的意义只依赖其指称而不依赖于任何其他语词，描述语则不独立地具有意义，它只在命题中才具有意义。罗素认为专名有指称无意义，或其意义就是其指称，就此而论，他的看法同密尔一样。然而，他又认为日常专名不是真正的专名，其实等同于特称描述语，因此是有意义的，在这一点上，他又同弗雷格一样。这一点后面还将论及。

罗素又经常说，一个词的意义是它与它所指称的东西的一种关系。有人把这种说法视作罗素后来发展出来的一种更为精致的意义指称论①，但这是不能成立的，实际上，罗素会在同一著作甚至同一段落中一会儿说一个词的意义就是它所指称的东西，一会儿又说一个词的意义是它与它所指称的东西的一种关系。我认为罗素的相关表述有些混乱，但从罗素的各种议论综合来看，"一个词的意义是它与它所指称的东西的一种关系"这一论题谈论的不是一个词的意义是什么，而是一个词的意义的来源。这种关系是一种因果关系，是学习语词时（神经和大脑）获得的习惯。我们见到一张桌子，有说出桌子这个词的冲动，而不是有说出椅子这个词的冲动，我们

———————

① 例如 A. C. 格雷林：《哲学逻辑引论》，牟博译，中国社会科学出版社，1990年，第262页。

听到桌子这个词时,会产生桌子的意象,而不是产生椅子的意象。

　　罗素关于语言的形形色色的主张,在很大程度上与他的本体论、认识论连在一起,与感觉原子主义配套,和亲知优先性的原则配套。"我们能理解的每一个命题必定完全是由某些我们所亲知的成分构成的。"[①] 这个主张所包含的困难之一是,每个人把同一个词、同一个语句还原为哪些亲知,各不相同。于是,项羽一词对于不同的人就有不同的意义,这显然不能让人满意。在语言哲学领域里,罗素对后世产生重大影响的是他的特称描述语分析,这一分析曾得到哲学界的高度赞扬,被誉为"哲学的典范"。

第四节　描述语理论(摹状词理论)

　　罗素在 1905 年发表著名论文《论指称》(On Denoting),提出了"(特称)描述语理论",他在此后的著作中又对之进行了一系列扩充和改善。这一理论中的关键词,罗素一开始用的是 denoting phrase(指称性短语),后来用的是 description。这一理论后来称作 Description Theory,中文一般译作"摹状词理论"。这一译法的优点是,摹状词像个术语,一看就知道特指这个理论;但它有两个缺点:其一,description 平常译作描述(语),罗素在其他重要问题的论述中也使用这个词,例如前面说到的亲知与描述,把 description 译作摹状词就不能体现罗素这些思想之间的联系;其二,这里的 description 多半是短语而不是单词,这从其前身 denoting phrase 看

---

① Bertrand Russell, "Knowledge by Acquaintance and Knowledge by Description", *The Problems of Philosophy*, Oxford University Press, 1998, p.30.

得很清楚，因此，译作"语"优于译作"词"。我建议把 description
平实译为描述（语）。

《论指称》一文开篇就把描述语分为特称的和非特称的，两
者的区别在英语里大致由冠词体现，the brave Chinese 是特称，a
brave Chinese 不是特称。汉语没有冠词，我们可以相应地说这个勇
敢的中国人和一个勇敢的中国人，但这个和一个都不是冠词。英语
的定冠词 the 会给翻译带来很多困扰，我们按上下文有时在描述语
前加这个、那个，有时什么都不加，如 the present King of England
就译作当今英国国王。好在，虽然罗素曾花费大量篇幅讨论特称和
非特称的区别，但对我们的旨趣来说，这并不是关键之点。

特称描述语理论的核心内容是对某些语句进行改写以揭示其
真实的逻辑结构。[①] 我们先看以下语例：

> 金山不存在。= 没有一个 x，这个 x 既是金子做的，又是山。
> 当今法国国王是秃头。= 存在一个人，这个人是当今的法
> 国国王，这个人是秃头。
> 《瓦弗利》的作者是司各特。= 有一个且仅有一个对象写
> 了《瓦弗利》，并且这个对象是司各特。[②]

读者稍加审视就会看出，这些改写的共同要点在于：原句中的

---

① 　罗素在不同场合提供了不同的改写方式，其中有的比较接近日常语言，有的则
采用符号逻辑形式。我这里采用最简单的改写方式，应足以说明罗素的基本想法。

② 　更加全面的改写是这样：有一个 x，那个 x 写了《瓦弗利》，对于所有 y，如果
y 写了《瓦弗利》，则 y 与 x 等同，并且 x 就是司各特。这里出现了 x，又出现了 y 并要
求 y 与 x 等同，是为了强调指称的唯一性。我们的讨论略过指称唯一性问题。

主语如当今法国国王消失了，代之以存在量词有一个或存在着一个
和一个新的谓词是当今法国国王，这个新的谓词和原有的谓词是秃
头具有同样的语法身份。我们可以把特称描述语理论视作弗雷格
命题函式概念的一个实例。它把包含特称描述语乃至包含一般概
念作为主词的句子改写为一个命题函式，包含特称描述语的句子经
过改写以后，句子里就不再包含特称描述语了。当今法国国王原本
似乎是一个名称，它的功能是有所指称，但现在它变成了谓词，是
一个"不完全的符号"，相当于弗雷格的"不饱和"的概念词，等待
某个个体常项 C 来满足它。如果自变元 x 的值域里有一个个体常
项 C 能够满足该函式，则该命题为真，否则为假。

　　这种改写有什么重要意义呢？罗素认为，他提出的特称描述语
理论解决了三个重大的哲学疑难问题。

　　第一，虚拟及物的存在问题。例如，迈农悖论："金山不存在"。
这本来是句平平常常的话，但哲学家却在其中发现了问题："不存
在的东西怎么能成为一个命题的主词呢？……看起来要否认任何
东西存在都永远会落入自相矛盾"。[①] 要克服这个悖论，一条出路
也许是像迈农那样承认通常所谓不存在的实体在某种意义上存在，
例如在一个抽象世界里存在。这种主张，在罗素看来，显然不符合
健全的现实感。再一条出路也许是放弃名称必然有指称，但这是持
意义指称论立场的罗素不愿接受的。

　　根据描述语理论，在那座金山不存在这个句子里，表面看来，
金山是主语，不存在是谓语，我们仿佛提到了一个客体，然后对它

---

① 　伯特兰·罗素：《论指称》，见《逻辑与知识》，苑莉均译，商务印书馆，1996 年，
第 58 页。

进行描述。但这个句子的实际逻辑结构是：在所有存在的东西里，没有这样一个 x，这个 x 既是金子做成的，又是一座山。依这一逻辑结构加以改写之后，不仅金山分解成了金子做成的和山，关键在于金山不再是主词，金子做成的和山都从主词的位置转到了谓词的位置上。于是罗素似乎有理由认为他删除了迈农世界里那些稀奇古怪的实体。

这里的分析也涉及关于存在是不是一个谓词的争论，并得出如下结论：存在不是一个谓词。一个个体必须存在，才能有指称它的专名，或换句话说，这个专名才有意义。如果苏格拉底这个专名有意义，那就已经表明苏格拉底存在，因此，苏格拉底存在这话不合语法。柏拉图的老师存在这话倒是合乎语法，然而，通过特称描述语分析，我们发现，柏拉图的老师并不是一个真正的专名。

第二，排中律失效问题。根据排中律，当今法国国王要么是秃头，要么不是秃头，于是当今法国国王是秃头和当今法国国王不是秃头这两个命题似乎必有一个为真。然而，实际上两个命题都是假的，因为法国现在实行共和制，没有一个对象适合于当今法国国王这个表达式。诺贝尔文学奖获得者罗素在这里写道："性喜综合的黑格尔派也许会推论说他戴着一顶假发。"[①]

根据描述语理论，当今法国国王是秃头这个命题现在被分析为：有一个个体 C，C 是当今的法国国王，C 是秃头。法国现在实行共和制，所以，有一个个体 C 是当今的法国国王显然为假，从而，C 是当今的法国国王，C 是秃头这一合取命题也为假。于是，当今

---

① 伯特兰·罗素：《论指称》，见《逻辑与知识》，苑莉均译，商务印书馆，1996 年，第 58 页。

法国国王是秃头的否定式就不再是当今法国国王不是秃头，而是没有任何一个人是当今法国国王。描述语理论解除了排中律在当今法国国王是秃头这个命题面前的尴尬。

第三，同一性问题。如果 A＝B，则 A 和 B 总可以相互替代而不改变命题的真假。我们知道，司各特是《瓦弗利》的作者，所以，我们可以用司各特来代替《瓦弗利》的作者。现在，乔治四世想知道司各特是不是《瓦弗利》的作者，但我们显然不能说乔治四世想知道司各特是不是司各特。这个疑难现在迎刃而解——《瓦弗利》的作者是司各特这句话的逻辑结构是有一个且仅有一个对象写了《瓦弗利》，并且这个对象是司各特。据此，乔治四世想知道的当然不是司各特是不是司各特，而是有没有一个常项 C 同时满足这两个谓词，即 C 既写作了《瓦弗利》，又是司各特。

第五节　关于描述语理论的争论

描述语理论受到分析哲学家广泛赞扬，被视作分析哲学的一项巨大成就。罗素本人对描述语理论非常自负，例如他说，这个理论"澄清了从柏拉图的《泰阿泰德篇》开始的、两千年来关于'存在'的思想混乱"[①]。另一方面，这一理论问世伊始就受到摩尔等人的质疑和批评。到 20 世纪 50 年代，斯特劳森更要从根本上否定这一理论。

在《论指称》[②]一文中，斯特劳森区分了表达式、使用表达式

---

① 罗素：《西方哲学史》，下卷，何兆武、李约瑟译，商务印书馆，1976 年，第 392 页。
② 该文见斯特劳森：《论指称》，A. P. 马蒂尼奇编：《语言哲学》，商务印书馆，1998 年，本节出自该文的引文只标出页码。

（use）、说出表达式（utterance）三个层次。我们这里无须考虑"说出"这一层次，只用考虑**语词本身及其使用之间的区别**。当今法国国王是贤明的，无论你说我说，或五百年前说或现在说，都是同一个句子，但五百年前说还是现在说却是不同的使用。在路易十四时代说，这话也许为真，放在路易十五时代说，也许是假的，放在现在说，无所谓真假，因为法国当今没有国王。斯特劳森由此得出的一般结论是：语词本身无所谓指称，是说出语词的人用语词来指称；语句本身无所谓真假，是使用语句的人用语句作出的判断有真有假："意义是语句和语词的一种功能；而提及和指称、真和假，则是语句的使用或语词的使用的功能。"（马蒂尼奇，第 423 页）语句的意义不等于作出论断，而是为论断提供"一般的指导"，语词的意义则是"为把语词使用于指称中的一套规则、习惯、约定"（马蒂尼奇，第 425 页）。斯特劳森对意义和指称作出了区别，当然就不能接受罗素所持的意义即指称的理论——我谈论我的手帕时，可以从衣袋里掏出我所谈论的对象（指称），但无法掏出手帕这个词的意义来。

　　既然法国国王是秃头这个句子本身没有真值，罗素对特称描述语的分析自然就不成立。你现在说"法国国王是秃头"，我不会说你所说的是假的，我会向你解释现在法国是共和制，没有国王。也就是说，你没有使用法国国王这个短语来指称任何人，因此也没有做出任何可称作真或假的事情。问到一个没有孩子的人是否他的孩子都已入睡，他不会答是或否，只能如实回答他没有孩子。斯特劳森承认，法国国王是秃头这句话虽然在某种意义上隐含（imply）存在一个法国国王，但这个隐含却不是严格的逻辑蕴含（entail 或 logically imply）。这句话中使用了一个语词去作唯一性的指称，而不是在断定有一个且仅有一个具有某种特性的个体存在。罗素却不断把第一类语句归入第二类之中。斯特劳森从这里得出了一个一般性的教训："语言信息的传达,并不像逻辑学家过去常常假定的那样,是清晰的论断或隐蔽的论断的问题。"(马蒂尼奇,第431页)他作出的总体判断是,罗素的描述语理论包含着"根本性的错误"。

斯特劳森对描述语理论的批评可以分成两个方面:一是主张不是语词本身而是语词使用者在指称;一是关于断言和隐含的区分。

第一个方面牵涉语词的指称性和描述性的复杂问题,我将在第十三章详细讨论,这里单说批评描述语理论的这篇文章。在伸张不是语词本身而是语词使用者在指称这一主张的时候,斯特劳森反复引称当今法国国王、我等语词作例,似乎太过依赖索引词。罗素几年后对斯特劳森作出回应,主要也是对这一点表示不满。罗素说他提出了两个例子,斯特劳森只抓住第二个,即当今法国国王,这个表达式中有个当今,因此是个索引词。当今、这里、你、我这样的词是索引词,或用罗素自己的说法,是"自我中心词",它们的指称必然是随着语境变化的,因此给了斯特劳森可乘之机。但若把当今法国国王改为1905年的法国国王,斯特劳森的论点就会被釜底抽薪。斯特劳森对这个反驳颇为不满,甚至说罗素"倚老卖老"。

关于**断言与隐含**的区分,我同意斯特劳森,而且,我认为这才是描述语理论不能成立的要害所在。法国国王是秃头隐含当今法国有个国王,断言他是秃头,这里的确有两个层次。当今法国国王是秃头和当今英国国王是秃头这两句话即使都不成立,它们不成立的缘故也不同,后一句是通常所说的命题为假,而无论判断为真为假,都以承认命题隐含的东西为前提。为了特定的目的,我们可能会要求明确陈述语词含义或语句意义的条件，但这项工作与通过改写解释语词含义或语句意义是两回事。这一点，我将在第十四章详论。在我看，总的说来，我们须把这种分析视作某类语句的逻辑学处理的一种方式，而不能视作对当今法国国王是秃头这类语句的意义诠释，而在很长时间里，人们主要是在后一种意义上赞誉描述语理论。这个理论既没有"解决"两千多年以来所谓的"存在问题"，甚至也谈不上对当今法国国王是秃头之类语句的意义进行了正确的分析。

　　尽管我不认为描述语理论对相关语句提供了正确的分析，但它的确再一次提醒我们注意表层语法可能误导反思，或者说，注意相同的表层语法之下可能有不同的逻辑结构。通过分析找出深层语法（也称逻辑形式）从而消解表层语法（也称语法形式）造成的迷惑，在哲学中是来历极古老的方法，如果维特根斯坦的看法不错，这就是哲学的核心方法。尽管如此，描述语理论借助现代逻辑的技术，联系诸多传统论理疑难，显示了这一方法的新魅力。我不认为描述语理论对相关语句作出了正确的语义分析，但它作为一个起点，有助于对意义与隐含，意义与指称等语言哲学基本问题进行更深入的讨论。哲学中只有常新的启迪，没有不移的解答。

　　从语言哲学的发展脉络上说，描述语理论可以视作针对弗雷格的争论和发展。弗雷格常常不分专名与特称描述语，它们都可以充当命题的主词，这引来的问题之一是当今法国国王这种没有指称的短语怎么能充当主词。现在，经过罗素的分析，特称描述语与专名完全区分开来，后者是饱和符号，前者则不是，这一点突出体现在，特称描述语在命题改写后也不再占据主词的位置。然而，仔细想来，区分专名和特称描述语并不能解决相关问题，例如所谓"空名问题"——不仅一个描述语可能没有指称，一个专名照样可能没有指称。在猪八戒是秃头这个句子里，出现在主词位置上的不是描述语而是专名，而这个专名所指称的仍然不是实存的东西。特称描述语会导致的那些困难，似乎专名同样会引起。罗素的处理办法是区分普通专名和逻辑专名，主张普通专名实际上是缩略的描述语或伪装的描述语。

第六节 "缩略的描述语"与逻辑专名

本章第二节介绍了亲知与描述的区别。我们常谈论苏格拉底，但这个人我们谁都不曾亲知，我们对他的了解完全来自一代代传下来的对他的描述。我们说到苏格拉底，想到的就是这些描述，例如那个喝毒酒而死的希腊哲学家。相应地，苏格拉底只不过貌似专名，实际上则是些缩略了的或曰伪装的特称描述语（a sort of truncated or disguised description），意谓柏拉图的老师、那个喝毒酒而死的希腊哲学家等等。**专名等于一个或一些特称描述语**，弗雷格已经有了这个想法，罗素把它说得更明确了。这个主张有显而易见的困难，我们在第六章第四节已经略加讨论。

根据逻辑原子主义的一般理论，日常视作个体的东西不是真正的个体。那么，苏格拉底是个真正的个体吗？罗素几次引征一个常见的反思：十年后的苏格拉底殊非十年前的苏格拉底，以此类推，亦非一秒钟前的苏格拉底。这牵涉到同一性概念等，且不去说它，但这似乎已经表明，人们两次亲知的并不是同样的东西。于是罗素主张，人们并不亲知苏格拉底这样的个体，而是亲知组成这个个体的殊相，或称作**简单对象或逻辑原子**。与此相应，苏格拉底也不是一个真正简单的符号。简单对象完全独立于其他对象，它是无法描述的，反过来说，如果它还能被描述，就说明它还能够被分析，还不是真正简单的东西。这些无法被描述的东西只能被指称，指称这种对象的语词是真正的专名或**逻辑专名**。这里，意义指称论跟感觉资料认识论结合在一起——逻辑专名指称原子式的亲知资料，它们所指称的对象必须存在，我们才能有意义地使用它们。日常语言里没有这些专名，是因为语言是为实际目的发明的。如果语言是为受过哲学训练的观察者、为哲学和逻辑的目的而发明的，一定有这样的专名。罗素所刻画的是一个符合逻辑的语言系统或**"逻辑语言"**应该是什么样子的。按照罗素的哲学，世界是由逻辑原子组成的，要描述这样的世界，就需要一种人工语言。日常视作个体的并不是真正的个体，日常语言中的专名也不是真正的专名。我们虽然可以图方便给苏格拉底这个复杂对象起一个名字，如苏格拉底，但从逻辑上说，它完全可以用逻辑专名的组合来表达。

罗素的意义指称论主张，名称是对个别者的称呼，这个个别者如果不存在，"就不可能有这个不存在的人的名称"[1]，然而我们却有很多像紫鹃这样的名字。把专名理解为伪装的特称描述语，似乎就解决"空名"的困难：我们从根本上否认紫鹃是个真正的专名，只是一些描述语，一些不饱和的符号，于是也就用不着有任何实存

---

[1] 伯特兰·罗素：《逻辑原子主义哲学》，见《逻辑与知识》，苑莉均译，商务印书馆，1996年，第293页。本节出自此文的引文只标出页码。

的东西和紫鹃对应了。

按照罗素的说法，逻辑专名必须只指示（indicates）某种东西，而不能有任何描述性，即使隐含地描述这种东西也不行。然而，只要我们有两个词，这两个词的用法难免会有点区别，因此也可以说，每个词都难免有一点描述性。可罗素特别认真地对待不可具有任何描述性这一点，乃至他最后决定真正的专名只有这、那这样的词。

但罗素真的够严格了吗？爱抬杠的到这里仍可以不依不饶，因为这和那仍有语义的区别，或说具有描述性的含义。实际上罗素自己接下来也常只谈论这，把那扔到一边。而且罗素承认，即使这个这，仍要作出限制，这个词只在某种特定的场合才用为专名，那就是当它们应用于感觉资料的时候，例如指着一片颜色说"这是白的"。如果你用这来代表一支粉笔，那你就不是在使用一个真正的专名。而且，"它几乎从不能前后两次意谓同一个东西，也不能对说话者和听话者意谓同一个东西"（罗素，第242页）。诚如罗素自己所言，这实在是"非常怪异的特点"。然而，如果它不能对说话者和听话者指同一个东西，这这个词似乎就失去了作为一个语词的功能。罗素显然感到勉为其难："它是一个模糊的专名，可它仍然确确实实是一个专名，而且它几乎是我能想到的唯一能恰当地、在我所谈论的那个逻辑意义上可当作专名的词。"（罗素，第242页）

罗素的主张像是逻辑逼出来的结论。启明星初看上去像个专名，但"我晚上看见了启明星"这话之不妥当提示出启明星暗含了描述性。与启明星相比，金星似乎更少描述性，更成其为专名，我们晚上看见的和早上看见的都是金星，仿佛金星就是那颗行星本身的名字。但金星似乎仍然含有"是一颗行星"这样的描述；"金星是一颗恒星"这话之不妥犹如"我晚上看见了启明星"这话之不妥。于是我们似乎不得不像越过启明星一样越过金星去追问它后面的"真正专名"。这其实就是我们评论弗雷格时说到的有色眼镜困境：望远镜、眼镜、近视眼或远视眼，最后甚至包括正常的肉眼，在某种意义上都是俗话所说的有色眼镜，无论什么东西，我们总是通过某种方式才看得见，我们似乎总没办法"直接地""赤裸裸地"看到那个个体。那么，我们能不能找到真正和对象本身直接接触的专名呢？同一者能够作为 a 与 b 的交点或 b 与 c 的交点出现，但它能否直接作为自身出现呢？点 O 是真正的专名吗？弗雷格避而不答的问题，罗素勇敢地捡了起来，并且沿着逻辑把它推到极端，把一切日常专名都还原为描述语。弗雷格把特称描述语和专名混为一谈，罗素要求区分这两者，但等他把专名还原为描述语，等于反过来又取消了专名和特称描述语的区别，又回到了弗雷格。

但不管怎么说，把这当作唯一的专名，实在是个荒唐的结论，斯特劳森因此把罗素的名称理论称作"逻辑上的一场灾难"。斯特劳森指出，这绝不是一个名称，它"没有指称任何东西，尽管在不同场合下能被用来指称无数的东西"[1]。后来维特根斯坦指出，我们把多种多样的语词称为"名称"，然而这许许多多语词里偏偏不包括这。指示性的这总是要求承担者在场，这总是连着指示的手势一道使用的；相反，使用名称时并不要求承担者在场，而且，"名称不是跟着指示的手势使用的，而只是通过这个手势来解释的"[2]。他反问

---

① 斯特劳森：《论指称》，见 A. P. 马蒂尼奇编，《语言哲学》，商务印书馆，1998年，第 424 页。

② 维特根斯坦：《哲学研究》，陈嘉映译，商务印书馆，2016 年，第 45 节。

道：我们通常用"这叫作'什么什么'"来解说一个名称,这恰恰是名称之为名称的特征,但我们也会用"这叫作'这'"来解说这吗？[①]

后来,罗素不再坚持这和那是专名,不过那是基于另外一些考虑。这、那是索引词,难免主观的意味,但更重要的是他觉得人们总难免把这理解为支撑各种性质的实体,难以免除实体论的意味。与此同时,罗素也越来越少提到殊相,而是直接谈论性质,性质则被理解为"共相复合",例如此时此地的一片红色。复合事物（推论出来的事物）最终要由逻辑原子及其构造来说明,有了简单事物和构造式,复合事物就用不着另有定义了,真正说来,所有定义都是多余的。在语言中,没有直接的方式来指示任何一个最终的简单存在物。如果我们想提到这样的存在物,我们必须通过某类短语来做到这一点,例如"在 1919 年 1 月 1 日正午时刻占据我的视域中心的那个视觉"——幸好除了在哲学中,不大可能需要提到这样的存在物。因此,指称殊相的专名以及这和那类似的逻辑专名不一定必要,语言中只要有表示性质的名称就足够了。

罗素参考书

罗素著述浩繁,在当代西方哲学家中,他的中译本也是最多的,读者在图书馆里可以找到自己感兴趣的文本。从语言哲学的角度考虑,我主要推荐两本：

伯特兰·罗素：《逻辑与知识》,苑莉均译,商务印书馆,1996 年。

[①] 维特根斯坦：《哲学研究》,第 38 节。

Bertrand Rusell, *Inquiry into Meaning and Truth*, Penguin
Books, 1967. 我手里是企鹅丛书的小本子。

读者还可以读读《人类的知识》(商务印书馆，1983 年)，以及
《心的分析》(商务印书馆，1964 年)。后一种中译本第一版是 1958
年出版的，译文比较老式，很多译名与现在通用的译名不一致。

研究罗素的二手著作同样浩繁。但专门探讨其语言哲学方面
的著述并不多，读者可以参考以下论著。

R. J. Clark, *Bertrand Russell's Philosophy of Language*, The
Hague: Martinus Nijihoff, 1972. 此书主要概述罗素早期的语言
哲学。

A. J. 艾耶尔:《贝特兰·罗素》，上海译文出版社，1982 年。艾
耶尔本人是大哲学家，在很多方面又与罗素的观点相近，他对罗素
的介绍虽然不很细致，但经常富有启发。

国内介绍、研究罗素的著述也是最多的。在研究罗素的语言哲
学方面，贾可春的《罗素的意义理论》(商务印书馆，2005 年)是最
系统的一种。

第七章　维特根斯坦
早期思想及其转变

第一节　概况

路德维希·维特根斯坦(Ludwig Wittgenstein, 1889—1951)于1889年4月26日生于维也纳。从血统说，他多一半是犹太人，但母亲是天主教徒，他本人也受洗为天主教徒。父亲卡尔·维特根斯坦通过个人奋斗成为奥地利钢铁工业大亨。少年维特根斯坦在家里接受教育。19世纪和20世纪之交，维也纳群星灿烂，涌现出多位杰出作家、艺术家、音乐家、建筑师、科学家。维特根斯坦的家庭以及他本人和其中许多人来往密切。勃拉姆斯是他家的常客。他哥哥保罗就是一个闻名国际的钢琴演奏家。音乐充满了这个家庭，也是维特根斯坦本人的终身爱好，他曾说："我在我的书里没办法说出音乐在我的一生中都意味着什么，关于这一切一个字都说不出。那我怎能指望被人理解呢？"

维特根斯坦从小爱好机械和技术，十岁时就制造出一台能够使用的简单缝纫机。他的最初志向是成为一名工程师，随后他的兴趣渐渐集中在喷气发动机方面，1908 年秋天来到曼彻斯特大学学习航空工程。他对螺旋桨的一些想法和设计多年后获得了实际应用。由于设计工作的实际需要，维特根斯坦努力研习数学，在此期间读到了罗素的《数学原理》，并由此了解到弗雷格的工作。数学的逻辑基础引起了维特根斯坦的巨大兴趣，他极为推崇数理逻辑的成就，把从传统逻辑到数理逻辑的发展比作从星相学到天文学的转变。随后他决意放弃航空工程，转事哲学。他到耶拿向弗雷格请教，并听从弗雷格的建议，于 1911 年转到剑桥，问学于罗素门下。

罗素把维特根斯坦视作"天才人物的最完满的范例"：充满激情、深刻、强烈、咄咄逼人。关于这一时期的维特根斯坦，罗素还讲述了另外一些引人入胜的轶事。年轻的维特根斯坦经常深感郁闷，到罗素那里，几个小时一言不发只是踱来踱去。有一次罗素问他："你到底在思考什么——逻辑，还是自己的罪孽？"维特根斯坦回答："Both"。这是个经典的故事。有一本研究维特根斯坦的书即题名《逻辑与罪》。虽然我不鼓励读者从奇闻轶事来理解哲学，但我还是忍不住要说，哲学差不多就是把我们最隐晦的灵魂和最明晰的逻辑连在一起的努力。唯对其一感兴趣的是虔诚的教徒或逻辑教师，而不是哲学家。

维特根斯坦这时十分推重罗素的成就，明确表示他完全赞同特称描述语理论，这主要因为罗素区分了句子的语法形式和逻辑形式，而这被维特根斯坦视为哲学的主要工作："不相信（传统）语法是从事哲学的第一项要求"。不过，维特根斯坦对罗素的分析工作并非亦步亦趋，这一时期，他开始在逻辑领域进行独立探索，对和、或、所以等逻辑常项的思考把他引向原子语句的想法，认为由逻辑常项联结的所有语句都是复合语句，可以分析为原子语句。在此后的几年里，通过当面讨论，以及维特根斯坦离开英国后寄来的笔记，罗素受到这位弟子的"深刻影响"。这些影响首先是纯逻辑方面的，但也涉及一般性的哲学见解。1918年初，罗素提出了"逻辑原子主义"这个名号来概括自己的哲学，逻辑原子主义无疑建立在他早年主张的外在关系理论的基础上，但其中也不乏维特根斯坦的影响。这个时期的罗素，极热心于政治和社会事务，颇有心把逻辑学研究的衣钵传给维特根斯坦。

那个时代的精英人士，普遍渴望高尚的精神生活和智性创造。在剑桥的这段时间里，维特根斯坦结识了一些朋友，其中包括哲学家摩尔、经济学家凯恩斯、数学家品生特等。他与品生特结为挚友。尽管他待人严厉，尤其对愚蠢的思想极不耐烦，但他是个热心而忠实的朋友。

1913年，路德维希的父亲去世，留给他一大笔遗产。他把其中一部分用来资助里尔克、特拉克尔等诗人和艺术家。战后，他更是把自己那部分遗产尽数分给了他的哥哥和姐姐。为什么不送给穷人呢？他解释说，他不愿见到本来好好的穷人由于得到这些钱财而变得堕落，而他那些亲戚反正已经很富有、很堕落了。他自己此后一直生活得很俭朴。财物、权力、地位对他没有任何吸引力。

1913年秋，维特根斯坦离开剑桥到挪威，隐居在那里，研究逻辑问题。1914年春，摩尔曾到挪威访问他，他向摩尔口述了一份笔记，这份笔记的摘要，连同1913年9月他交给罗素的一份《逻辑笔记》，成为了解这一时期维特根斯坦思想的重要材料。

1914年，第一次世界大战爆发。维特根斯坦作为志愿兵加入奥地利军队。战争后期的一份战报称他"极其勇敢、镇定",并因此受到广泛赞誉。不过,战争期间,他始终为身边战友的粗鄙感到痛苦。服役期间他一如既往地写下大量哲学笔记。他把这些札记收集在一系列笔记本里,准备以它们为底本形成著作。这些笔记有一部分保存了下来,其中主要部分在他死后由研究者编订出版,最重要的是《1914—1916 年笔记》。这些笔记对理解他的《逻辑哲学论》有极大帮助,因为这部成型著作采用了极其简约的形式。通过这些笔记我们可以看到书中的语句怎样生长定型,而且,与《逻辑哲学论》相比,这些笔记时有犹豫,例如对事物是否可以分析到简单对象,他写道:"在分析中我们必然达到简单成分,这是先天地明白无疑的吗?例如,这是包含在分析的概念中的吗?"而在《逻辑哲学论》里他断然采用了终极分析和简单对象的路线。这当然可能是他在定稿前获得了明确的结论,而不只是做了个决断,但笔记中表现出来的怀疑后来还是占了上风:在后期哲学里,他对自己有关"最终分析"的思想提出了严厉的批判。

1918 年 7 月,维特根斯坦从前线回到萨尔茨堡度假,住在叔父保尔·维特根斯坦家中,完成了《逻辑哲学论》,并立即开始联系出版事宜。这年 11 月,奥地利向意大利投降,身处意大利前线的维特根斯坦成为战俘。在囚禁于战俘营期间,他对已经成稿的《逻辑哲学论》继续进行修订,从战俘营获释后,继续多方联系该书的出版。当时维特根斯坦籍籍无名,多次遭到拒绝,出版商一会儿要求有名教授作出评价,一会儿要求维特根斯坦自付纸张和印刷费用。维特根斯坦极为恼火,认为要求作者自费出书不是正派的行为,"我的工作是写书,而世界必须以正当的方式接纳它"。至于名人的评价,罗素承担下来，为此写了一篇长长的导论。维特根斯坦读后，坦率告诉罗素，无论是解释的部分还是批评的部分，他都觉得不满。但他还是请人把这篇序言译成德文。不久后他告诉罗素，序言的德文译文不佳，他不想把它和自己的著作一起付印，尽管他的著作也可能因此就无法出版。结果不出维特根斯坦所料，没有罗素的导论，出版商拒绝出版。幸好罗素君子雅量，继续托人联系出版事宜，几经拒绝之后，1921 年原稿作为一篇论文发表在《自然哲学年鉴》最后一期上，并附有罗素导论的德文译本。1922 年，仍借助罗素的帮助，此书的德英对照本在英国出版。此书一经出版，即在德国、奥地利、英国产生巨大影响。张申府先生独具只眼，1927 年即译出此书，题为《名理论》，当年及翌年分两期发表于《哲学评论》杂志，这是此书英文译本以外首次被翻译成其他文字出版。实际上，其他文字的译本迟至 20 世纪 50 年代才出现。

在《逻辑哲学论》的前言里，维特根斯坦称这本书的真理性是"确定而无可置疑的"，"哲学问题在根本上已经最后地解决了"。既然问题都已最终解决，他便扔开哲学，在 1920—1926 年的几年里到奥地利南部的山村当小学教员，生活俭朴近乎困苦。维特根斯坦怀着理想主义的热忱投入格律克尔领导的奥地利学校改革运动，不过，学生家长及多数当地人不喜欢他，甚至有一次指责他对孩子过度体罚并为此采取法律行动。学生们的看法似乎不尽相同，在他那些小学生成人之后的回忆中，维特根斯坦不仅敬业尽职，而且对学生们满怀关爱。他用多种方法鼓励孩子们主动投入学习，尤其注重用富有趣味的实例来解释事物的原理；他为自己的学生们编了一本词典，这本词典几十年后仍有再版；他带着孩子们组装蒸汽机，以及其他几乎所有教学模型；他用自己的显微镜辅导学生观察小动物的骨骼；他自己花钱领孩子们旅行、参观，在当地的短途旅行中教孩子们识别各种岩石和植物，在维也纳教孩子们观察各种风格的建筑。对那些禀赋优异的孩子，维特根斯坦更是关怀备至，甚至曾提出收养其中一个，可是那个孩子的父亲拒绝了这个"疯狂的家伙"。

此时维特根斯坦并没有完全放弃哲学工作，这一时期，时常有学人访问他，他和访问者几乎只谈哲学问题，并且在解释自己的哲学观点时颇为激动。我们也有理由猜测，他对小学生的教学，以及和普通人的来往，与他后期转向"日常语言立场"不无关系。

1926年，维特根斯坦离开了乡村教师的岗位，在一个修道院里做过园丁的助手，协助设计并负责实施在维也纳郊区为他姐姐建造的一个宅第。这个宅第后来曾是保加利亚的使馆。

维特根斯坦回到维也纳不久就结识了维也纳小组的创始人石里克。维特根斯坦没有参与维也纳小组的团体活动，他对卡尔纳普、费格尔、纽拉特等人没有多少好感，也不赞许他们反形而上学的绝对实证观，几乎只和石里克、魏斯曼交往，尤其与魏斯曼有多次交谈，因为他觉得这两个人文化修养较高，品位纯正。维特根斯坦重返剑桥后，每年回维也纳度暑假，期间仍和石里克等人讨论哲学。魏斯曼后来把1929年12月至1932年7月期间维特根斯坦这些谈话的内容收集在《维特根斯坦和维也纳小组》一书中。

有记载说，维特根斯坦是1928年和魏斯曼及费格尔一起听了数学家布劳维尔（L. E. J. Brouwer）在维也纳题为"数学、科学、语言"的一次讲演后，重新萌发了哲学探索的兴趣。布劳维尔的基本思路接近于康德，强调理性的建构作用。他认为数学不是纯粹的发现，更不是简单的同语反复，而具有发明的意味。布劳维尔也把类似的思想应用于语言。1929 年年初，维特根斯坦重返剑桥，并以《逻辑哲学论》作为学位论文获得博士学位，主考官是罗素和摩尔。同年，他在《亚里士多德协会会报增刊》上发表了短文《关于逻辑形式的一些看法》，这是他第二次也是生前最后一次发表哲学文著。

翌年底，维特根斯坦受聘为剑桥三一学院的研究员，从此直到他 1947 年退休，他大部分时间在剑桥思考、研究、教课。像唐代诗人李贺写诗那样，维特根斯坦总是把自己的思想以札记的形式记录下来，或对同事和学生口授这类片段；他断断续续尝试整理这些笔记形成几本著作，但最终都没有完稿。他没有再发表什么文著，但他在课堂上讲的内容，以及不多几次专门口述给学生的笔记却广为流传。他的一些学生根据数量巨大的笔记、听课记录以及一些半成稿在他去世后编订了一批成书，包括《哲学评注》、《哲学语法》、《蓝皮笔记本》、《棕皮笔记本》（这两本笔记是用英文写的）、《关于数学基础的若干评注》和《哲学研究》。

1936 年，维特根斯坦回到挪威的木屋里住了一年多，钻研数学哲学，并更系统地整理自己的新思想，即开始写作《哲学研究》。1938 年初，他回到剑桥任教。是年 3 月，德国吞并奥地利，他申请转入英国国籍。1939 年，他接替摩尔成为哲学教授。战争期间，他大部分时间在伦敦一家医院充当看护，后来在纽卡斯尔的一个研究所当助理实验员。同时，他继续写作《哲学研究》。

战后他继续在剑桥任教，但对学院生活越发不耐烦，1947 年辞职。他到爱尔兰生活了两年，撰写《哲学研究》的第二部分。后来编订的《纸条集》大半写作于这段时间。此后他交替在威尔士、挪威居住，曾访问美国三个月。

维特根斯坦不是哲学专业出身，哲学史的造诣不深，但他具有极深厚的文化素养，并以最本真的方式继承了西方哲学爱智慧、爱真理的精神，他对人类生存本质的深刻感知，以及他在理智上的特殊天赋，使他在哲学上达到了其他哲学家难以企及的深度。

1949 年，维特根斯坦被查明患有癌症，生前最后一段时间他住在他的医生和朋友贝文（Bevan）家里，继续从事哲学写作直到生命的最后两天。1951 年 4 月 29 日，62 岁生日过后的第 4 天，维特根斯坦与世长辞。在他充满精神创造和灵魂骚动的一生中，维特根斯坦在工作和生活上都对自己设置了最高的标准，从而使他的一生充满紧张和痛苦。在临终之际，他却对守护他的贝文太太说："告诉他们，我度过了极为美好的一生"。

第二节 事实与物

《逻辑哲学论》是维特根斯坦生前出版的唯一一部哲学著作。这是一本薄薄的书，译成中文不过七十页，所涉及的论题却极其广泛。维特根斯坦一方面说这本书写得"像水晶一样清晰"，但另一方面又觉得"没人能理解"，因为"它推翻了我们所有关于真、类、数的理论以及所有其他理论"。这本书的形式也很特别：每一章有一个总题，然后给出一系列扩充和论证。我把这本书最前面的中译文抄几句在这里，读者即可对它的形式得到一点印象：

1，世界是一切实际情况。

1.1，世界是事实的总和，不是物的总和。

1.11，世界由全部事实所确定，由它们即是全部事实所确定。

1.12，因为事实的总和既确定了实际情况，也确定了所有非实际情况。

1.13，在逻辑空间中的全部事实是世界。

1.2，世界分解为诸事实。

1.21，一事可以是实际情况或不是实际情况，而其余一切则仍保持原样。

2，实际情况，即事实，是基本关联的存在。

2.01，基本关联是对象（事质、物）的联系。

这一句一句的格言式语句用号码排列，表示各个命题的主从关系。所有词项都像是术语，实际情况（Fall，Was der Fall ist）、事实（Tatsache）、基本关联（Sachverhalt）①、事态（Sachlage）、物（Ding），它们像数学概念一样互相定义。本节只粗略谈一谈其中事实、物、事态这几个概念。

世界是一切事实的总和。这个开头，像黑格尔的“绝对是有”一样，无所谓对错。因为像事实这样的论理词，在不同的理论中会有不同的意思，或至少，会有不同的重点，会与不同的概念对照。

---

① 最初的英译为 atomic fact，维特根斯坦接受这个译法。相应的中文是原子事实。现在更常见的译名是基本事态。我按字面译作基本关联。

一位哲学家究竟想说什么，要读下去才了解。这里，事实首先是与物对照的。

我们不难看到人、物与事的大致区别。张三、锤子、钉子是人、物，张三拿锤子敲钉子是事。一般说来，词指物，句子说事，锤子指一物，张三用锤子敲钉子说一事。

初级反思和传统哲学倾向于世界是物的总和。就像句子是由词组成的那样，事实是由物组成的，于是，说到底，世界是由物组成的。罗素原来即持此看法。世上有很多事物，它们处在各种各样的关系之中，这是罗素外在关系理论的大致思路。在维特根斯坦之后，斯特劳森以争论的语调说："世界是物的总和，而不是事实的总和"。[①]

外在关系理论的一个主要困难在于：设有两个物，a 与 b，它们具有某种关系或曰处在某种关系之中，我们把这种关系称作 R；现在，R 与 a 以及 R 与 b 是什么关系呢？我们确定了 R 与 a 的关系，Ra，它与 R、与 a 又是什么关系呢？外在关系学说把关系设想为独立于物之外的某种独立的东西，于是会引发这种无穷倒退。维特根斯坦哲学多半以罗素为出发点，由此，可说维特根斯坦的主张是针对罗素而发。要解脱外在关系学说的困境，就须从事实开始而不是从物开始。

世界由物及其属性、关系组成这个主张似乎合情合理。世上存在着一些独立的实体，例如柴郡猫，这只柴郡猫有各种属性，例如

[①]　P. F. Strawson, "Truth", in *Logico—Linguistic Papers*, London: Methuen, 1970, p.198, note 1.

黄色，它做出各种活动，例如爬树、苦笑、说话。没有它这个实体，所有属性、活动都将无所归属，我们无法设想柴郡猫消失了，而它的笑容留在那里——这笑容必须附着于柴郡猫脸上。

然而另一方面，我们能够脱离开任何属性和活动来设想柴郡猫吗？——一只柴郡猫，不黄不灰、不哭不笑、不爬树也不趴在地上？首先给定的不是一只不具任何属性的、不做任何活动的柴郡猫这物，而是黄色的柴郡猫趴在树上笑，爱丽丝站在树下笑，柴郡猫从树上消失了，等等事实。柴郡猫和树这些物，像笑这种活动以及黄色这种属性一样，是作为这些事实的共有成分出现的。[①]

这就是为什么维特根斯坦虽然同样承认事实可以分解为组成这个事实的物，却坚持世界是事实的总和而不是物的总和。这里的关键在于事实和物以不同的方式存在，一事实独立存在[②]，一物却没有独立于他物的存在，物必须出现在某一事态中而不能单独出现。"我们不能在与其他对象的结合之外设想任何对象……不能在事态的结合的可能性之外设想对象。"（2.0121）[③]我们只能在事态中设想物，这意味着，物是什么，由它如何构成事态决定。

"世界是事实的总和"怎样就摆脱了外在关系学说的困境呢？事实由物组成，这当然不是说，一个事实是一些对象的罗列，而是说，一个事实是其所包括的对象的一种特定配置，换言之，诸物在一事实里处于特定关系之中。维特根斯坦并不避讳关系这个概念，但他对关系的理解与罗素不同。"在事态中，对象就像链条一样连

---

① 参见本书第十五章第二节。
② 事实不独立于世界存在，但这一点无法深论。
③ 《逻辑哲学论》每一段都有标号，出自该书的引文只注出标号，不再另立脚注。

结在一起。"(2.03)与这个意象相对照的,是例如一根牵引索把拖车和小轿车连在一起。链条的各个链环固然处在一种特定的配置之中,但各个链环之外并没有牵引索那样的中介物。每一链环既是一物,也是其结合的方式。与它物配置的可能性内在于每一物。这一思路谓之**内在关系说**。内在关系之所以能够成立,恰在于它把事实理解为给定的,把物理解为对给定事实加以分解的结果,而不是某种首先独立给定的东西。

物不仅不能独立于某一事实出现,而且,一物不可能只出现在一个事实中,它必须出现在多个事实中。下一节将说到,维特根斯坦把名称比作点,而名称与物相应。因此,我们可以把物比作点,把事实比作线段。① 给定了诸多相交线段,才能确定它们的交叉点(物)在哪里。如果有些物只在一个事实里而不在别的事实里出现,我们就无从知道怎样分解出这个事实,从而也就谈不上事实分解为物了。

就像线段通过交叉点相互联系,事实通过物相互联系——肉从乌鸦嘴里掉下来,狐狸捡走了肉,这两个事实通过肉联系在一起;狐狸吃了肉,狐狸心满意足,通过狐狸联系在一起。我们把肉从乌鸦嘴里掉下来这个事实分解为乌鸦、肉等物,不是因为乌鸦和肉是事先既已独立的单元,而是因为它们是若干事实之间的共同成分。依此,我们可以把物理解为:给定了诸事实之后,对事实分解的结果。在这一思路上,一物不能只出现在一个事实里而必须能够出现

---

① 我相信这个比喻有助于我们理解事实、物、事态之间的关系,但有必要提醒,这个比喻与链环比喻不尽协调。

在不同事实之中，这一点也就很自然了。

就一物不只出现在这个事实中而言，它是独立的，但这是一种形式上的独立性，不是实质的独立性（2.0122）。从根本上说，**物只有逻辑上的存在**，所以，维特根斯坦也说物是"思想的对象"。从独立性着眼，能够清楚看到物与事实的不同。物不是独立的，因为它具有内在性质，它本身就包含着与他物的联系。事实则互相独立，一个事实存在或不存在，不影响另一个事实存在或不存在（1.21）。顺便可以提到，罗素曾经把世界视作物的总和，但在维特根斯坦的影响下他改变了自己的提法，认为世界是物和事实的总和，但这个说法有点不伦不类。

给定了诸多线段，我们才能看到它们的交叉点（物）在哪里，而且也就看到了它们的交叉点在哪里。而一旦确定了这些交叉点，我们就能在各点之间画出连线，哪怕这些点之间原本并没有连线。我们可以用虚线来画这些连线，表示物之间的可能联系。我们由事实得出物，物不仅结合而成事实，而且，物之间还有不同于事实的可能组合，例如，柴郡猫可以与灰色组合，虽然事实上它是黄的。所有可能连线的总和构成物的可能组合的范围，维特根斯坦称之为逻辑空间。每一条虚线线段是一个（可能的）事态，而与实线线段重合的虚线线段则是事实。

物的每一种可能组合是一个事态。有些事态实际存在，有些则否，那些实际存在的事态即是事实。"实际情况，即事实，是（物之间的）基本关联的实际存在。"（2）大致可以说，事态是就事实分解为物之后的可能组合来说的，事实是就事态的实际存在来说的。维特根斯坦从事实出发进到物，由物的可能结合进到事态，再由事态的实际存在返回到事实。兜这样一个大圈子不麻烦吗？如果兜这个圈子确实消除了哲学上的很多难题，那有点儿麻烦也不算什么要紧的批评。

第三节　图像论

《逻辑哲学论》是从世界、事实、物等开始的，不过，这部分也许是最后写成的。这本书的绝大部分篇幅是在讨论语言和语句（或曰命题）的性质。而且，我们从语言开始大概更容易理解上节关于事实与物等的一些基本思想。

维特根斯坦关于语言的主要思想可概括为"图像论"。据维特根斯坦自述，他战时在东线的战壕里读到一本杂志，其中提到在巴黎一个法庭上用玩具模型来表现一场实际发生的车祸，这给了他图像论的灵感。句子是事态的图像，"一个句子是一个事态的描述"（4.023）。当然，语句不是字面意义上的图画，它是事态的"逻辑图像"。

初一听，很容易以为维特根斯坦的图像论落入了"语言描摹现实"的流俗看法，其实，两者无论从细节上还是从整体上说都有巨大区别。

一个突出的区别在于，**句子是图像，而语词或名称**[①] **不是图像**。这要从句子和语词的区别说起。上一节说到，词指物，句子说事，锤子指一物，张三用锤子敲钉子说一事。首先给定的，是事而不是

---

①　我们暂时混用语词和名称，两者的区分详见下文。

物。从语言来说，首先给定的是句子，而不是词。词是作为不同句子共有的东西、作为它们的交叉点给出的。我们通过句子学会语词。就一个语词必须可以不止出现在一个句子中而言，它是独立的（不依附于任何一个特定的句子），但这只是一种形式的独立性，就它必须出现在句子中而不能独立出现而言，它又不是独立的，不具有实质的独立性。"只有句子具有意义，只有在句子的叙述关系中一个名称才有指称。"（3.3）维特根斯坦把名称比喻为点，点在一个意义上存在，在另一个意义上不存在。

句子描述事态，或者说，句子是事态的图像。名称却不是物的图像，而只是构成图像的元素。是一幅完整的画在描述实际情况，画里的元素则是描述的手段。名称指称或代表某物而非描述该物。

上节还说到，物已经包含了它与他物组合的可能性，同样，名称已经包含了它与其他名称组合的可能性，"理解了一个句子的组成部分，就理解了这个句子"（4.024）。你知道张三、李四这两个名称，也就知道了这两个名称组合的所有可能性，或者反过来说，唯当你知道这两个名称组合的所有可能性，你才算理解张三、李四这两个名称。这些组合的可能性中包括张三夸奖李四，所以，即使你第一次听到张三夸奖李四，你就能理解这个句子。

句子描述可能的事态，若这个句子所描述的事态实际存在，例如地球上有海洋，则句子为真；真句子摹画事实。句子所描述的事态实际上不存在，例如月球上有海洋这个句子，则这个句子虽然是有意义的，但为假。真句子的总和（但不包括恒真的逻辑命题）是世界的图像。

理解一个句子，是知道一种可能事态，也就是说，我们将知道如果该事态存在，它会是怎么存在的。"理解一个命题，叫作，知道命题为真时实况是怎样的。（因此，人可以理解一个命题而不知它是否为真。）"（4.024）我们理解月球上有海洋这句话，即使月球上并无海洋，但我们知道若月球上有海洋是什么样子的。由语词合乎逻辑地配置而成的句子都是有意义的，但不一定是真的："一个图像可以表现并不存在的关系。"①

句子中各语词或图像中各元素有一种结构，这是图像的内部结构。但既然图像摹画事态，它与事态之间还有一种同构关系，其中突出的一点是图像中各元素对应于它所摹画的事态中的物。这种同构性质被称作**摹画形式**（Form der Abbildung）。例如表现一场车祸的模型中有两辆车，这两辆车处在一定的空间关系中，这是图像的内部结构。同时，这幅图像与车祸这个事件有同构性质，唯基于这种同构性质，我们才能说这个小小的卡车模型代表车祸中的那辆巨大卡车。模型车和真车都是三维的，处在三维空间中，这使得两者的同构较易理解，可二维画面上的图像呢？我们通过透视法等知道，二维画面和三维空间也具有某种同构关系。几道简单的笔画能代表两个人在持剑搏击，这也在于这幅画和这两个人持剑搏击这一事态具有同构关系。

除了摹画形式，还有**逻辑形式**（die logische Form）。逻辑形式是各种摹画形式的共同点（当然同时也就是这些形式与事态的共有形式）。例如两辆车相撞，可以用模型来摹画，可以用二维画面来摹画，也可以用语句来摹画；摹画这一事态的模型未必一样，摹画

---

① Ludwig Wittgenstein, *Notebooks 1914—1916*, ed. by G. H. von Wright and G. E. M. Anscombe, Basil Blackwell, 1979, p.8.

它的语句也不尽相同，例如甲车撞了乙车和乙车被甲车撞了可以摹画同一事态。所有这些摹画方式具有一种共同的东西，否则就无法说它们摹画的是同一事态了。同一事态的所有类型的图像具有同一个逻辑形式。"每一个图像，无论具有何种形式，若能——正确地或错误地——摹画实在，必定与实在有共同处，这个共同处即是逻辑形式，也就是实在的形式。"(2.18)

但真车相撞、模型车相撞、二维画面上的车相撞以及两车相撞这些话共有的逻辑形式是什么？在维特根斯坦看来，逻辑形式(以及摹画形式)只能显示，不能说出。就模型车相撞、二维画面上的车相撞等等摹画的是真车相撞而言，它们具有共同的逻辑形式这一点已经显示出来了。"句子不能表现逻辑形式，它反映在句子中。语言不能表现那反映在语言中的东西。……句子显示现实的逻辑形式。它展示(aufweisen)它"(4.121)。你无论怎样概括这件事情，例如说它们的共同点是两车相撞，这句话仍然是摹画真车相撞的一例，它与其他摹画方式是并列的，这些摹画方式之间的共同处，以及它们与真车相撞的共同处，仍在这句话之外。

第四节　基本命题与充分分析

上节说，张三夸奖李四是一幅图像，张三李四指称人-物，而整幅图像描画一个可能事态，这是个马虎的说法。因为，在维特根斯坦看来，张三夸奖李四是个复合句。

在逻辑学里，复合句指的是两个或更多的句子由逻辑常项联结而成的句子，简单的例子如要么张三走要么李四走，张三来了而李四走了；前一个句子是张三走和李四走的析取，后一个句子是张三来和李四走的合取。复合句的真值要由简单句的真值来确定，即前者是后者的真值函式。

维特根斯坦则还在另一个意义上说到复合句，即那些包含复合符号的句子。日常语言使用的都是复合符号，复合符号指称复合物，不过，包含复合符号的句子可以分析为指称简单物的句子。每个有意义的句子都有一个确定的逻辑结构，这个结构隐藏在表面语法之下，可通过逻辑分析加以揭示。最后，它们可以被分析为只由简单符号组成的句子。简单符号指称简单物。我们前面混用语词和名称，混用物和对象，现在须注意，《逻辑哲学论》专门采用名称来称谓简单符号，采用对象来称谓简单物。由名称组成的语句是基本语句，基本语句描述基本事态。

复合句子不包含比由它分析而得到的诸基本语句更多的内容，换句话说，复合句子是可以充分分析的。"任何一个关于复合物的陈述都可以分解为关于该复合物的组成部分的陈述，分解为充分描述了该复合物的那些句子。"(2.0201)达到了基本命题，我们就达到了分析的终点。名称与简单的物或曰对象相应。就像基本事态不能进一步分解为更基本的事态而只能分解为对象及对象的配置一样，基本语句也不能分析为更基本的语句，它们由名称通过合乎逻辑的配置构成。

名称具有指称而不具有意义，或者说，名称的意义就是其指称："名称指称对象。对象是它的指称"(3.2)。当然，张三不是一个简单对象，张三也不是严格意义上的名称，而是复合符号。复合符号并不直接进行指称，它通过意义（定义）进行指称。"每个被定义的符号都通过用以定义它的那些符号进行指称；而定义则指示了途径。"(3.261)复杂符号和简单符号的关系是纯粹逻辑的关系，把前者分析为后者是纯粹的"逻辑分析"，这也意味着，这里的一切推理都是先天的(5.133)。

特雷莎爱上帝这句话里的上帝直接看来也许没有指称，但上帝是个复合符号，可以分析为一些简单符号，例如像上一章中把天安门分析成指称感觉资料的符号那样。上帝有意义，其意义在于它通过定义与一些简单符号相联系，而这些简单符号是有指称的。当然，维特根斯坦并未接受感觉资料学说，实际上，他并没有举出简单符号的例子，也没有举出简单对象的例子。但在维特根斯坦的图像论里，简单对象必定存在，因为简单对象的存在保证了意义的确定性。如果没有对象，"一个句子是否有意义就将依赖于另一个句子是真的"(2.021)。也就是说，一个句子是否有意义就将跟世界如何没有关系了。

归结下来，复合句子的意义是由它所包含的基本句子确定的，基本句子的意义则在于它描画事态，是否描画事态则由句子中的名称是否具有指称来决定。名称若无指称，则包含此名称的基本命题就无意义(unsinnig)，自然，必须分析为这种基本命题的复合命题也无意义。整个语言体系与现实世界经由基本命题与基本事实的对应相接触，这里仿佛是两个体系的公共边，仿佛是尺子和它所量的布相贴的边，在这条公共边上，意义和指称合一，基本语句和原子事实严丝合缝地对应。所有合乎逻辑的句子都通过这条边界和现实相接触，所有不合乎逻辑的句子都和现实不相接触。

"名称指称对象。对象是它的指称"，这听起来像是回到了浅

俗的指称论。然而，我们须记得，名称只在句子中才是名称，对象
只在事态中才是对象。如果我们把张三假想成指称简单物的"名
称"，那么，并不是一个孤零零的名称张三指称一个孤零零的对象
张三。张三在张三夸奖李田、张三责备李四等等可能性中指称张
三。另一方面，夸奖更不是指称独立于张三、李四、王五等的一种
关系。如果我们假想张三夸奖李四这句话在基本语句的层面上是
什么样子，那么，它不是由张三、李四、夸奖三个词组成的，描述有
两个对象处在夸奖（与被夸奖）关系中。毋宁说，这个基本语句只
有两个名称，也即张三、李四，它们处在一种特定的配置即夸奖和
被夸奖之中。如上节所称，链环直接套在一起形成链条，无须另有
联结项。

　　由于我们直接了解名称的意义，而名称已经包含了它与其他名
称组合的可能性，所以，了解了一个基本语句中各名称的意义及它
们在句子中的配置，就了解了基本语句的意义。由于复合句的内容
不多于它所包含的诸基本语句的内容，因此，我们可以充分了解复
合句的意义。

　　复合语句的意义归根到底是由基本语句决定的，复合句子的真
假也是由它所包含的基本句子确定的，因此，可以把复合句子视作
基本句子的真值函式——一个复合句子必须把一定的真值分配给某
些基本句子，这个复合命题才真正有意义。

　　复合句子若与其所含的基本语句的所有真值可能性相矛盾，
它就是一个矛盾命题；若它与基本语句的所有真值可能性相一致，
它就是恒真的逻辑命题。逻辑命题都是分析命题或重言式。所有
逻辑命题所说的都是同样的东西，换言之，逻辑命题什么都没说

（6.11）。

前面说到，事实之间互相独立，即一个事态是否存在完全无关乎另一个事态是否存在。与此相应，基本语句互相独立，一基本语句为真或为假不影响其他基本语句的真假。

基本语句是基本事态的图像，我们由此会认为，复合语句是复合事态的图像。然而细一想就会发现并非如此。张三来了对应于张三来了这一事态，李四来了对应于李四来了这一事态，然而，张三和李四来了对应于哪个事态呢？并没有张三来了、李四来了之外的第三个事态。张三和李四来了并不对应于张三和李四来了这样一个特有的事态，张三和李四来了须分析成为张三来了和李四来了才和事态对应，也可以说，语言中有"和"，现实中却没有和。所以，到头来，只有基本语句才是图像，复合命题并不直接是图像。世界里没有和逻辑常项相应的对象，合取、析取、推导等只是一些纯思想的关系、纯逻辑的关系，在世界里并没有对应物。换言之，逻辑常项不指称任何对象。逻辑常项包括和、或、不等，它们和左、右等不是同样层次的概念，逻辑常项的功能就像是标点符号。我们从 p 能推论出～～p、～～～～p，以至无穷，这当然不意味着 p 摹画了无穷多的事态。p=～～p 以及所有逻辑命题都不摹画事态，它们的功能是指导普通命题之间的转化。

认识反映现实，语言描述现实，这类图像论毫不新鲜，倒是初级反思最容易达致的老生常谈。《逻辑哲学论》里的图像论虽然表面上与流俗图像论有大量重合，例如名称代表对象，句子描述事态，等等，但维特根斯坦的图像论实际上是一条完全不同、远为深刻的思路。它不是说，世界里有一些现成存在的物，这些物通过一些关系组成事实；我们用词来指称物，然后用句子来描述或指称事实（如果是这样，描述事实其实相当于指称事实）。维特根斯坦的图像论毋宁是说，世界是整体地给出的，这个总体的事实可以被分解为诸事实。与流俗图像论尤为不同的是，在维特根斯坦图像论里，我们不是从名称指称事物进到句子描述事态，而是从句子描述事态开始进到名称指称事物。语言的基本单位是有所说的语句或命题，语词是用以说的手段。他从语句具有意义出发，逻辑地推演出基本命题、简单符号或名称，在那里，语言与现实接触，从而逻辑地推演出事实、对象。与其说世界上现成存在好了对象，从而语言产生出名称来指称它们，不如说语言的逻辑要求对象的存在。当然，如此推演而得的是世界的先天性质，而不是世界实际上是什么样子。

从事实到对象，从对象的内在性质到对象结合的可能性，由此来到可能事态，这样一条环环相扣的思路使得维特根斯坦能够处理语言哲学中的诸多难题，例如，图像是可能事态的图像回答了不存在的事情怎么会产生图像，摹画形式和逻辑形式等概念则解决了图像论内部的一些难题。此外，这本书的基本思路有助于消解罗素悖论等逻辑难题。

然而，图像论仍然包含很多可疑之处。简单对象是其中突出的一点。我们无法举出简单对象的实例，我们也无法举出真正的名称以及由这些名称配置而成的基本命题的实例。我们尽可以说，对象的存在是逻辑所要求的，究竟有何种对象却不是逻辑所能决定的，但即使不能达到真正简单的对象，仍应该能给出一些分析的例子，从而提示向真正简单的对象分析的方向。物理学也许还没有确定夸克是最基本的粒子，但是通过把物体分解为分子，把分子分解为原子，把原子分解为亚原子粒子，具体而微地展示了物理学的粒子分解是怎样的一个过程。维特根斯坦后来放弃了充分分析的思路，代之以多种多样的语言游戏与对各种语言游戏的"语法综观"。

与此相应，《逻辑哲学论》中的复合概念也有疑问。复合有很多种类，择其要者：一只座钟之为发条、表盘、指针等等的复合（物体复合），一幅图画之为线条和颜色的复合，一个事实之为事实中各成分之复合，一个句子之为语词之复合。维特根斯坦后来反思说，《逻辑哲学论》有时混淆了不同种类的复合。说张三夸奖李四由张三、李四等复合而成，显然不妥。物复合而成的是物，物不能复合成事态。

第五节　不可说

《逻辑哲学论》里多处谈及不可说的东西。"的确存在着不可言说的东西，它们显示自身。"（6.522）"能够被显示的，不能被言说。"（4.1212）最后一章只有一行字："对不可说的东西我们必须保持沉默。"

在《逻辑哲学论》里，哲学、伦理学、美学、摹画形式、逻辑形式、命题的意义、名称与对象的同一、内在关系、怀疑论、神秘的东西，都被归入不可说之列。《逻辑哲学论》的中心论点是命题摹画事态，因此，凡不摹画事态的就是不可说的。简言之，事实界限之外的都是不可说的，界限本身也是不可说的。我（主体）、语言等等，都被视作可说者的界限。中国人最好讲"无言""只可意会不可言传"之类，不过，我们讲到不可说，想到的往往是心里有种说不出的感

觉之类，这些不是《逻辑哲学论》所关注的，后来的私有语言论题
倒与这些相关。

　　显然，不可说的东西并不是不重要的东西。在推介自己这本书
给出版商 L.V. 费克的一封信中，维特根斯坦说，《逻辑哲学论》的
观点"是一种伦理的观点"，并称这一点也许是"了解这本书的一把
钥匙"。这本书有两个部分：一个是写出的部分；另一个部分没有
写，而正是没有写的那个部分才是重要的部分。尽管维特根斯坦划
出一条可说者的界限，但他承认人有冲撞界限的冲动；这种冲动是
无果的，但他绝不愿嘲笑这种冲动。实际上，这何尝不是他最本真
的冲动？也许这就是所谓"人的形而上学冲动"。既然不可说的东
西才是最重要的东西，这一点应不难理解。

　　我以为，可以把维特根斯坦的不可说粗略分成两类。第一类
关乎同一性。本章第三节讲到的摹画形式和逻辑形式属于这一类。
同样，记号的同一性只能显示，不能说出。张三夸奖李四，李四也
夸奖张三，在这两句话里，两个张三是同一记号。这两句话并没有
去说它们是同一个记号，但在这里，它们是同一的记号这一点已经
显示出来，而且必须显示出来。只要正当地使用记号，记号的同一
性就显示出来。因此，并没有所谓逻辑真理。A=A 就像张三是张三
那样的重言式，而张三是张三已经在张三夸奖李四，李四也夸奖张
三这句话里显示出来了。"逻辑学家的任务不是确定逻辑真理。毋
宁，其任务在于为……命题的表达设计明明白白的记号法。[①]A=A

---

　　① 托马斯·里基茨：《维特根斯坦〈逻辑哲学论〉中的图像、逻辑、意义的界限》，
见斯鲁格、斯特恩编，《维特根斯坦》，生活·读书·新知三联书店，2006 年，第 91 页。

这样的逻辑表达式的功能则在于把不明显的重言式转变为明显的重言式。

这一类不可说，较为浅俗地说来就是，一句话说了它所说的，这一点只能显示。张三夸奖李四这句话的意思是张三夸奖李四，懂得这几个词，懂得汉语语法，也就懂得这句话——这句话已经显示了这个意思。命题显示而不是说出它的意义，命题说出的，是断言与这个意思相对应的事态存在。"命题显示其意义。命题显示当它为真事情是怎样的。它说：事情是这样的。"(4.022)

另一类不可说不直接关乎同一性，哲学、伦理学、美学等等，这些都不可说，不妨认为，其不可说直接来自它们不摹画事实。"善的本质和事实没有任何关系。"[1]"伦理学是不可说的"，而美学同伦理学是同一个东西(6.421)。只有自然科学摹画事实，只有自然科学是可说的。

维特根斯坦始终明确区分哲学和自然科学，这倒不新鲜，但维特根斯坦这一见解有不少与众不同的内容："哲学并非学说，而是活动……哲学的结果不是'哲学命题'，而是命题变得清楚"(4.112)。自然科学是对世界的摹画，哲学不是。哲学不提供实在的图像，既不能确证也不能驳倒科学的研究。

哲学不摹画世界，那么哲学都干些什么呢？他有时说哲学是为澄清命题的逻辑形式，有时说是为了划清哲学和自然科学亦即可说与不可说的界限。《逻辑哲学论》刚写成后，维特根斯坦在给罗

---

①　Friedrich Waismann, *Ludwig Wittgenstein und der Wiener Kreis*, Frankfurt : Suhrkamp, 1984, p.115.

素的一封信中把为可说的和不可说的划出界限称为"哲学的根本问题"。从一个角度看，这好像是要为说出有意义的命题做清场准备工作。他把自己的书比作梯子，借梯子登上高处以后必须把梯子扔开（6.54）。

维特根斯坦关于显示和说出的区别，尤其关于不可说的提法，显而易见会引发困惑和争议。罗素在《逻辑哲学论》的导论里机敏评论说作者在这本书里对不可说的东西还是设法说了不少。兰姆赛抱怨说：不可说的东西你也无法哼出来。

说这个词有种种不同的以及种种层次的含义。"格林斯潘说了半天结果什么都没说。"这句话里的两个说显然处在两个层次上，不妨说，前一个说徒具说的表象。《逻辑哲学论》里的说，则严格限定于关于纯粹事实的言说。这与充分分析的思路密切相关——所有命题的意义归根到底依赖于与简单事实相应的基本命题。这种对说的限定，以及连带的充分分析原则，都是有疑问的。

维特根斯坦并非一味说不可说的不可说，在他那里，不可说始终与显示相连。这里的显示是通过言说的显示。因此，不可说不是某种现成的东西，摆在那里等着说出来；不可说随着言说生成。重复使用同一个记号，记号的同一性显示出来；说出一个关于事实的命题，同时显示了命题的摹画形式和逻辑形式。不过，有些东西是说出还是显示，不大清楚。例如，科学并不只在于且实际上主要并不在于陈述事实，它构建科学理论。科学理论是说出来的还是在陈述科学事实之际显示出来的呢？再有，哲学不可说，但哲学显示些什么吗？如果哲学根本没有说出有意义的命题，它也显示不了任何东西。我同意维特根斯坦，哲学是一种活动，不过，这种活动是以言说方式进行的活动。我们必须为这种言说方式找到一个位置。维特根斯坦为此采用了梯子的比喻。但这实在是个费解的比喻，因为我们并不需要爬上梯子才能言说事实。的确，后期维特根斯坦将不再用得上这个梯子，因为他宁愿留在粗糙的地面上行走。

在《逻辑哲学论》里，说被限定为命题式的、脱语境的说，在后来的语言游戏里，说与围绕着说的周边环境和周边活动交织在一起。在《逻辑哲学论》的框架里理解"凡能说的，都能清楚地说"这话时，它说的是：要说的东西可以完全由脱语境的命题说出。这的确是科学话语的特点。而在语言游戏里，说得是否清楚是随场景转移的。意义，包括清楚的意义，不再单属于语句，而属于整个语言游戏。人生的意义可说吗？我们当然不可能像说清楚力学公式那样单用语句就能说清楚人生的意义。教师不能在课堂上在书本里给出人生意义的清楚答案，这也许让学生失望，但稍作思忖，却实在是件幸事：如果我们在课堂上已经弄清楚了人生的意义，那么我们走出课堂后还做些什么呢？生活的意义是活出来的。只不过，人生不是无言的，言说不仅是人生的一部分，人是在语言层次上生存。

第六节　中期思想转变

维特根斯坦曾认为《逻辑哲学论》已经从根本上成功地解决了他所关心的所有哲学问题，于是跑到农村去当小学教员。1927年以后，石里克等维也纳小组的成员开始定期与维特根斯坦见面，讨论哲学问题。维特根斯坦的思考大致仍在《逻辑哲学论》的框架之内，但已有一些改变的迹象。维特根斯坦于1929年初重返剑桥大学哲学系。一开始，他的工作是要解决《逻辑哲学论》中的一些局部问题。在这本书里，命题之间的所有关系都可以通过简单命题的真值组合得到解释。这一思路能否解释这一块表面是红的和这一块表面是绿的这两个命题不相容呢？书中对诸如此类的棘手问题作了处理并给予肯定的回答，但现在他对这些处理感到不满。在尝试解决这些问题的过程中，越来越多的问题暴露出来，维特根斯坦开始质疑、批判他曾持有的很多想法，并陆续放弃了《逻辑哲学论》中的一系列基本观点。

我们可以从多种角度切入来描述这个转变。一个显而易见的角度是从"充分分析"入手。维特根斯坦早先提倡充分分析，分析而直到基本命题，直到简单对象。这种分析主要是解决语言意义最终来源的问题：简单对象和简单名称的直接对应提供了所需要的意义源头。本章第四节末我们已经提到简单对象和复合物的困难之处。现在，维特根斯坦放弃了基本命题互相独立的观点，继而放弃了简单对象的观点。无论我们怎样定义简单对象，这个概念总是非常困难的。一小块红色是个简单对象，一小块粉色也是简单对象，然而在红色和粉色之间也许存在着无穷多种半红半粉的颜色。在很远和很近之间，可以分割出无限多的距离单位。维特根斯坦转而主张，在不同语境中，简单和复合意味着不同的东西。①

1929—1933 年可以视作维特根斯坦思想的转变时期。新思路接踵而至，又被一一否定。维特根斯坦一直认为语言和现实必须有一个直接的接触点或接触面，在《逻辑哲学论》里，这一点落实在

———————————————

① 维特根斯坦后来多处谈到这些，可首先参考《哲学研究》，§§46—48。

基本命题和基本事实的直接对应之中，现在维特根斯坦不再钟情于原子式的简单性，而是直接面对直接性：就一个描述直接经验的命题来看，它的意义和它之为真是一回事。这一点相当于"直接性"的定义。只有当我们谈到假设，才出现意义与真理的区分。假设包含对未来（就发现的次序而言在后）的事实具有预言能力，假设的证实是或然的，这也被称为确证度。由于回到了语言的实际使用，而不是《逻辑哲学论》那样的抽象同构，维特根斯坦就要求有观察者在场。维特根斯坦从来没有明确主张意义可以还原为个人观察者的经验，但他现在开始强调公共的可观察性。这一系列想法被概括为"证实原则"："证实……是命题的意义"。[①] 所谓"证实原则"在维也纳小组那里发展成一个学说体系，但维特根斯坦对这种发展似乎不以为然。实际上，他不久就修正了这个相当极端的提法，认为证实只是弄清语词用法的一种办法，另外还有许多办法，例如自问某个语词是怎样学会的，或应当怎样教给孩子。

　　到他口授《蓝皮书》的时候，他的后期哲学已经大致成形。总体上说，他不再专注于建立整齐划一的命题理论和逻辑结构，而是关注语言的实际用法，强调语言游戏的多样性。在不同的语言游戏里，需要以不同的方式来确定语句的意义和语句是否为真。

早、中期维特根斯坦参考书

　　维特根斯坦（维特根什坦）:《名理论》(《逻辑哲学论》)，张申

---

① Ludwig Wittgenstein, *Philosophische Bemerkungen*, Basil Blackwell, 1957, p.200.

府译，陈启伟校改，北京大学出版社，1988 年。其中附有维特根斯坦 1913 年 9 月的《逻辑笔记》和 1914 年 4 月的《向穆尔（摩尔）口述的笔记摘抄》的译文。《逻辑哲学论》从内容到形式都很独特，写得又过分简约，初学者草草一读难得要领，读中文更不知所云。但即使不能读懂很多，我仍建议学生去翻阅一下原书，反正篇幅不大，即使读不懂，也可以体会一下这本书从形式到内容上的独特之处。

Ludwig Wittgenstein Notebooks 1914—1916（本书中简称为《早期笔记》），2nd Edition，ed. by G. H. von Wright and G. E. M. Anscombe，Basil Blackwell，1979.

辅导性著作可读韩林合的《逻辑哲学论研究》（商务印书馆，2000 年）。这是专为一本薄薄的哲学书写的一本厚厚的研究性著作，这在用汉语研究西方哲学的著作中不常见，一般是反过来，中国人写一篇短短的文章把西方古今全说了一遍。从品质上看，韩林合的这本书在汉语研究西方哲学的著作中也是佼佼者。

新近出版的黄敏的《维特根斯坦的逻辑哲学论》（华东师范大学出版社，2010 年）也是疏解该书的一本力作。这本书依《逻辑哲学论》原文顺序逐句签释疏解，尤其有助于辅导精读该原著。

辅导性的西文著作极多，读者可以从韩林合书后的"书目"中检索。另有一些新近较易找到的文献，如斯鲁格，斯特恩编：《维特根斯坦》，生活·读书·新知三联书店，2006 年。其中 Thomas Ricketts 的《维特根斯坦〈逻辑哲学论〉中的图像、逻辑、意义的界限》一文专谈维特根斯坦早期哲学。

维特根斯坦的中期哲学可读 *Philosophische Bemerkungen*（*Philosophical Remarks*，中译名为《哲学评注》），Basil Blackwell，1964。

　　为了解维特根斯坦对人生、思想艺术等等的一般看法，可以读一读《文化与价值》（冯·赖特编，许志强译，浙江文艺出版社，2002 年），这些格言式的议论很能发人深省。

第八章　逻辑实证主义

第一节　概况

逻辑实证主义兴盛于 20 世纪二三十年代，以维也纳为中心，流布中欧，渐次世界。逻辑实证主义最初的主要成员有石里克、纽拉特、魏斯曼、卡尔纳普等，他们当时多数在维也纳工作，被称作"维也纳小组"或"维也纳学派"。参与维也纳小组活动的重要哲学家还有哥德尔、亨普尔、拉姆塞、波普尔、塔斯基、艾耶尔、蒯因等人。这些哲学家强调实证主义精神，多数受过严格的科学训练，同时对科学中的哲学问题深感兴趣，关注科学哲学中的一些基本问题，例如约定、定义、规律、或然性、理论体系在科学中的地位等问题。他们坚持一切知识来自经验的经验主义原则，同时努力澄清逻辑在认识论和科学中的作用，并大力推动逻辑学的发展，因此，其哲学被称作"逻辑实证主义"或"逻辑经验主义"。逻辑实证主义主张创立一种精确的、普遍的语言，又称"科学语言"（石里克）或"物理语言"（卡尔纳普和纽拉特），作为"科学的统一语言"。

维也纳学派的创始人石里克于 1882 年 4 月 25 日生于柏林一个贵族兼实业家家庭，1906 年在普朗克指导下完成博士论文，1917

年发表《当代物理学中的空间和时间》，是对相对论最早的研究之一。1918 年出版《普通认识论》，代表了他早期所采纳的经验-批判的实在论立场，这本书受到广泛赞誉。他 1922 年来到维也纳大学担任归纳科学（自然哲学）的教授，在他身边很快聚集了一批哲学家、数学家、科学家，组成了一个类似俱乐部的团体，定期讨论哲学问题。这一时期石里克没有出版过大型著作，只发表过一些论文。石里克曾于 1929 年和 1931 年两度赴美讲学，其余时间都在维也纳度过。

维也纳小组的另一个重要成员是与石里克同年的**纽拉特**，其主要著作是 1931 年发表的《经验社会学》。纽拉特是一个精力旺盛、雄心勃勃的人，立意要使维也纳学派成为国际哲学运动的主流。他有强烈的政治倾向，第一次世界大战结束后放弃了任教的机会，参与了巴伐利亚的社会民主党政府的建设。他也试图使维也纳小组成为一种左翼的政治力量。右翼政府上台后，纽拉特曾被监禁。后来他移居荷兰，1940 年纳粹入侵荷兰时逃到英国，1945 年在牛津大学去世。

逻辑实证主义哲学中最有建树的哲学家是**卡尔纳普**。他于1891 年生于德国，大学期间主修哲学、数学、物理学，曾有三个学期修习弗雷格的逻辑学课。他的博士论文及早期文著主要探讨物理学的基础和物理学中的时空问题。他 1926 年到维也纳大学任教，加入维也纳小组，并很快成为这个团体的核心人物之一。1928 年出版了《世界的逻辑构造》，1931 年转到布拉格的德国大学任自然哲学教授，1934 年出版了《语言的逻辑句法》。1935 年，希特勒登台后两年，卡尔纳普在莫里斯和蒯因的帮助下移居美国，先后在芝加哥大学、哈佛大学、普林斯顿大学、加利福尼亚大学洛杉矶分校任教，先后发表了形式语义学、逻辑学、科学哲学等方面的大量文著。卡尔纳普于 1970 年去世。一般认为卡尔纳普是逻辑实证主义最杰出的代表人物，本章将专节绍述。

逻辑实证主义的另一个知名哲学家是**艾耶尔**。他于 1910 年生于伦敦，1932 年在牛津大学毕业后到维也纳参与维也纳小组的讨论，翌年回牛津任教。1936 年出版《语言、真理与逻辑》，系统阐述了逻辑实证主义的思想。艾耶尔是逻辑实证主义在英国的主要代表，也是上世纪 30 年代到 70 年代英国最活跃的哲学家之一，在逻辑、知识论、身心问题、科学哲学、哲学史等诸领域都有论著发表，大致都在逻辑实证主义的框架之内。

哲学史上出现一位大师，经常会有以这位大师定名的学派，徒子徒孙相传。而像维也纳学派这样由一些同道推动而形成一次有纲领有组织的哲学运动在哲学史上则是极为独特的。维也纳小组于 1925 年正式成立为一个团体，在 1929 年发表了一篇宣言，即《科学的世界观：维也纳学派》，其内容包括：宣称形而上学是无意义的而彻底予以否定；不承认哲学是与经验科学相并列的科学，更不承认哲学凌驾于经验科学之上；逻辑和数学的真命题都是重言式。同年，在布拉格举行的国际数学家和哲学家大会上，维也纳小组和柏林小组（经验哲学学会）建立了实质性的联系。莱欣巴赫是柏林小组的领袖人物，也可算作维也纳学派的代表人物之一。1930 年，维也纳小组接办《哲学年鉴》，先改名为《认识》，后又改名为《统一科学杂志》，先后由卡尔纳普、莱欣巴赫、纽拉特出任主编。从那时起到 1940 年停刊之间的十年，这个杂志始终是维也纳学派张扬自己立场的主要阵地。石里克等主编的《科学世界观丛书》先后推出了数部代表该学派思想的重要著作。20世纪30年代，维也纳学派声势浩大，又有继之成形的柏林学派、布拉格学派、华沙学派遥相呼应。他们在欧洲多个城市举行过多次会议，1935年的巴黎会议标志着这个学派进入鼎盛时期，塔斯基论文的摘要就是在这次会议上宣读的。

1936年6月22日，石里克在维也纳大学校园内被一个精神失常的学生枪杀。此后一个短暂的时期，小组的活动主要由纽拉特领导。1938年，德国入侵奥地利，维也纳小组风流云散，主要成员及同路人如卡尔纳普、哥德尔、莱欣巴赫、亨普尔、塔斯基等移居美国。他们把逻辑实证主义的思想带到了新大陆，同时，美国本土所产的实用主义也对后一阶段的逻辑实证主义产生了巨大影响，两者有渐趋融合之势。而在欧洲，特别是分析哲学潮流内部，逐渐兴起了牛津的"日常语言学派"，同时，后期维特根斯坦的影响不断增加，逻辑实证主义不再是欧洲哲学中一个统一的起领导作用的潮流。

第二节　逻辑实证主义的基本思想

逻辑实证主义的思想来源是休谟、马赫、罗素和维特根斯坦。维特根斯坦的《逻辑哲学论》发表以后，维也纳小组的所有成员都曾认真研读。维特根斯坦从南奥地利回到维也纳地区后，维也纳小组的成员通过他和石里克、魏斯曼等人的谈话得以了解他的新思想。逻辑实证主义的许多主要论点可以看作是在特定方向上对维特根斯坦思想所作的阐释。

逻辑实证主义最关注的哲学问题大概是哲学和科学的关系，他们大体上认为哲学的任务是对科学中的概念、命题、证明、理论进行逻辑分析，即处理科学中广泛意义上的语言逻辑（Sprachlogik），从而对科学理论的意义作出解释："哲学使命题得到澄清，科学使命题得到证实。科学研究的是命题的真理性，哲学研究的是命题的真正意义"。[①] 这一基本思想把科学哲学与语言哲学联系到一起。科学哲学中的语言研究主要包括：科学语句的各种形成规则，即规定原始符号建立命题的方式；科学语言的变形规则，即怎样从某些既有命题得出新命题，特别是怎样把理论命题还原为记录命题。

逻辑实证主义特别关心分析命题或曰逻辑命题的性质。这也与他们对科学的关注密切相关。逻辑实证主义坚持一切知识都来自经验，因此，不具有经验内容的分析命题从哪里获得真理性就成为一个突出的问题。卡尔纳普倾向于认为分析命题的真理性来自约定的语义规则，这一主张后来遭到蒯因的强烈批评。[②]

不管分析命题的真理性究竟由什么得到保障，逻辑实证主义坚持严格区分分析命题与经验命题，并坚决否认存在康德所谓的先天综合命题。分析命题不是关于事实的陈述，但可以用它来改变事实陈述的形式。事实真理则由科学（事实科学）提供。这里，最值得关注的问题乃是科学命题如何获得真理性。逻辑经验主义的基本思路是：这些科学的命题互相支持，但归根到底要由基本的**记录句子**来支持，而记录句子则由经验给予证实。至于提供最终证实的经验到

---

① 石里克：《哲学的转变》，见洪谦主编，《逻辑经验主义》，商务印书馆，1989年，第9页。

② 参见本书第十一章第二节。

底是感觉资料还是其他什么东西，不同成员有不同看法。逻辑经验主义的这一立场被简称为"**证实原则**"。证实原则本来是从科学命题的角度提出的，但同时也扩展到一切语句上，它用能否证实来判明一个语句是否具有意义抑或只是貌似语句的一串无意义的声音。

　　一个真命题，要么属于形式的真理，要么属于事实的真理，而传统形而上学命题却不属于任何一方，因此，它们是些无意义的语句。形而上学不是错了，它不仅不是真理，而且根本没有意义。逻辑经验主义具有强烈的**反形而上学**倾向。这一倾向直接继承自休谟。休谟认为"抽象科学和论证的唯一对象是量和数"，在这种较完善的知识之外，"一切其他的研究都只涉及事实和存在的东西"，经院形而上学涉及的既不是具体存在的事物，又不是数量，所以是些全无意义的东西，应该把它"扔在火里烧掉"[①]。石里克对传统哲学中所谓"外部世界是否存在"的讨论和卡尔纳普对海德格尔"虚无"概念的抨击是维也纳学派反对形而上学的两个突出实例。石里克认为，"外部世界"所指称的东西是和"人心内部的东西"之类相区别的，因此，有没有外部世界是一个在经验可证实范围之内的问题，例如我们可以通过经验证实来确定一所房子只在我的梦境中出现抑或实际坐落在一所公园里，同样也可以通过经验来证实有很多东西不是随我的生死而存灭的。至于科学对象，其实在性既不比日常对象更多，也不会更少。贝克莱式的"存在"却是个无法证实的概念，因此也是个无意义的概念，"外部世界是否存在"根本就是个伪问题，无论最后得出的结论是"有一个外部世界存在"还是"外部世界不存在"，其他所有事件、感觉、行为，都不会因此发生任何

---

　　① 休谟：《人类理解研究》，关文运译，第十二章，第3节，商务印书馆，1972年。

变化。

也许有人会说，有些问题超出了人类的认识能力，我们不可能提供答案，但这不妨碍我们作出猜测，有些猜测优于另一些猜测，而这就是形而上学的工作。但即使这样低调地为形而上学辩护，也为维也纳学派所不容。卡尔纳普的驳议大致是说：无论谁提出来的问题，要么是有意义的，要么是无意义的。既然意义是由可证实性保障的，那么，有意义的问题就可以通过证实或证伪来回答，而"7这个数字是否神圣"这一类的问题，无从证实或证伪，因此是无意义的，也就是说，根本是个不存在的问题，既然问题不存在，那么就连全知的上帝也无从回答。既然不存在答案，就无所谓对答案作出猜测，或者也可以说，任何一个猜测都与别的猜测一样好或一样差。

此前及此后很少有哲学家像逻辑实证主义者那样秉持如此强硬的科学主义立场。不过，小组中多数成员对科学之外的陈述也有所考虑。按照石里克的看法，道德陈述可以是有意义的陈述。它们当然不属于重言式，那么，它们像科学命题一样也是关于事实的命题。石里克认为这些事实属于心理学的领域，所以，伦理学应当被视为心理学的一个分支。不过，心理学的事实能够为道德规范提供解释而不是为之提供证明。科学可以认识规范，但不能够创立规范，因为以科学的方式创立一个规范等于为这个规范提供了绝对的证明，而我们原不应指望为道德规范提供绝对的证明。所以，"规范的起源永远处在科学和知识之外、之前"[1]。卡尔纳普也说："纵然回答了所有科学的问题，人生向我们提出的问题肯定还是没有得到

---

[1]　石里克:《伦理学问题》，见洪谦主编，《逻辑经验主义》，商务印书馆，1989年，第631页。

解决。"① 不过，人生之谜其实不是问题，而是生活的实际境况。只有科学问题才是真正能够表述清楚的问题，因此也是原则上可以解答的问题。道德陈述是用来说明人应当是怎样的，而非人实际上是怎样的，既然它不描述实际事态，就无所谓真假，从而也就没有认识论上的意义。虽然有些道德命令采取了直陈的形式，如"杀人是罪恶的"，它们实则与"勿杀人"这样的命令或规范是等值的。总的说来，价值陈述其实都是命令。从证实理论来判断，这一点就昭然若揭，因为从"杀人是罪恶的"这一命题不能推导出任何关于未来经验的陈述，也就是说，这个陈述本身是不可证实的。"杀人者会受到良心谴责"不能从"杀人是罪恶的"推出，而需要从某人的心理状态推出，因此是个心理学命题。道德语言是语言的情感用法，用来表达赞同和反对，用来影响其他人的态度和行为。维也纳学派关于伦理问题的思考几乎都以维特根斯坦的提法为基础，只不过对于维特根斯坦来说，那些不可解答的问题才始终是最重要的问题。

第三节　意义的可证实原则

意义的可证实原则大致是说：**证实是真理的标准，可证实是意义的标准**。可证实原则由维特根斯坦和石里克各自独立提出，为逻辑实证主义者广泛接受。这个原则和一个常识相联系：真话符合事实，为事实所证实；得到证实的命题是真命题。但要想为事实所证实，一个命题首先要可以被证实或被证伪。维特根斯坦说："证实不是真理的一个标记，它恰恰就是命题的意义。（爱因斯坦：大小

---

① 卡尔纳普：《世界的逻辑构造》，陈启伟译，商务印书馆，2022 年，第 374 页。

是怎样测量的,那就是多大。)"[1] 石里克说:"陈述一个句子的意义,
等于陈述证实或证伪这个句子的方式。一个命题的意义就是证实
它的方法。"[2] 张三明天会来北京、张三昨天曾出现在凶杀现场这些
命题可被证实;7 这个数字是神圣的则无法证实。无论用什么办法
都无法证实或证伪的语句是无意义的语句。从否定的方面说,可证
实原则意在排除形而上学命题;从建设性方面说,它意在探索科学
研究的方法和逻辑。

当然,我们可以通过解释来说明一个词或一句话的意义,但是,
解释本身还需要解释,推到最后,必须有某种东西是不需要解释的,
而是**直接给与**的,这是证实过程的最终保障。"为了发现一个命题
的意义,我们必须借助一串连续的定义来转换这个命题,直到最后
在这个命题中出现的词是一些不能再被定义的词,它们的意义只
能被直接指出来。……每一个命题的意义最终都是由给与物决定
的。"[3]

艾耶尔区分了强证实和弱证实,在经验中得到确实证实的是强
证实,在经验中得到或然证实的是弱证实。砒霜能毒死我、人都是
会死的这些命题不能确实加以证实,但它们仍然是有意义的句子,
它们在弱意义上是可证实的。一般认为,石里克和魏斯曼持强证实
原则,卡尔纳普、纽拉特、艾耶尔持弱证实原则,维特根斯坦则从

---

[1]　Ludwig Wittgenstein, *Philosophische Bemerkungen*, Basil Blackwell, 1957, p.200.

[2]　石里克:《意义和证实》,见洪谦主编,《逻辑经验主义》,商务印书馆,1989 年, 第 39 页。

[3]　Moritz Schlick, "Positivism and Realism", in A. J. Ayer (ed.), *Logical Positivism*, Free Press, 1959, p.87.

强证实原则转向弱证实原则。

此外，我们须区分直接证实与间接证实。有些陈述可以直接证实，另一些陈述则需要通过一连串转化间接得到证实。维特根斯坦有时把前一类叫作命题，把后一类叫作假设。后一种命题不能直接证实，但它为最终怎样证实提供了指示，"每个命题都是指导证实活动的路标"[1]。命题是和现实直接接触的部分，假设则可以通过这样那样的途径分析为命题，需要多个命题来证实。命题的证据就是经验或现象，凭借这种经验我们可以简单地判定命题为真或为假，"在把命题与给与的事实结合起来的东西中，没有任何假设性的东西"[2]。在逻辑实证主义那里，这种直接由给与物提供意义的陈述有"基始陈述""观察陈述"等很多名称，本书为方便计，统称为"**记录语句**"。它直接与事实相符合，是不可更改、确定无疑的，其他陈述的真实性则须通过它们与记录语句的逻辑关系来确定："未经丝毫污染"的记录语句构成了"一切知识的绝对无可怀疑的出发点"，我们在这里到达了最终的证实，这里是"知识与实在之间的不可动摇的接触点"[3]。

我们来看看卡尔纳普所举的一对例子：直接证实的例子是我现在看到在一个蓝色底子上有一红色方块，间接证实的例子是这把钥匙是铁制的。卡尔纳普承认，要细密描述我现在看到在一个蓝色底子上有一红色方块这种直接证实的情况是相当困难的，不过，他的

[1]　Ludwig Wittgenstein, *Philosophische Bemerkungen*, Basil Blackwell, 1957, p.174.

[2]　Ludwig Wittgenstein, *Philosophische Grammatik*, Suhrkamp, 1984, p.222.

[3]　Moritz Schlick, "The Foundation of Knowledge", in A. J. Ayer (ed.), *Logical Positivism*, Free Press, 1959, pp.210, 226.

主要兴趣是在间接证实。要证实这把钥匙是铁制的，我们可以引入已被证明的物理定律"铁制的东西放到磁石附近会被磁石吸住"、已被证实的命题"这是一块磁石"以及我们现在可通过直接观察证实的"这把钥匙是在磁石附近"。从这三个前提我们可以推出结论：这把钥匙将被这块磁石吸住。这一预言如果实现，这把钥匙是铁制的就是一个真语句，否则它是个假语句。

无论直接证实还是间接证实，谈的都是**原则上的或曰逻辑上的可证实性**。石里克提出的一个例子是"在月球那一面有一座3000米高的山"。他说这话是在1932年，那时候人类还没有任何技术手段来证实或证伪这个命题，但这件事情显然是可以证实或证伪的，实际上没过多少年人类就发明了可绕行月球的飞行器，拍摄到了月球背面的情形。但是，即使人类事实上永远不能观察到月球的另一面，上述命题仍然是有意义的，因为，证实仍然是可以设想的，我们能说明为决定该命题之真假必须经验到什么材料。原则上可核实不仅涉及未来之事，也涉及过去之事，例如公元前231年4月1日早三时齐国国都东门外风力为三级，这一点实际上再也无法考证了，但这仍是个原则上可证实的经验命题。如果假设一样东西的存在却不能指出如何确定它是否存在，也就是说，无法指明它对可观察的事实会产生何种影响，那么，这个假设就是原则上无法证实的，或者说它是无意义的。这个区别大致上是明白的，但更严密的思考将引发关于"逻辑上的可能性"和"可设想的"这些概念的争论。

不难看到，间接证实和直接证实的思路是《逻辑哲学论》里复杂命题和简单命题思路的翻版。维特根斯坦在那里需要找到语言和现实的接触面，这个接触面落实到简单命题和简单事态的直接对应。不过，维特根斯坦更多是从语言意义的逻辑着眼，而逻辑实证主义更多从知识论着眼。在可证实原则里，分析的尽头不再是无法经验的逻辑终点，而是"我现在看到在一个蓝色底子上有一红色方块"这样的直接经验。西方哲学有一个源远流长的设想：找到"一切知识的绝对无可怀疑的出发点"。有了这个出发点，再配合以严格的数理–逻辑方法，我们就可以放心拓展人类知识。

这条总思路很成疑问，可证实原则并没有解开这些疑问。首先，一个陈述是可证实或不可证实的，往往很难判定，尤其当一个陈述中包括脆、易溶的、导电体这类"性向词项"的时候。我们也许不难同意 7 这个数字是神圣的无法证实，但李鸿章功大于过能证实吗？不能证实吗？可证实原则本身可以证实吗？很多论者不断尝试为可证实性提出有效判据，但最终也未能建立一个足够普遍而又清晰的判据。

那些公认为可证实的陈述，究竟怎样得到证实也并不清楚。我现在看到在一个蓝色底子上有一红色方块是怎么得到证实的？靠我自己的感觉吗？用自己的感觉来证实自己的陈述是种奇怪的证实方式。由别人来证实吗？他怎么知道我看见没看见？看见的是什么？

间接证实同样有疑问。科学家通过实验来证实这把钥匙是铁制的这样的陈述，通常，他们不会只靠一次实验来断定什么结论，然而，实验要重复多少次才算可靠呢？这要看具体情况而定，很难给出一个普遍有效的规定。而要达到绝对的证实，既然一次不够，恐怕就会永远不够。卡尔纳普于是认为，即使像这把钥匙是铁制的这样简单的命题也无法获得充分证实而将始终保留为假说，并因此建议用 confirmation（核实）取代 verification（证实）。如果证实所涉及的不是单个对象，而是门类、普遍的真理或自然事件的法则，情况自然更糟。所有物理定律都只能是假设，只能够逼近真实而非得到最终证实。

一般认为石里克持强证实原则："我们的预言实际上是否成为真的？在每一次单个的证实或证否的实例中，一个'确证'总是不含歧义地回答'是'或'不是'……确证是终极的。"①但面对上述困难，他也曾说，关于物理对象的命题要求无限数量的证实，所以归根到底并非绝对为真。纽拉特则走得更远。他虽然也区分记录句子和非记录句子，但他认为不存在最基本的记录句子。命题和假设并无明确区别，所有的命题其实都是假设，一切证实都是假设性的、不完全的。他否认有任何命题是不可修正的，哪些是最基本的记录句子也仍然含有约定，牵涉多种因素，即使这里有一张桌子这样简单的句子，也牵涉到观察者、概括名称等等。我们可以把这个记录句子更严格地写成：张三某分钟记录：张三某分钟说：张三发现有桌子，但这些改写后的句子仍然包括个人和集体的名称等约定。纽拉特就此提出了著名的边航行边修船的比喻："不可能把终极确立的纯粹记录句子当作是科学的出发点。不存在什么白板状态。我们就像必须在茫茫大海上翻修船只的海员一样，永远不可能在干船坞上把它拆下，并用最好的材料加以重建。"②纽拉特的这一想法后

---

① Moritz Schlick, "The Foundation of Knowledge", in A. J. Ayer (ed.), *Logical Positivism*, Free Press, 1956, p.223.

② Otto Neurath, "Protocol Sentences", in A. J. Ayer (ed.), *Logical Positivism*, Free Press, 1956, p.201.

来在蒯因那里得到更充分的阐述，我们在第十一章还将谈到。

　　即使解决了以上疑问，可证实原则仍然只适用于陈述句。即使陈述句是数量最大的并且是最重要的一类语句，它们之外还另有别种语句。我们该怎样把可证实原则应用到疑问句、命令句上呢？在分析哲学的道德研究中，有些人倾向于把命令句理解为伪装的陈述句，例如把门关好！这个句子多多少少相当于我希望你把门关好或你将会把门关好或如果你不把门关好，就会出现某种情况，等等。我希望你把门关好是陈述什么的呢？据说是陈述说话人的某种心理状态。这些说法虽然勉强把各种句子都还原成了陈述句并从而使可证实原则成为适用于一切类型语句的普遍理论，但不难看到，这种转换相当任意，而且将在道德哲学领域导致不少似是而非的议论。[①] 逻辑实证主义者的首要兴趣始终是科学哲学，他们阐释语言的时候，几乎只关心科学命题的意义。卡尔纳普承认，一个无意义的句子满可能联系于某个想象，表达某种感情，这些具有心理学上的重要性，但在逻辑上毫不相干。"给一个命题以理论意义的……是从这个命题推导出知觉命题的可能性，换言之，是证实的可能性。表象的存在不足以给予一个命题以意义，那甚至并非必要。我们没有关于电磁场的任何表象。"[②]

　　上面已经问过可证实原则本身是否可以证实。可证实原则不是从经验归纳得出的，也不是一个重言式，按照逻辑实证主义自己的分类法，它就成了形而上学的胡说，所以普特南称之为"自己反

---

　　① 参见理查德·麦尔文·黑尔：《道德语言》，万俊人译，商务印书馆，2004 年，第 8—12 页。

　　② Rudolf Carnap, *Philosophy and Logical Symtax*, AMS Press, 1979, p.14.

驳自己的"[①]。固然,按照"哲学使命题得到澄清,科学使命题得到证实"这一原理,哲学家也许不负有证实之责,但这似乎只表明这个原理本身可疑。依据这一原理,科学家要么必须等哲学家澄清了命题的意义才能开始工作,要么只好冒冒失失地去证实一些意义不清的命题。

第四节 卡尔纳普

维也纳学派中最杰出的哲学家当是卡尔纳普。卡尔纳普自述其主要思想来源是弗雷格、罗素和维特根斯坦。他1928年出版了《世界的逻辑构造》。卡尔纳普听从罗素的呼吁,用数理逻辑这种新工具进行逻辑分析,建立一种新的、科学的哲学。怀特海和罗素把这种方法应用于数学概念的分析,力图确定少数一些最基本的概念,然后逐步从这些最基本的概念推导出全部数学概念。罗素还主张用同样的程序来处理经验科学概念和日常概念,把一切外部对象都还原为感觉资料的逻辑构造。罗素只提出了一些粗糙的指导性原则,并没有实施这一设想。《世界的逻辑构造》就是要系统实施这一设想。卡尔纳普认为,构造体系主要有两种方式:一是以物理对象为基础;一是以心理对象为基础。这两种方式分别被称为"物理主义"和"现象主义"。《世界的逻辑构造》基于认识论的考虑选择了后一种方式,按照认识过程的先后次序来进行构造。卡尔纳普

---

① 希拉里·普特南:《理性、真理与历史》,童世骏、李光程译,上海译文出版社,1997年,第115页。

声称这种选择没有本体论上的含义，只有方法论上的意义，因此，他也称之为"方法论上的现象主义"，以与罗素的现象主义相区别，因为后者是一种本体论主张。

按照现象主义的构造方式，整个系统应分成四个领域或四个层次：自我心理对象，物理对象，他人心理对象，社会人文对象。自我心理是最基础的层次，这一层次由基本要素和基本关系组成。卡尔纳普把基本要素称作"原初经验"，原初经验不同于罗素的感觉原子，卡尔纳普接受格式塔心理学的主张，认为原初经验是一些互相联系的完形或经验流，原子感觉是通过抽象才得到的。与基本要素相比，基本关系要更加基本。卡尔纳普所说的基本关系，最后可以归为一种，即原初经验间相似性的记忆。原初经验恰恰是在这种关于相似性的记忆中定形的，所以，基本要素实际上是基于基本关系构造出来的。基本关系和基本要素在认识论上先于其他东西，反过来说，其他一切对象最后都必须还原为"直接给予"（die unmittelbare Gegebenen）或"经验联系"（die Erlebenisverknüpfung）。

基本关系和基本要素属于自我心理领域，由此出发去构造整个世界，难免有唯我论之嫌。但卡尔纳普表示，这只是一种"方法上的唯我论"，他并不是主张只有一个主体及其经验是实在的，实际上，在构造系统的开端，没有他我之分，没有主客之分，也根本没有实在对象与非实在对象之分。20世纪上半叶的哲学很流行这样的表白，但说说容易，既然没有他我之分，何以把最基础的层次称作自我心理领域？他人心理何以要从这个领域中的要素来构造？要被除这种"俱生我执"还需要一番解释。

通过对原初经验的分析,产生了相似、同一、时间、空间等概念。这些概念可以进一步构造出物理对象。我的身体、自我、主体等对象是在物理世界中完成其构造的。根据自我领域中的原初经验建构起来的概念,不是主观的,而是主体间的,对每一个主体同样有效。物理世界是一个主体间化的世界。这本书的一个主要任务就是依据直接给予来建构主体间概念,这被称为"概念的建构理论"。

主要借助在物理世界中构造出来的"表达关系",我们可以进一步构造出他人心理对象和社会人文对象,不过,这些构造更为复杂,"我们只能满足于仅仅给出许多必要的提示"①。如所预料,他人是作为"与我的身体有某些类似的有机体构造出来的",那些被赋予他人身体的心理过程也是从自我心理构造出来的,"整个他人的经验序列不过是对我的经验及其成分的重新安排",他人的心智由于和我的心智类似而被称为"他人的心智"。在构造他人心理的时候,卡尔纳普提到了符号、语言的特殊重要性,因为"他人心理的东西只有作为一个话语的意谓才是可知的"(卡尔纳普,第285页),"他人心理的领域以及最后社会人文领域的构造几乎完全有赖于对报道的利用"(卡尔纳普,第286页)。符号和一般的表现不同,符号关系包含符号与其所指的关系,这种关系是最难构造的。我们无法直接从语音推知其意谓。卡尔纳普尝试建构一些规则,使我们能够从语音到达所指,整个过程依赖于相同语音的频繁出现,听话者似乎是在不断猜谜、试错,最后达到某种确定性。

---

① 卡尔纳普:《世界的逻辑构造》,陈启伟译,商务印书馆,2022年,第276页。本节下面引自该书的引文将只标出页码。

　　较高层次是较低层次对象的进一步逻辑构造。所以，这四个层次在逻辑上构成了一个整体，这一主张体现了维也纳学派所提倡的统一科学的思想。逻辑构造反过来就是逻辑还原，即把给定的命题翻译成为原初经验，从而为该命题提供证实的途径，因此，可构造性也意味着可证实性。此书的最后一部分强调了可证实性原则，即应用前面的研究成果来解说传统的哲学问题，主要是想说明在科学体系中没有形而上学的位置，因此形而上学是些无意义的话语。但他有时又说，形而上学和诗歌的本体论地位差不多，对最后这一点，艾耶尔不同意——这对形而上学太客气了，诗人没打算提供真理，形而上学家却自以为在提供真理，他们是被表面语法愚弄了的哲学家。

　　《世界的逻辑构造》从两个角度触及语言。其一是对应该采用何种语言来对世界进行逻辑构造的考虑。其二是在建构他人心智的数节中以及在其他零星章节中对语言现象的考察，这部分考察是相当粗略的。20世纪三四十年代，卡尔纳普发表了一系列看似语言研究的著作。在希尔伯特、哥德尔等人的启发下，卡尔纳普开始认为可证明性等逻辑概念是纯粹的句法概念，这个想法把他引向对元逻辑及后来所称的逻辑句法的研究，1934年他出版了《语言的逻辑句法》。所谓"语言的逻辑句法"，不涉及符号及符号组合的意义，而仅涉及符号及符号组合的种类、顺序等形式因素，因此，逻辑句法完全是一种形式理论。卡尔纳普的句法研究和后来乔姆斯基的句法研究不无相似之处，不过，乔姆斯基更侧重于考虑一个语句是否合乎一种语言的语法标准，卡尔纳普更侧重于考虑我们能够从合乎语法的语句进行何种逻辑推论。

在《语言的逻辑句法》中，卡尔纳普区分了两种语句。一是对象语句，如五是一个素数，北平是一个人城市；二是句法语句或形式语句，"五"不是一个事物词而是一个数词，昨天的演讲提到"北平"。这个区分并不新鲜，相近于使用／提到、对象语言／元语言，实质的说话方式／形式的说话方式等。[①]但现在卡尔纳普把这个区分应用于所有知识。

关于形式语句的真理性，卡尔纳普的看法有很大改变。早先，逻辑-数学命题具有真理性，其真理性的一般标准是可证实性，现在他认为，形式语句及其系统的优劣无所谓正确错误，关键在于哪个系统更加合用。这里所称的形式系统包括逻辑-数学在内。我们自由地选择逻辑和数学系统，在很大程度上，逻辑-数学系统类似于语言：英语还是汉语哪个更加正确是个没有意义的问题，但其中一种也许更适合表述某些特定内容；面对特定的要表述的东西，究竟哪种更适合，是一个实践的或实用的问题。随着物理学的发展，我们满可以改变原理的系统。"没有什么物理学语言规则是确定不移的；所制定的所有规则都带有如下保留：只要看来改变它们是适宜的，它们就可以被改变。……就此而言，它们之间只有程度上的区别；某些规则比另一些规则更难否弃。"[②]逻辑命题不再被视作原来意义上的真理，有待发现的真理，而是我们须加以明确界定的约定。这就是卡尔纳普所称的宽容原则。可以看到，"宽容原则"与早期逻辑实证主义的提法很不一样，跟后来蒯因的看法则颇为相近。不

---

① 参见本书第二章第五节及第十节。

② Rudolf Carnap, *Logische Syntax der Sprache*, Springer, 1934, §82.

过，卡尔纳普的确坚持分析／综合两分，尽管逻辑-数学基本原则也是可以选择和改变的，但它们仍然是规则，而不是对事实内容的陈述。

与上述思想联系在一起的是所谓**内部问题和外部问题**。很多表述，尤其是关于"何物存在"的表述，只有在特定的语言系统内部才有意义。有没有无限数？这个问题是例如策梅洛-弗兰克尔集合论公理的内部问题，只有在这一类框架中才能提供确定的回答，在这类框架之外，我们不仅无法确切回答这个问题，实际上我们无法给予这个问题以确切的意义。

依卡尔纳普的看法，哲学既可以选择使用形式语言，也可以选择对象语言。不过，哲学争论涉及的不是世界，而是语言，因此最好采用形式语言而非对象语言来表述哲学。最糟糕的是很多哲学家混淆这两种语言，并因此造成大量哲学混乱。混淆的结果是"假对象语句"，如五不是一个事物而是一个数，昨天的演讲提到北平。逻辑句法致力于使形式语言变得更加精确，有助于消除对象语句与句法语句的混淆，从而有助于消除哲学混乱。

卡尔纳普接受莫里斯提出的句法学、语义学、语用学的三分法。句法学只考虑语言本身，不涉及任何语言外的东西；对语义学来说，语言表现语言外的东西。但语义学不考虑语言的实际用法：语用学则重点考虑语言使用的环境、说话人等等。1936年开始，他从句法学转向语义学研究，1942年发表了《语义学导论》，1947年又发表了《意义与必然性》。卡尔纳普的语义学主要受到塔斯基真理理论的启发。最基本的对象语句是用来谈论事物的，句法语句则是用来谈论对象语句的。然而，用哪一种语言来谈论这两种语言的关系呢？语义学被认作是从事这项工作的适当工具。卡尔纳普把语义学分为描述语义学和纯粹语义学，前者研究自然语言的语义特征，后者则是对语义系统本身进行构造。语义系统由一系列语义规则构成，这些规则可以和任何自然语言的实际使用无关，因此其系统就是一个自由构造出来的形式系统。

可见，卡尔纳普的语义研究仍然主要是形式研究，他是要用语义学来补足句法研究，建立更完备的形式构造系统。卡尔纳普的所谓"纯粹语义学"与普通语义学或他所称的描述语义学并没多大关系，这些著作甚少探讨各种实际语言现象及其间错综复杂的逻辑关系，它们关注的始终是科学哲学和逻辑学，其目标是建构统一的科学语言。在他那里，哲学家就是实证科学的逻辑学家，哲学是科学的逻辑，即是对科学概念、命题、证明、理论的逻辑分析。依于这些分析，哲学家有望设计出新的概念框架，有助于整理我们的全部知识，使我们已有的知识更好地为人类服务。日常语言和传统哲学语言包含着某些道理，但它们只是起点，在设计新概念框架的时候，我们不必自囿于它们的用法。卡尔纳普常举冷热为例，这组词带有主观因素，颇欠准确，不适合科学研究，于是我们用温度语言取代之。随着宽容原则的提出，随着实用主义倾向的加强，卡尔纳普更多地把对自然语言的改造视作一个逐渐的改良过程而非一揽子革命的过程。

我愿在这里说两句我自己的看法。我更愿把哲学与自然理解和常理联系在一起，愿把上述看法中的"科学"替换成"自然理解"——哲学是自然理解的逻辑，尤其是对普通说理中的概念、语句、证明、解释等等的逻辑分析。在自然语言中，看到的东西与看者相连,所知与知者相连,冷热首先不是在表达主观感觉,而是在描述天气、物体、饮食,但它们连同感受者作出描述。没有知冷知热的感受者,天气和物体无所谓冷热。自然科学要把世界充分对象化,因此需要一种语言,把感受者隔离在对象陈述之外,并且适合于通向量化的陈述。为了推进科学工作,我们用温度语言取代冷热语言。这丝毫不意味着冷热语言一般说来是有缺陷的。冷热本来就不是在陈述纯然客观的温度,它描述我们感受着的世界,也因此,它除了陈述物体的温度以外,也可以描述气氛、环境、态度、心情。我们感受着、领会着的世界与物理学世界有着不同的组织。

第五节　人工语言、逻辑语言

自然语言充满了含混、不确定、情绪色彩、暗示、双关等等,而且每个民族都有自己的语言,妨碍了不同民族的交流。创制一种普遍的同时也是更清晰的语言,是一种不难理解的愿望。对**人工语言**(AL, Artificial Language)的设想,在 17 世纪就十分活跃。那时,一方面,作为欧洲共同学术语言的拉丁语开始失宠,另一方面,欧洲人正闯向世界各地探险、侵略,各民族之间的交往急剧增加,人们更强烈地期盼建立一种普遍的语言。这种愿望原本意在克服外语交流的障碍,但同时也包含了**理想语言**的设想,即不再通过形形色色的现存语言来描述世界,而是建立一个直接对应于事物及观念的符号系统。培根的"实体符号"就是这样一种设想。此后,威尔金斯、莱布尼茨分别创制过包括很多细节的新符号体系。这类体系具有简明、逻辑性强等优点,但是人为的语词和其他规定难免显得僵化，失去了历史化内涵，没有足够的灵活性来应对复杂多变的环境。

19世纪末以来，人们又设计出多种多样的人工语言。大多数人工语言的目的在于便利不同语族间的交流，每一种都以某种自然语言为基础，博采其他语言之长。其中最成功的是"世界语"（la Esperanto），有一段时间流行较广，但远未成为国际通用的语言，此后，随着英语在国际交流间的作用日益增加，世界语逐渐式微。这一类人工语言都以某种欧洲语言为基础，在民族意识高涨的时代也容易引致欧洲外民族的抵制。比各种各样人工国际语言更温和的尝试是对母语进行系统修正，其中最著名的例子是 C. K. 奥格登制定的"基本英语"（British American Scientific International Commercial，缩写为 Basic English），这个系统曾得到丘吉尔、罗斯福等领袖人物的支持，但仍不能得到普遍传布和使用。这里牵涉到大量社会政治因素，远远超出语言学和语言哲学所能讨论的范围。不过，人工语言设计和使用过程中遭遇的困难促使人们对语言及其历史文化内容进行更深入的思考。

同在19世纪末，出于另一种考虑发展出了另一种人工语言的设想，那就是弗雷格"概念文字"一类的逻辑语言。由于自然语言有含混、不确定等缺点，在科学工作、法庭判决等活动中早就发展出了各种更加明确严格的语言，但要完成为算术提供严格逻辑基础的任务，这些语言都不足用。能不能从逻辑出发建设一种绝对严格而确定的语言？这样一种语言就是所设想的**逻辑语言**或**理想语言**，它将成为数学的基础，用以保证演算像逻辑推理一样成为一个完美无缺的过程，保证科学研究更加确切可靠。正如《概念文字》一书的副标题所示，概念文字是一种"模仿算术语言构造的纯思维的形式语言"。按照弗雷格的设想，最终要做到的是每一个表达式都有确定、单一、不变的意义，各个表达式之间的各种形式的连接都服从明确表述出来的规则，从而我们可以清楚地了解一个命题的真值条件，即了解这个命题为真要满足哪些条件。例如，自然语言里的女人、妇女、女性、女士、女的这些语词，有着各种维度上的微妙差别，在逻辑语言里必须由一个具有单一确定意义的表达式取代。但是和而且通常是用同一个符号来代替的，我很丑但是很温柔和我很丑而且很温柔在我们听来是两句很不一样的话，但它们通常被视作同一个逻辑命题，其成真条件相同。一旦我们建立了一种完备的逻辑语言，所有涉及真理的讨论就不再为人人各异的直觉所困，不再有推理的跳跃和脱节。任何人都将可以检验每一推理的前提和步骤，无歧义地达到同样的结论。

罗素推进了弗雷格的事业。他认为自然语言在逻辑上都是不完善的，而且，为了能为日常生活服务，它们也不可能成为逻辑上完善的语言。哲学工作和科学工作却需要一种逻辑上完善的语言。逻辑语言包括两个部分，纯粹形式的或曰句法的部分，此外是词汇部分。词汇中的主要部分是名称，和逻辑原子一一对应，每一个简单对象有一个名称，但也只有一个名称，否则会引起混乱。复杂对象由简单对象复合而成，所以，复杂对象都可以用组合起来的简单名称表达。罗素相信自己在《数学原理》一书中已经提出这一语言的大致框架，只不过这种语言只有句法而没有词汇，如果按照他的专名理论为这种语言添加上所需的词汇，它就会成为"逻辑上完善的语言"。

罗素所设想的逻辑语言常包含一些基本的形而上学假设，例如，世界本身是由一些边界清晰的事物组成的，事物之间的关系也是可以清楚定义的，语言由一些反映这些事物及其关系的符号组成，符号和意义相连，意义是一种现成的东西，意义的结合就像拼图的拼板一样。

卡尔纳普接过了罗素的基本框架，在《世界的逻辑构造》中当真尝试创立一种逻辑语言，一个"包含一切科学概念的建构体系"，使得世上的所有事物都在逻辑上联系在一起。这本书是运用现代逻辑进行概念研究的一部巨著，但是几乎无人认为卡尔纳普完成了他所许诺的工作，实际上多数论者相信这是一项无望的事业。

但这项事业并非后继无人。卡尔纳普以后，古德曼也主张用一种理想的人工语言来讨论哲学问题，他的《现象的结构》(1951)一书就是这样一种尝试。这本书在相当程度上是在模仿卡尔纳普的《世界的逻辑构造》，即试图在唯名论的基础上建立一个现象主义体系。古德曼希望沿着卡尔纳普的方向继续向前推进，在卡尔纳普的基础上解决卡尔纳普本人没有解决的一些问题。不过，《现象的结构》远不如《世界的逻辑构造》影响深远。逻辑语言的另一个重要支持者是蒯因，他认为设计出一种系统化的语言可以改进自然语言，他甚至认为这种语言将有助于促进科学进步。

人工语言是和自然语言相对而言的，可以说，自然语言是生长而成的，人工语言则是为了某个特定的目的设计出来的。广而言之，数学语言、物理学语言、各种各样的电脑语言都可以视作人工语言。一般说来，人工语言既然是为了某一特定目的设计的，它原则上就是另一种语言。它既不是用来代替自然语言，也不是自然语言的深层结构。如果逻辑语言也是为某种特定目的设计出来的，例如，是为了澄清数学的基础而设计的，那么，逻辑语言就是人工语言中的一种。但是，哲学家所说的逻辑语言，往往意指自然语言的深层结构，可以用来分析、澄清甚至代替自然语言。我把这种主张称作"**逻辑语言主义**"。按照这种主张，逻辑语言不仅可为某一学科或某一特定任务服务，它具有与自然语言相同的或更高的本体论身份，因此，逻辑语言和自然语言之争就是一个典型的哲学问题。

在我看来，并没有逻辑语言主义意义上的逻辑语言，"逻辑语言"无非是逻辑学使用的语言，所谓逻辑语言就有逻辑学语言。这种语言像法律语言、物理学语言适用于各自的领域一样，适用于逻辑学研究。

这里还须提到，逻辑一词有广狭不同的用法。狭义的逻辑由逻辑学界定。但这种狭义的逻辑并不处理自然语言所体现的所有广义逻辑问题。女人、妇女、女性、女士、女的这些语词的差别并不只是一些"感情色彩"，其中自有"逻辑内容"。我很丑但是很温柔和我很丑而且很温柔不单在"语气"上有区别，他们两个结婚了并有了个孩子和他们两个有了个孩子并结婚了的逻辑区别更加明显。

逻辑学关注一些特定的逻辑关系，如那些通过抽象可以达到普遍性的关系。与此对照，自然语言是全方位的，结晶着各式各样的逻辑关系。在把自然语言的语句翻译成逻辑命题的时候，不仅话语的感情因素，它所携带的很多预设也会被删除，暂时不甚相干的逻辑关系也被删除。我们不妨把自然语言比作物品，把逻辑语言比作货币。物品都有或都可以有一个标价，在这个意义上，货币能够和任何物品对应，能够把物品"翻译"成货币。经过翻译之后，统计、结算等等变得方便多了，同时，在折合成货币时，不仅物品的其他性质消失了，物品之间的其他"价值关系"也消失了。因此，我们固然可以用逻辑语言来表征自然语言中的某些基本关系，但逻辑语言根本不可能取代自然语言。

哲学论述本来就是用准逻辑语言进行的。哲学工作经常需要突出某些我们平常不太注意的概念联系，并由此导致不同于日常的概念分类。这些概念联系和概念类别要用语词来表示，这些语词通常是自然语言里的语词。这就给哲学对话造成了一定的困难，和科学论述比较一下就可以看清这一困难。科学用语中的很大一部分不是日常用语，我们知道必须从它的理论定义去理解它。即使有些语词是从日常用语引进的，例如力、能量、无穷大，它们也都有明确的技术性定义，这样，我们会明确区分这些用语的日常含义和科学含义。掌握科学概念的技术性含义有时是相当困难的，但那是另一种困难，一般不会出现科学概念和日常概念的混淆。哲学关心的本来就是自然概念之间的联系，所以，无论炮制出何等精致的技术性概念，无论这些概念获得了多么明确的定义，哲学家都有义务说明这些概念和自然概念是如何联系的。科学概念的辩护来自于它在一个科学系统中是否有效，哲学概念（如果真有所谓哲学概念）却会产生对错之争。实际上，哲学争论中有很大一部分就是争论某一哲学概念是否正确地表达了自然理解中所蕴含的道理。人们经常对照科学来嘲笑哲学，说没有一个术语会有两个哲学家同意其含义，其实，唯当人们对应当如何理解某些重要概念产生分歧时，才有所谓"哲学争论"。

逻辑原子主义把分析方法推到极端，把"分析"的意义理解为

"分解"。一个复合物可以而且应当分析为简单物或"逻辑原子",
一个表示复合物的语词也可以而且应当分析为不能再作分析的词。
这些最简单的词必须有一个所指的物体,它的意义就是这个物体。
在这一进路中,罗素反复提倡"奥康姆剃刀原则",即努力发现(或
分析出)最小数量的元素或原子,从语言的方面来说,就是发现"最
小词汇量"。在这个最小词汇中,每一个词都是互相独立的原子词。
其实,我们从索绪尔那里就知道,自然语言也寻求最小词汇量,这
个最小词汇大致就是现存词汇。这个词汇量不是用剃刀削出来的,
而是依语言的实际用途生长出来的,这些词汇之间的勾连是多种多
样的,而不是像罗素想的那样,只是一种纵向的分析关系。

逻辑实证主义参考书

洪谦主编:《逻辑经验主义》,商务印书馆,1989 年。这是编
选得很好的一个集子,分成五个部分,第一部分"哲学的语意分析"
和第二部分"逻辑和语言"与本书的关系最为密切。

A. J. Ayer (ed.), *Logical Positivism*, Free Press, 1959. 这是一个
权威的选辑。

通过以上两本选辑,读者应能对逻辑实证主义的基本思想有个
大致了解。读者还可进一步阅读:

A. J. 艾耶尔:《语言、真理与逻辑》,上海译文出版社,1981 年。

洪谦:《维也纳学派哲学》,商务印书馆,1989 年。洪谦是维也
纳学派的成员之一。这本书 1944 年结集,是中国最早介绍逻辑实
证主义的文著。

卡尔纳普:《世界的逻辑构造》,陈启伟译,商务印书馆,2022年。这是从感觉资料出发对世界进行逻辑构造的代表作。

Michael Friedman & Richard Creath (eds.), *The Cambridge Companion to Carnap*, Cambridge University Press, 2007. 这个文集收集了一批新近研究卡尔纳普的论文。

第九章　维特根斯坦后期思想

1936 年，维特根斯坦的后期思想已经成形，开始写作《哲学研究》。1938 年秋，他与剑桥大学出版社谈定出版该书，但不久又把书稿要了回来。第二次世界大战期间，他继续写作《哲学研究》，我们现在所见到的该书主要部分（即第一部分）就是在这段时间里写成的。1947 年他辞职以后，在爱尔兰继续撰写该书的第二部分。那一段时间，他曾准备出版该书，但他最后还是放弃了出版的念头。他去世后不久，他的学生安斯康和里斯编订全书并译成英文，1953 年以德英对照的方式出版，第一部分是主体，比较完整；第二部分篇幅较小，更多草稿性质。与《逻辑哲学论》比较，《哲学研究》的写作风格有很大改变。《逻辑哲学论》的段落以各个层次的阿拉伯字母编号，似乎象征着它是一个严密的逻辑结构，文句的口气也颇为独断；《哲学研究》则采用近于对话的方式写作，小节之间也多半只有松散的联系。书中几乎没有严格定义的术语，文句的字面十分简单，然而，由于它是由一系列札记组成的，更由于这些平实的话语直接面对问题，在看似只能各说各话的事情那里发现可以深入问题的端绪，所以它仍不是一本容易读懂的书。

维特根斯坦的哲学探索是从弗雷格和罗素入门的，无论是他的前期哲学还是他的后期哲学，到处都能读到对这两位前辈的回应。

可惜，维特根斯坦没有激发这两位前辈的进一步对话。弗雷格读了
《逻辑哲学论》开头部分的打印稿，写信给维特根斯坦，直话直说，
他一个字也看不懂。罗素倒是很赞赏这本书，并为之作了一篇长长
的序言。可这篇序言却让维特根斯坦断定罗素根本不理解这本书。
罗素对维特根斯坦后来的哲学则大不以为然，他在《我的哲学发展》
中说道："我在维特根斯坦的《哲学研究》中没有找到任何让我感
兴趣的东西。"[1] 热忱追随维特根斯坦早期思想的学人当中，对他的
后期思想深感不解的不在少数。虽然维特根斯坦一出道直到一生
终了都名满哲学界，但不被理解的痛苦始终伴随着他。在《哲学研
究》的序言中他写道："我的成果遭到多种多样的误解，或多或少变
得平淡无奇或支离破碎。这刺痛了我的虚荣心，久难平复。"深刻
的思想难被理解且易被误解，这本不奇怪，不过，我们还可以特别
提到，维特根斯坦处在其中的哲学传统，主要是由逻辑兴趣和科学
宗旨引导的，而维特根斯坦的哲学关怀，其实与这个传统扞格不入。
正如维特根斯坦的老朋友恩格尔曼（Paul Engelmann）所说："对他
（维特根斯坦）来说要紧的是哲学而不是逻辑，逻辑只不过碰巧是他
精确描述其世界图画的唯一合适的工具。"[2]

　　《哲学研究》是维特根斯坦后期思想的集大成之作，我像很多
论者一样认为它是 20 世纪数一数二的哲学著作。这本书论题广泛，
论证的方式多种多样，我只能选其中几个题目作简要介绍。

---

　　[1]　罗素：《我的哲学的发展》，温锡增译，商务印书馆，1982 年，第 199 页。

　　[2]　Paul Engelmann, *Letters from L.Wittgenstein with a Memoir*, trans. by L.
Furtmueller, Horizon Press, 1968，p.96.恩格尔曼是和维特根斯坦一起为后者的姐姐
盖房子的建筑师。

第一节 语言游戏

语言游戏（Sprachspiel）这个概念是《蓝皮书》里提出来的，最初是指"孩子刚开始使用语词时的语言方式""语言的原始形式"或"原始语言"，在这些原始形式中，思想的过程相当简明，所以，我们要研究真假问题，命题和实在一致不一致的问题，研究断定、假设、疑问，去看看这些原始形式大有益处。这时，"笼罩着我们语言的日常使用的心理迷雾就消散了。我们看到种种清楚明白的活动和反应"。然而，这些简单的形式和复杂形式并无鸿沟相隔，"通过逐步增加新的形式，我们可以从诸种原始形式构造起诸种复杂的形式"①。《哲学研究》也曾这样说到语言游戏，包括"孩子们借以学习母语的诸种游戏"和"原始语言"，维特根斯坦自己举的例子有：建筑师傅喊"板石"，学徒应声把一块板石递给师傅（§2）②；教的人指着石头，学生说石头这个词；更简单的练习：老师说石头，学生跟着说石头；跳皮筋、丢手绢之类游戏时边玩边唱的那些话（§7）。但是，"语言游戏"具有比这远为广泛的意义："我还将把语言和活动——那些和语言编织成一片的活动——所组成的整体称作'语言游戏'"（§7）。语言曾被理解为一个独立的体系，只沿其一边和现实相接触。而依照现在的语言游戏概念，语言编织在现实之中。这在语言的原始形式和简单形式中看得最清楚，我们在场景中学会说

---

① Ludwig Wittgenstein, *The Blue and Brown Books*, Basil Blackwell, 1958, p.17.
② 引文出自维特根斯坦的《哲学研究》，本章及下一章凡出自该书的引文只注出节号。

话，在场景中理解语句的意思。在这个基础上，语句逐步脱离特定的场景，话语套着话语，一个词的意义由另一个词或一串词来解释。

上述意思，德文原词 Sprachspiel 远比中文译名语言游戏表达得更清楚。Spiel 有游戏所不能反映的种种意味，而且，它比游戏宽泛得多，德国人把戏剧叫作 Schauspiel，把节庆叫作 Festspiel；若用一个短语解说 Spiel，我大概会说"没有功利目的的自由活动"。Sprachspiel 译作语言游戏太窄，译成语言活动太宽，两害相权，勉强译作语言游戏，但我们不可完全从中文游戏一词来理解 Sprachspiel 的意思。

我们不妨和《逻辑哲学论》的图像说对照来看语言游戏。在图像理论里，语言从根本上与事态和对象一一对应，而语言游戏则说，语言首先是一种活动，是和其他行为举止编织在一起的一种活动。在图像说里，语言与现实以一条边相切的方式接触，而语言游戏却是语言和现实难分彼此的大面积交织。在图像说里，语言的逻辑仿佛是一开始就已经制成的一个严整体系，而各种语言游戏有各种规则，有些规则相当松散，留有很大的自由活动余地，规则本身也在不断改变，甚至有时"我们边玩边制定规则"。

关于一一对应，这里多说几句。本书第一章第三节引用了奥古斯丁的一段话，从常识的眼光描述了人们指物识字的过程。《哲学研究》开篇即引用这段话，我们可以把它看作整部著作的引子。指物识字是一种语言游戏，大人常常在这种语言游戏里教幼儿学习语词。我们当然不只是通过指物识字的方式学习语词，例如，我们可以通过定义懂得虚数这个词。不过，我们一开始学习语言时，实指方式或实指定义的确是突出的方式。我们不仅通过实指来学习苹果这样的名称，而且也通过实指来学习颜色词、形状词、数词、方位词等等。然而，维特根斯坦同时指出，这里牵涉各种不同的指法。想一想我们怎样"指这本书（而非那本）""指的是椅子而非桌子""指颜色而非形状"。指个体、指类、指属性、指数，是各式各样的指。你指着三个核桃，是指核桃这个词还是指三？我指着关羽教你勇敢这个词，这在何种意义上是实指定义？

意义指称论把指物识字理解为建立语词与对象一一对应的联系，这是理论对现象的一种误解。指着一片绿叶子教孩子说绿，就建立了绿色和绿的联系了吗？这样建立的联系，顶多是条件反射式的联系。我们可以训练一只鹦鹉或一条狗建立这种条件反射。第四章第二节讲到，单单看着绿色并不能学会绿这个词，绿是在跟蓝色、黄色等等的区别之中学会的，孩子学会的是与其他颜色词对照使用这个词。我们也可以用这片绿叶子来教给孩子树叶、叶形这些词。学会绿这个词，包括学会颜色词与形状词的区分。这片绿叶子不是绿这个词的意义，而是绿这个颜色词的一个样本。这片叶子可以是绿的样本，也可以是叶状的样本。另一方面，既可以用一片荷叶作绿的样本，也可以用一片草场作绿的样本。样本和样本是其样本的东西之间不是刺激-反应式的联系，不是条件反射式的因果联系，而是一种规范（normative）联系。我们检查这个样本是否起到了它应起的功效，不是去检查每次提供这一样本的时候学习者是否作出相同的反应，而是检查他在不同语境中是否正确地使用这个词。不妨说，样本是否起作用，要看样本不在跟前的时候学习者是怎样反应的。看见绿色就说"绿"，是为说话作准备，而不是说话；谁要是不管走到哪里一见有绿色出现就说"绿"，我们就不得不说他不会说话。

指物识字只是语言游戏的一种，而且，在很大程度上，这种游戏还不算学习语言，而是在为学习语言做准备。我们在多种多样的语言游戏中学习语言，不是一个词一个词地学习它们的含义，而是学会使用语言。上面提到建筑师傅和学徒之间的语言就是这样一个语言游戏。在指物识字的事例中，我们似乎囿于含义与语词一一对应的思路，而建筑工地这类语言游戏有助于引导我们从这条思路转向语词在特定语言游戏中的用法。维特根斯坦强烈建议："不要问意义，要问使用。"语词的意义不在于它和所指连在一起，而在于它在语言游戏中有用处。

第二节 "意义即使用"

在很多情况下，我们可以用用法代替意义，例如，这两个词的意义一样可以换成说这两个词的用法一样。指称论、观念论等等意义理论有意无意把语词的意义视作某种在语词之外的东西，联结在语词之上。用语词的使用来替代语词的意义有助于避免这种误解。我们不大会把使用或用法误解为语词之外的某种实体，学习怎样使用一把钳子显然不是学习将这把钳子和钳子以外的某种奇特实体相连接。意义容易混同于内心意象，使用则提示一种可公共考察的过程。

当然，并非在所有场合都能用用法来代替意义，一个天然的姿势或笑容可以有意义，但谈不上使用或用法。词的意义、句子的意思是一些习用语，理论家也许从它们出发导出错误的理论，但它们本身没什么原罪。实际上，维特根斯坦自己也时不时采用这些说法。

和使用相连的是工具，例如使用一把钳子、使用一本词典。使用这个概念提示**工具性**，这正是维特根斯坦所要强调的。《哲学研究》里有很多段落把语词比作各式各样的工具。罗素等人喜欢用书桌之类举例来说明语词的意义，这些例子容易导向对语言的反映论式的理解，而维特根斯坦喜欢用工具来举例，一件工具不镜映对象，它适合做某一件工作。语言的功能不在于反映世界，我们通过语言应对各种事情。为醒目计，可以说，**语言的功能是反应而不是反映**。当然，为了适合某些工作，工具也在某种意义上反映现实，但那显然不是像镜子那样的反映。

把语言视作工具，古已有之，也是初级反思容易达到的结论。但说到工具和使用，还须澄清数种常见的歧见。让我们从工具的多样性说起。维特根斯坦强调，我们有多种多样的工具，看上去差不多的工具可能有很不一样的用途和操作方式，维特根斯坦举了一个生动的例子：

> 驾驶室里的各种手柄看上去都大同小异。（自然是这样的，因为它们都是要用手抓住来操作的。）但它们一个是曲轴的手柄，可以停在各种位置上（它是用来调节阀门开启的大小的）；另一个是离合器的手柄，只有两个有效位置，或离或合；第三个是刹车闸的手柄，拉得越猛，车刹得就越猛；第四个是气泵的手柄，只有在来回拉动的时候才起作用。（§12）

　　驾驶室里的各种手柄由于都要用手抓住来操作,所以看上去大同小异。语词的发音、书写整齐划一,往往模糊了语词用法多样性这一至关重要之点。核桃是一个词,二也是一个词,但学会这两个词却是十分不同的过程,也包含了十分不同的理解方式。春夏秋冬和东南西北表面上是两个相似的语词,然而却是两类十分不同的经验的形式化。我们用看上去整齐划一的语言形式做着多种多样的语言游戏:

　　　　下达命令,以及服从命令——按照一个对象的外观来描述它,或按照它的量度来描述它——根据描述(绘图)构造一个对象——报道一个事件——对这个事件的经过作出推测——提出及检验一种假设——用图表表示一个实验的结果——编故事;读故事——演戏——唱歌——猜谜——编笑话;讲笑话——解一道应用算术题——把一种语言翻译成另一种语言——请求、感谢、谩骂、问候、祈祷。(§23)

　　然后他说道:"把多种多样的语言工具及对语言工具的多种多样的用法,把语词和句子的多种多样的种类同逻辑学家们对语言结构所说的比较一下,那是很有意思的。(包括《逻辑哲学论》的作者在内。)"

　　从工具的多样性着眼,较容易看清下面这一点。我们可以用一片荷叶来蒸米饭,用它来赶苍蝇;我们也可以用它来代替语词,表示荷叶、绿色等等。泛泛谈论荷叶有种种不同的用处不得要领。用荷叶来蒸米饭赶苍蝇,因果地联系于世上的其他事物,而用荷叶来充当符号却不是如此。维特根斯坦曾特别提到尺子这类工具不同于钳子这类工具，后者改变事物的状态而前者不然。就此而言，语言更接近于尺子这类工具，语言主要不是因果地改变现实的工具，而是述说现实、理解现实的工具。

为了更细致地理解"意义即使用"，我们还有必要简短考察一下围绕使用的一组词：用、使用、有用、利用、用法。我们用布料来做衣服，我们用缝纫机来制作衣服，但我们不说"用衣服"做什么什么，除非是在"把衣服当作窗帘来用"之类的意义上。衣服既不是用来制作某种东西的材料，也不是借以加工这些材料的工具。我们不使用衣服，不等于衣服没用，我们直接就用着它，不再是使用它来做什么别的事情了。同样我们也不使用朋友，不是因为朋友没用，朋友很可能比生意伙伴和仆人更有用，只不过，朋友的用处包含在他的存在里。在特定的情况下，我们会问：朋友有什么用，下棋有什么用，艺术品有什么用，哲学有什么用。但这些问题通常没什么意义，我们享用这些，而不是使用。基于同样的道理，我们使用语词，但我们通常并不使用句子。我们用语词造句，而说出句子就是说话。说话这种活动编织在实际生活之中。只在一些特定情况下我们才说"使用句子"，例如恭请圣安这样的句子有它固定的使用场合，可以说有个"用法"，这种有固定"用法"的句子，像语词一样收在词典里。但我们通常只谈语词的用法，谈不上句子的"用法"。因此，语词的意义和句子的意义这两个词组中的意义有时是有区别的。上面说到，一个天然的姿势或笑容可以有意义，但我们通常不能"使用"它，道理在此。维特根斯坦既说"使用语词"也说"使用句子"，而后者于理不通，也不合我们平常的说法。

　　说到使用一把钳子、使用一本词典，一般说来，我们可以不说使用而单说用。但反过来却不行——用米来换油，用脑子来想，这里不宜把用换成使用，这里的米和脑子不是工具。[①]工具本来就为使用而设，既然为使用而设，它们就有通常的用法，也就有用得得法或不得法。我使用一把钳子把钉子拔出来，但我用砖头打碎了窗玻璃，却不是"使用"砖头把窗玻璃打碎。砖头不是标准的工具，没有通常的"用法"。use 作动词时多译作"使用"，作名词时多译作"用法"。越是专门为某种用途而设，越是和其他工具配套使用，用法就越明确越严格。叶姆斯列夫对"使用"提出质疑："语言结构是稳定的，用法是多变的。因此有理由说，是结构而不是用法决定了一种语言的同一性，规定了一种语言不同于另一种语言。"[②]我觉得这个质疑出自对使用概念的误解。我们已经看到，使用不是无规则的，"意义即使用"和"语言游戏"是交织在一起的。使用一个语词，掌握一个语词的各种用法，是用来做某些事情的。我们从是否做好一件事情来评判是否掌握了某种工具的用法，我们也是从相似的角度来评判是否掌握了一个语词的用法。实际上，联系于使用／用法，维特根斯坦花了大量篇幅讨论规则和"语法"，它们恰恰就是叶姆斯列夫这里所说的结构。用法与规则相连，按照用法来使用是一种规则辖制的行为，因此有用对与用错之别。

　　"使用"与"游戏"都提示规则。在国内，很多论者主要从游戏规则来理解理论上的游戏概念。但我们当然不会忘记，游戏不是一

---

① 这些上下文中的用字大概应作为介词看待。

② Louis Hjelmslev, *Introduction: Language*, trans. by Francis J. Whitfield, University of Wisconsin Press, 1970, p.40.

些遵行规则进行的机械活动，游戏首先是乐趣、情趣、旨趣。它们与规则相辅相成——一方面，游戏自由自在不受功利计较的约束，另一方面，游戏一般都有规则，而恰恰由于有了这些规则约束，才有好玩的游戏。

"意义即使用"的思想贯穿《哲学研究》，但维特根斯坦并不是要建立一种意义理论。若把"意义即使用"理解为口号，理解为维特根斯坦对意义的定义，以为只要把意义都改写为使用，语言意义问题就解决了，那就太轻易了。奥斯汀后来说到使用和意义一样宽泛含混，"已经变得经常遭人嘲笑"。意义和使用都是一些提示词，所需关心的是这些名号下的内容。

第三节　家族相似

在《蓝皮书》里，维特根斯坦注意到"对一般概括的渴求"，并尝试分析这一渴求的缘由。其中第一条就是我们倾向于认为一些事物之所以归在一个一般语词之下，是因为它们具有某种共同的特征。他举"游戏"为例，指出种种游戏并没有一种共同的特征，而是形成了一个家族，这个家族的成员具有某些家族相似之处："一个家族的有些成员有一样的鼻子，另一些有一样的眉毛，还有一些有一样的步态；这些相似之处重叠交叉"。[①] 与此相似，一个概念之下的各种现象 A、B、C、D 并不具有唯一一一种或一组共同性质，而是 A 相似于 B，B 相似于 C，C 相似于 D，等等。《哲学研究》也

---

① Ludwig Wittgenstein, *The Blue and Brown Books*, Basil Blackwell, 1958, p.17.

用大量篇幅探讨"家族相似"（Familienähnlichkeiten）这个概念及与之相关的问题。他设想他的论敌诘难他说："你谈到了各种可能的语言游戏，但一直没有说，什么是语言游戏的，亦即语言的本质。什么是所有这些活动的共同之处？……涉及句子和语言的普遍形式的那部分。"维特根斯坦自己回答说：

> 我无意提出所有我们称为语言的东西的共同之处何在，我说的倒是：我们根本不是因为这些现象有一个共同点而用同一个词来称谓所有这些现象——不过它们通过很多不同的方式具有亲缘关系。由于这一亲缘关系，或由于这些亲缘关系，我们才能把它们都称为"语言"。（§65）

维特根斯坦自己明确列为家族相似性质的概念[①]有游戏、数、词、句子、语言、读、引导等等，他对其中某些概念的家族相似性质作了相当详尽的研究。另外一些提法似乎暗示他认为一切概念——甚至包括专名——都具有家族相似的性质。

在维特根斯坦以前，尼采、詹姆士等不少思想家曾提出类似的看法，不过，直到维特根斯坦之后，这种看法才以"家族相似"之名广为人知。据佛格林说，家族相似概念是人们对维特根斯坦后期哲学中"讨论得最多的问题之一"[②]。的确，有些洞见，虽然新，却不是

---

① "'家族相似'概念"是指"家族相似"这个概念；"家族相似概念"是指具有家族相似特性的概念，如游戏、语言、数等等，为突出区分，有时我也说"家族相似性质的概念"。

② R. Fogelin, *Wittgenstein*, Routledge & Kegan Paul, 1976, p.117.

靠奇巧怪异吸引人，平平正正把道理说出来，就已经有足够的力量。家族相似概念就属于这类并不大常见的洞见。从纠错的角度讲，家族相似概念猛烈地冲击了传统的共相观念。共相是哲学史上最重要的概念之一，单从对之挑战来说，提出家族相似概念就十分重要。共相概念不是哲学家编造出来的，对语词或概念的初级反思很容易导向共相概念。哲学中的大量讨论是针对哲学史上既有理论的，但若这种理论不是初级反思的天然倾向，只是某个哲学家的想入非非，反复辩驳就会味同嚼蜡，最客气可以说，它只有学术意义。

班波罗夫相信家族相似概念已经"解决了通常所谓的'共相问题'"，虽然他很知道这话是轻易说不得的。[①] 我倒不觉得解决办法来得这么容易，甚至哲学问题是否有个"解决"也持疑，我愿说，家族相似开启了一个极富成果的思考路线，研究者已经沿着这条思路得出了很多有意趣的结果。例如，传统的共相观主张，一个范畴对属于该范畴的所有成员都是平均无差别的，而近来的研究者指出，有些典型的所谓共相概念，如鸟，实际上对各种鸟也不是无差别的，喜鹊、老鹰是典型的鸟，鸵鸟、企鹅则是非典型的鸟。

实际上，家族相似概念还颇有些疑点需要澄清。

第一，有些概念是家族相似概念抑或所有概念都是家族相似概念？这一点不大清楚。一般说来，概念层次越高，家族相似的性质越突出。例如，即使数是个家族相似概念，属于数这个概念的基数、有理数、无理数、复数等等并不具有贯穿它们全体的共同性质，但

---

① Renford Bambrough, "Universals and Family Resemblances", in George Pitcher (ed.), *Wittgenstein*, *The Philosophical Investigations*, Anchor Books, 1966, p.186.

所有基数或所有有理数却具有某种共同的性质。

第二，维特根斯坦有时似乎把摩西这样的专名也说成是家族相似性质的概念。摩西既指"那个带领以色列人走过荒漠的人"，又指"那个童年时被法老的女儿从尼罗河救出的人"（§79）。我认为维特根斯坦在这里引入了一个不适当的例子——不同种类的游戏之间有连绵的共同点或相似处，而"带领以色列人走过荒漠"和"童年时被法老的女儿从尼罗河救出"之间没有这些。

第三，"家族相似"这个概念有一个更严重的困难。一个概念包括多种内容，A、B、C、D 等等，A 相似于 B，B 相似于 C，C 相似于 D 等等。但我们应该很容易找到一些 E 相似于 D，接着又找到一些 F 相似于 E。这样相似下去，天下所有现象岂不都要收进同一个家族？事实上我们却有着形形色色的概念而不是一个无所不包的大一统概念。这一困难提示，虽然家族相似概念对传统共相有威力巨大的批判作用，并为进一步探讨概念结构打开了大门，但由于这一提法没有注重一个概念内部的结构，所以它还不足以说明概念的本性。

不过，让我们回到上面引文的第一句——"我无意提出所有我们称为语言的东西的共同之处何在"。虽然维特根斯坦多半在谈论一个概念（甚至一个专名）可以依赖于家族相似而不依赖于共相，但他的核心思想在于：我们有各式各样的语言游戏。例如，有些话语用来描述，有些话语用来表达，有些是数学演算，它们并不能归在同一个逻辑结构之下。从而，也没有那个唯一的逻辑体系。

第四节 私有语言论题

所谓私有语言论题,指的是维特根斯坦关于不可能有私有语言的论证。这个论题在《哲学研究》里占有大量篇幅,集中的讨论从243节到315节,但其前其后的很多段落也与这一论题直接相关。

维特根斯坦是这样讲到私有语言的:"这种语言的语词指称只有讲话人能够知道的东西;指称他的直接的、私有的感觉。因此另一个人无法理解这种语言。"(§243)私有语言不是只被某一个人使用和理解的语言,而是只能被一个人使用和理解的语言。极难破解的密码、一个小种族的最后一个传人所说的语言,这些都不是私有语言。

维特根斯坦用了很多篇幅批判私有语言的观念,这并非因为从前有哪个哲学家明确主张私有语言,但他的批判并非无的放矢,"私有语言"这个名目下集合着关于语言本性的多种错误看法、混乱议论。例如,我们在第三章第三节介绍意义观念论的时候曾引用洛克的一段话——"语词无非是代表其使用者头脑里的观念……即使他愿意给这些观念以别人通常(为别人自己的观念)所用的那些名字,他其实仍然在为自己的观念命名",不难看到对语言的这种理解差不多就是把语言理解为私有的——话语的意思都是人心自会,而人心各自不同。对这种比较粗浅的议论,我们不妨直接反驳:我们实际上经常互相听得懂,而不只是自以为互相听懂,你现在和我争论,不正说明你我的语言不是私有的吗?但人们还可以主张,并非话都是私有的,只是有一部分语言是私有的。艾耶尔就是一例，他一开始认为可以创制完整的私有语言，后来认为私有语言最多只能是嫁接在公共语言上的分支：公共对象的命名和述说是公共可理解的，但另有一些私有对象、私有经验／感觉，其命名和述说只有一个人懂。艾耶尔绝不孤单，很多人觉得感觉表达式的意义是私有的。

另一方面，不少论者曾反对私有语言的观念，例如，杜威通过对意义观念论的批判来否定私有语言。他强调语言是一种关系，至少要有两个人参与，人们在使用声音"建立真正的行动共同体"的时候使声音获得意义，成为语词。[①] 人们从群体习得语言，独白倒过来是与他人会话的产物。杜威的批驳主要基于"语言是社会性的"这一事实，并未深入回答为什么语言只有在共同体中才能获得意义等问题。而维特根斯坦对私有语言的批驳则涉及语言本性的方方面面。不过，正因为这样，私有语言论题在很多方向上引起经久不息的争论。这些争论几乎可说是一连串的混战。混战之中，人们难免追溯源头，抱怨维特根斯坦一开始对私有语言的界定就不大清楚。我认为维特根斯坦对私有语言的界定大致上是明白易晓的，只不过随着争论的发展，有时需要界定得更细致一些。我承认维特根斯坦在反驳私有语言时并不是每一处都想得很清楚，个别论证会产生误导，但他的几条主要思路是连贯的；多数情况下，是这些思路的深度和广度使它们难解，而不是维特根斯坦的表述不够清晰。本书无法逐节展开维特根斯坦的论证，更无法细论此后涌现的大量反驳、辩护、澄清、再反驳、再辩护。我下面只是勾画出这一论题

---

① John Dewey, *Experience and Nature*, The Open Court Publishing Company, 1929, p.182.

的几条主要线索。

　　一般说来，**单纯"指"不能建立符号和对象的联系**。猎豹或鬼的意义不在于与猎豹或鬼对应。这一点本书已在多处加以阐发，不过，即使明确反对指称论的人，在讨论感觉词时很可能不知不觉又进了指称论的窠臼，例如认为疼是指称疼这种感觉的。而维特根斯坦指出，指称要在系统里完成。即使如此，指称也仍然只是一种准备，而这个系统，包含约定，这个约定无法通过内心的定义完成，只有通过交往实践才能完成。

　　但这还是一般的评注。更进一步，我们必须认真审视疼这种感觉词的"语法"。让我们来看一看下面三个句子：

　　　　A. 我觉得疼。
　　　　B. 我觉得院子里有人。
　　　　C. 我看见院子里有人。

　　C 可能错——你看错了，院子里其实没人。A 却不是同类的陈述，我不能说："你的感觉错了，你不疼"。除非我是在教一个孩子疼这个词，告诉他这种情况下人们说"痒痒"而不说"疼"。你疼，你就觉得疼；你觉得疼，你就在疼；在你的感觉之外不再另"有"一个疼。疼和人不是同类的东西，or better，疼和人有不同的语法——一个人不被看见仍然是这个人，疼痛却不可能不被感觉到。我们也可以从另一个角度来看待 C 与 A 的区别：C 不是在谈论感觉、看，而是在谈论看到的东西——除非你是感觉还原论者。你看到院子里有人，别人也能看到院子里有人。A 则是在谈论感觉，你觉得疼，别人通常并不觉得疼。这个区别是学会"看见人"和"觉得疼"的一部分。B虽然用到了觉得，但更接近句C，主要不是在谈论感觉，而是感觉到的东西，大致意思是"我好像看到、听到……"。你在查看之后会说"院子里并没有人"，而不是说"我不觉得院子里有人了"。

疼和人不是同类的东西，这大概是私有语言论者愿意听到的，因为他们的第一步要求就是承认私有对象。据认为，感觉就是这样的私有对象，我的疼痛是我"私有"的。应当怎么理解私有？一般说来，唯别人也可以占有，才谈得上私有。我的房子是我的私产，但它可以合理或不合理地被剥夺。"私有感觉"显然不属于此类，我的疼痛的私有性在于："只有我知道我的疼"。

真的只有你自己知道你在疼吗？维特根斯坦回答说：在最通常的意义上，我能够知道你在疼，知道你饿了，知道你想发言，等等。

你真能知道我疼吗？你只不过看到我龇牙咧嘴的模样，于是猜测我疼，推论我疼，但你并不真正知道我疼，我完全可能在装疼，一点都不觉得疼却做出龇牙咧嘴、痛苦不堪的样子。只有我自己才能真正知道我疼不疼。罗素会说，只有感觉才是亲知，其他的都是推论。沿着这样的思路，罗素等人进一步主张，我们直接知道自己的心智，关于他人的心智是根据外部表现推论出来的。推论总是可能出错的，亲知才是真正知道。

维特根斯坦不仅承认而且强调，他疼和我疼是不一样的。我们在这里恰恰再一次看到，相同的表层语法下可能有不同的逻辑结构：我疼和他疼的表层语法一模一样，但是其"深层语法"不一样。语言的用法多种多样，他疼描述一件事情，可能说错，我疼却不是在通常意义上描述一件事情，而是一种表达，因此不可能像描述事情那样出错。

我疼和他疼的语法不一样，那么，是否疼这个字在我的疼和他的疼里的语法或意义也不一样？不然。这很像我通过阅读了解德国和你通过旅行了解德国很不一样，但德国却不因此有两个意义。我期待一声巨响和我听见一声巨响是很不一样的巨响，但巨响在两种情况下是同一个意思。

然而，我疼和他疼的"深层语法"不同，由此并不能引出我只能推测他疼而我真正知道我疼。我完全可以知道别人在疼。看到岛上有个可乐罐，你推测岛上有人；你看见几个人在沙滩上打排球，你就不再是推测岛上有人。我看见他受了刀伤，龇牙咧嘴，我就知道他疼，而不是推测他疼。倒应当反过来说，我一般不能说"我知道我疼"——除非是在强调我知道还是你知道！——因为，"只有在可怀疑之处才谈得上知道"（§303）。

那么，我们可不可以这样理解我疼和他疼的语法差异呢——在我疼这个说法里，疼指的是我的感觉，在他疼这个说法里，疼指的是他龇牙咧嘴之类的表现？

表现有多种多样的意思。画两只活蹦乱跳的小鹿，既可以说这幅画表现了两只小鹿，也可以说这幅画表现了画家欢快的心情。痛疼的表现又是一种，它既可以说是疼痛的结果，也可以说是痛疼的表现。就像打开探照灯，光柱射向天空。**疼痛和疼痛的表现**是一个完形，感到疼痛的生物有一种自然而然的模样，疼痛状由于是疼痛的自然结果而成为疼痛的表现。而人们却轻易把疼痛的表现理解成"这幅画表现了两只小鹿"意义上的表现。从完形着眼，我们可以说，打开探照灯指的是光柱射向天空，但这话当然不是说与是否打开探照灯无关的"光柱射向天空"这件事。我们从包括疼痛的表现在内的完形学会疼痛这个词。如果不疼痛的人自然而然做龇牙咧嘴的痛苦状,感到剧痛的人自然而然一副若无其事的谈笑风生状,那么疼痛这个词的意思就和我们现在所说的疼痛很不一样了,感觉这个词也一定有另一种我们听起来十分奇怪的意思。固然,一个人可能并不疼痛而龇牙咧嘴假装疼痛,而感到疼痛的人可以表现出若无其事的谈笑风生状,但这里牵涉到的不是两个分离的东西是否结合,而是伪装。正因为疼起来有一种自然而然的模样,一个人才可能并不疼痛而用龇牙咧嘴等来假装疼痛。忍着剧痛却一副若无其事的样子,是用表现轻松自在心境的模样以掩盖疼痛的表现。

概括说来,我们不能套用对象-属性-活动的模式来理解疼这样的感觉概念。感到疼痛的语法不同于看见小鹿,这里没有一个独立于感觉的对象,或一个与表现无关的对象。而对感觉概念的初级反思再三再四地把疼痛之类视作一个对象,只不过这个对象不是在草地上树林里,而是在身体里面,或在心灵里面。这种初级反思坚持:我们用鹿来指称鹿,用疼来指称疼,或更确切地说,不是我们用疼来指称疼,而是每个人用疼来指称他自己的疼,因为像疼这种东西,只有感受者自己知道。

我们已经说过,我可以知道你疼。那么,有没有什么事情,原则上只有我自己知道?当然。我要是不告诉你,你就无法知道我昨天晚上梦见了谁。不止一个隐秘的念头,我将永远藏在自己心里。其实,心智若不能隐藏秘密就无所谓心智了。如果老大哥到2084年变得更加能干,不仅能监视你的一举一动,而且发明了测梦仪等一系列先进仪器,可以测知你的一思一念,那么,心智生活很快就会消失。

不过，我无法看到你的梦境，并不能由此导出私有语言。熟人之间经常会谈起梦到的事情，所使用的当然都是公共语言。你告诉我你昨夜梦见自己跟梦露共舞，这话没什么特别不好懂的地方。那么，下一个问题是，**你能不能用一种只有你自己懂得的话语来命名、描述只出现在你梦境中的某种东西**？你梦见一个非虎非熊的怪兽，你把它叫做"穷奇"，这跟你把你刚出生的婴儿命名为肯尼迪有什么区别呢？不假，你一说"穷奇"脑海里就浮现出穷奇的样子，我却没有穷奇的样子可浮现。**浮现出所指称之物的样子并不是语词的意义**。你不说"穷奇"也可以浮现出穷奇的样子，有时敲敲自己的脑袋也会帮助自己回忆起某件事情。你用"非虎非熊的怪兽"之类来描述穷奇，这是把一个新词引入我们的公共语言。的确会有新词被引入我们的语言，但为什么非要引入我们已有的语言呢？为什么不单独创造一种与既有语言相隔绝的语言呢？因为我们的语言结晶了我们对世界的理解，只有联系于这种语言，新事物才得到理解，才能被有意义地言说。①

第五节　自然理解 VS 充分分析

与早期思想相比较，维特根斯坦的后期思想发生了系统的、多方面的转变，我们这里只选一个点来阐述维特根斯坦思想的转变。

《逻辑哲学论》主张充分分析，一个语句可以被充分分析

---

① 下文在第十二章第六节还将从另一个角度继续探讨"私有语言论题"。

（3.201），而且，"只有一个完全的分析"（3.25）。充分分析的结果
是基本语句，由名称组成，对应于基本事态，它们由简单对象组成。
而在《哲学研究》中，维特根斯坦从多方面批判了充分分析和简单
对象的观念。"我们的语言形式似乎有一种最终分析那样的东西，
从而一个表达式就有唯一一种充分解析的形式。……把我们的表达
弄得更加精确，就可以消除一些误解；现在我们却好像在追求一种
特定的状态，完全精确的状态；似乎这就是我们进行探索的真正目
的。"（§91）

《哲学研究》第60节说到一把扫帚——

> 我说："我的扫帚在墙角那里。"——这真是关于扫帚把和
> 扫帚头的命题吗？……说扫帚放在墙角的人真的意谓：扫帚把
> 和扫帚头都在那里，扫帚把插在扫帚头上？——我们随便问哪
> 个人他是不是这个意思，他大概都会说他根本没有特别想到扫
> 帚把或扫帚头。这恐怕是正确的回答，因为他既没有特别想谈
> 扫帚把也没有特别想谈扫帚头。

很明显，维特根斯坦现在在特定语言游戏中看待语句，而不再
主张脱离特定时语言游戏来谈论逻辑分析。他抓住扫帚把这话听
起来很自然，要说他抓住足球把你就听不明白。在这个意义上，扫
帚把和扫帚头在那里隐藏在扫帚在那里之中，我们可以把它分析出
来，也就是说，可以把它说出来。然而，在我平常说扫帚在那里的
时候，这话已足够清楚了，扫帚把和扫帚头在那里反倒让人费解。
我们是在没说清楚的时候，才需要再说些什么，再提供某种解释、

分析，以期事情更加清楚，并不是说得越细、分析得越多，事情就
更清楚。仿佛从来没有一句话本身就是足够清楚的，仿佛"经过分
析的句子"天然具有更清楚、更合乎逻辑的意思，仿佛我们并不知
道自己真正在说什么，要等哲学来帮我们分析出句子的实际意义是
什么。

　　各种意义理论，如指称论、观念论、图像论，都希望建造从语
句到理解的桥梁，维特根斯坦倒转了思考的方向：我们无须桥梁，
因为本来并无鸿沟。理解是一个自然过程，分析和解释是辅助性
的，并且最终依赖于直接理解。我说"苹果来了"，你问苹果来了是
什么意思，我改说"张三来了，张三带着苹果"。你若再问张三来了
是什么意思，我就没办法了——不是毫无可能解释，而是可能性太
多了，我不知道你的问题在哪里，不知道张三来了在哪里引起你的
不解或误解。我们听到一句话，通常直接就理解了，在话语和理解
之间，不需要什么中介。

　　当然，在种种不同层面上，话语有时需要解释。但我们总是针
对特定的误解提供解释，也因此，解释才可能产生澄清误解之功。
我指着两只兔子教你二，而你以为我是在教你兔子，我怎么办？想
一想我们实际上会怎样教会孩子语词的。大概会是这样：我放走兔
子，指着两只小羊来教你二。你这时仍可能误解，例如你以为二的
意思是小动物。那好，我拿着两支铅笔来教你二。

　　但这就不会产生新的误解吗？会。的确，没有哪种解释或分
析能消除一切误解的可能性。好在我们不是从怀疑一切开始的，并
不需要哪种逻辑分析能够从一上来就杜绝了每一种误解的可能性。
理解的过程也不是无穷无尽地消除误解并在最后达到确定性，理解

是一个自然的过程。孩子自然而然学会和理解一些语词。《哲学研究》第 139 节插语说到一幅图画，画的是一个老人拄着拐杖上一个陡坡。维特根斯坦问：为什么你这样理解？"假如他以那个姿势在往下滑，看上去不可能是一个样吗？"这并不是说，一幅图画随便怎样解释都是一样的，而是说，我们对图画有一种自然的理解。维特根斯坦接着说："也许火星人会这样描述这幅图画。我无须解释我们为什么不这样描述。"语句提示一种自然的用法，但不强迫、不"决定"，只有对照另一种可能性，对照于不理解、误解等等，才谈得上必然、受迫等等。

学习者会在这里或那里发生误解时，我们就尝试用这样那样的办法消除他的误解。如果我发现他像一只母鸡一样，只能区分很多和很少，怎么都学不会区分二和三，在学习数字的时候，他的误解无边无际，那我就没有任何办法能教会他。我们无法按着孩子的头教会他理解，我们在自然理解生长的过程中防止和纠正这样那样特定的误解。

三岁的孩子能够学会某些语言游戏而学不会另一些，我们自己学会了某些语言游戏而学不会另一些。这不仅是"智力"差异；更广泛说，是"生活形式"使然。"生活形式"在《哲学研究》中一共也没出现几次，但却是该书中一个极为重要的概念。语言是生活的一部分，语言只有作为生活的一部分才能被理解，"想象一种语言就叫作想象一种生活形式"（§19），因此，"即使一头狮子会说话，我们也不懂得它"（第二部分，十一，§215）。你要教给桃花源来的朋友偷窃、贪污这些词，你先要让他了解我们过的是何种生活。

我们在特定的生活形式中理解，是否理解，没有脱离特定生活形式的抽象的不移的标准。这也意味着，理解和误解之间的区别并不总是鲜明的，尤其是涉及复杂的情况。当然，这并不是要取消理解和误解的区别，主张一切理解都是误读。维特根斯坦所要强调的是：我们的语言没有一种唯一的充分解析的形式，因此，我们也没有一种一劳永逸地消除误解的办法。哲学分析不是以基本语句和简单名称为归宿，分析基于特定的语言游戏，有特定的目的，宽泛说，分析为解惑服务，是对误入歧途的初级反思的治疗。维特根斯坦关于哲学是**智性治疗**的思想必须从理解的自然性来理解。说到治疗，我们不妨想一想医生和生命的关系——生命自然而然生长起来，医生救死扶伤，但医生不创造生命；而且也可以说，和生命的出现相比，医生的作用是多么有限，然而医生们不为这一点自怨自艾。

后期维特根斯坦参考书

Ludwig Wittgenstein, *The Blue and Brown Books*, Basil Blackwell, 1958. 此书可视作《哲学研究》的准备工作。这本书是维特根斯坦唯一全本用英文写的笔记，表达比较流畅易懂。

维特根斯坦：《哲学研究》，陈嘉映译，商务印书馆，2020 年，能够和德文原本或英译本对照读更好。这是维特根斯坦后期思想的代表作。字面很好读，但意思往往不容易把握。原因之一是，维特根斯坦希望停留在最富含意义的例子和提法那里，它们往往可以引向不同的甚至相反的结论。

精读遇到困难，可参考 G. P. Baker and P. M. C. Hacker, *An Analytical Commentary on Wittgenstein's Philosophical Investigations*,

Basil Blackwell，1983.这部多卷本的诠释既有各专题的概论，也有对《哲学研究》逐字逐句的讲解。这些讲解和讨论随处都对照维特根斯坦的早期思想展开。

维特根斯坦:《论确定性》，张金言译，广西师范大学出版社，2001年。

第十章　日常语言学派

第一节　概况

日常语言也称自然语言。不过，自然语言和日常语言这两种提法的趣向不同。日常语言通常和诗的语言、科学语言、咬文嚼字等相对举，自然语言则主要和人工语言对举。本书依不同上下文交替使用自然语言和日常语言这两个用语。

语言哲学开始之初就重视日常语言分析的，摩尔是突出的一位。摩尔（1873—1958）和罗素在哲学立场上相当接近，他比罗素小一岁，在罗素的影响下从古典文学转向哲学，但此后有相当一段时期反过来对罗素的哲学走向产生重要影响，后来则又受罗素的影响而接近逻辑原子主义。他和罗素同为维特根斯坦的老师，也像罗素一样受到这位高徒的影响。摩尔以"捍卫常识"的立场著称。这个立场有时采取了极为简单的方式。有人说，没有物质。摩尔反驳说："你肯定错了，因为这里是一只手，这里是另一只手，因此至少有两件物质性的东西。"[①] 摩尔的独特贡献主要是在伦理学领域，

---

① G. E Moore, "Proof of an External World", in *Philosophical Papers*, Collier Books, 1966, p. 144.

1903 年出版的《伦理学原理》是以分析哲学方法讨论伦理学的第一部重要著作。摩尔谦虚好学，悟性极高，但思想不够锐利，分析固然细致，但行文常嫌烦琐。

像罗素一样，摩尔也认为复合概念可以分析成比较简单的概念，直到无法再作分析的概念。你可以对一个见不到马的人解释马这个概念，因为马有很多属性，你可以用这些属性来定义马。但一步一步地解释将导向最简单的部分，对这些部分，你就不能再加以定义，例如黄和善好这些概念是不可分析的，因此也是无法通过论证来理解的。对这些概念的理解依靠直觉，只能指给人看。对一个看不见黄色的人，你无论如何也没办法向他解释什么是黄色。摩尔的简单概念仍然是我们平常了解的东西，我们通过直觉理解它们，不像维特根斯坦充分分析后得到的名称那样是纯粹逻辑的东西，无法举出实例。据摩尔，对善好的理解也只能依靠直觉。这里所谓直觉不是主观的感觉，而是客观的、确定可靠的东西。摩尔从这一基本立论来讨论善好概念，这一讨论广有影响，虽然很少有人同意善好是完全不可分析的。

维特根斯坦早期不大关注日常语言，他关注的是语言经过充分分析之后所得出的逻辑结构。不过，即使在那时，维特根斯坦也认为日常语言有完好的逻辑秩序，只不过其秩序还有待通过分析加以表明。维特根斯坦后期明确主张哲学"必须耽留在我们日常思考的事情上"（§106），相应地，哲学应当从悬拟的充分逻辑分析回到对语言日常用法的考察上来："当哲学家使用一个语词——'知''在''对象''我''句子''名称'——并试图抓住事情的本质时，我们必须不断问自己：这个语词在语言里——语言是语词的家——实际上是这么用的吗？我们把语词从形而上学的用法重新带回到日常用法"。(§116)语言的日常用法自有其道理，我们语言里的每个句子"现在这样子就挺合适"(§98)。这里译作"合适"的是 in Ordnung，在德文里和"秩序"(Ordnung)相连。哲学要做的，是去发现自然语言里的秩序、自然语言里的道理，而不是枉费心力去建构理想语言。"我们踏上了光滑的冰面，没有摩擦，因此在某种意义上条件是理想的，但我们也正因此无法前行。我们要前行，所以我们需要摩擦。回到粗糙的地面上来吧！"(§107)

第二次世界大战后，日常语言学派达到全盛时期，这一时期的代表人物有莱尔、奥斯汀、斯特劳森，他们都是英国哲学家，都在牛津任教，因此，日常语言学派有时也称作牛津学派。实际上，牛津大学的另一些学科也蔚然有日常语言分析之风，例如当时在牛津大学任法理学教授的哈特(Herbert Hart)，深谙日常语言分析的技术，1961 年出版的《法律的概念》一书被誉为法理学的经典。日常语言学派的其他代表人物还有剑桥的威斯顿、厄姆森、奥斯汀的学生瓦诺克、P. L. 加迪纳、D. F. 皮尔士、美国的塞尔、万德勒等。这一派的多数哲学家不那么重视数理逻辑和实证科学，但长于古典文献，对自然语言的各种奥妙饶有兴趣。本章将专节介绍莱尔和奥斯汀，此外本书有不少其他章节论及斯特劳森。

日常语言学派是与逻辑语言学派对称的。叶斯柏森在他的《语法哲学》一开头就说，"语言的本质乃是人类的活动"[1]。语言一方面显然是一种人类活动，另一方面具有明显的形式系统特点。语言研究者各有侧重，一般说来，日常语言学派倾向于从前一个角度看，

---

[1]　奥托·叶斯柏森：《语法哲学》，何勇等译，语文出版社，1988 年，第 3 页。

逻辑学派倾向于从后一个角度看。

语言哲学初兴时的一个动力是反对心理主义，这一倾向推动了新逻辑的发展，两者互相促进，促使人们尽量在逻辑或曰形式逻辑的层面上对待语言。但自中期维特根斯坦和日常语言学派起，人们对不断的"逻辑上行"产生了深重的怀疑。很多人又开始注重语词的经验内容，不少语言哲学家不再忌讳谈论心理学。然而，这并不意味着向心理主义回归。"语词的意义"并不只是逻辑关系，它们与特定的人类经验有关，但这里的经验一般不是指个人的心理活动，而是结晶在语词和语法中的一般经验。

日常语言哲学家批评逻辑语言学派，认为他们所谓的语言分析往往忽视自然语言实际用法中那些微妙但并非不重要的意义区别，径自把自创的逻辑格式套用在自然语言上，从而他们的语言分析只不过得到了他们自己一开始放进语言里的东西。自然语言的逻辑和逻辑学的逻辑不是同一个东西，斯特劳森说："无论亚里士多德的逻辑规则还是罗素的逻辑规则都没有给出日常语言中任何表达式的逻辑，因为日常语言本来就没有这种精确的逻辑"[①]。逻辑语言学派一直高度评价罗素的特称描述语理论，摩尔、斯特劳森却对之大加批评。反过来，逻辑语言学派也很怀疑自然语言学派的分析方法。罗素在回应摩尔对他的特称描述语理论的批评时说："摩尔关于我的描述语理论的论文几乎没有提出任何我有什么要争议的问题……（不过）他让我对自己漫不经心地使用日常语言感到自责。"[②]

---

① 斯特劳森：《论指称》，见 A. P. 马蒂尼奇编，《语言哲学》，商务印书馆，1998年，第 445 页。

② Paul Arthur Schlipp (ed.), *The Philosophy of Bertrand Russell*, Cambridge University Press, 1946, p.690.

不以为然之意溢于言表。

逻辑语言学派最初多是强烈反对形而上学的，日常语言哲学家在这一点上则一般较为温和，其中有些对形而上学持建设性的立场。威斯顿虽然深受维特根斯坦的影响，但不大同意维特根斯坦把哲学命题看作语言混乱的产物，他认为语言的日常用法会掩盖某些重要的东西，而形而上学命题恰恰能通过与日常用法相悖的方式使这些东西显露出来。斯特劳森更进一步，他的《个体》一书尝试通过语言分析发现我们的概念结构中最一般的特征，从而营建一种"描述的形而上学"。在他们看来，形而上学命题本身并不一定是无意义的，但这些命题的真理性往往植根于语言本身的结构，而传统哲学却以为它们是在描述自在世界的本质结构，从而导致了很多胡说。在有些日常语言学派的哲学家看来，逻辑语言学派虽然号称反形而上学，但由于他们同样忽略语言的实际用法而用过度概括的方式构建自己的理论，所以他们自己就是一群走上了歧途的形而上学家。不过，日常语言学派和逻辑语言学派通常各走各的路，正面论争并不常见。而且，有些日常语言哲学家和逻辑语言哲学家在不少问题的处理上是相近的，例如莱尔关于存在问题的表达式分析和罗素的特称描述语理论可说是同一思路的两个版本。

日常语言哲学家并不否认日常语言经常出现歧义、含混和混乱，但他们认为，日常语言中出现的问题要通过对日常语言的分析来解决，在日常语言本身的层面上解决，而不能通过设计一种更完善的语言来解决。他们更愿意把自然语言中的语词的多义看作一种丰富性而不仅仅看作是含混。他们特别注重分析那些与传统哲学特别是与传统认识论相关的用语，从多种角度分析感觉、心智、认识、知道等词族的用法，有些分析甚为精妙。

他们的分析往往超出"智性治疗"而着意于获取正面的结论。例如，维特根斯坦反对笼统用"共相"来解说概念，并提出了"家族相似"，其立论主要针对哲学家由于"过度概括"而导致哲学论理上的混乱；奥斯汀也反对笼统地用"共相"来说明不同种类的现象怎么会归属于同一个概念。而与这一批评相应，奥斯汀着手整理多种多样的概念结构，并初步整理出七个种类。(1)核心式的，例如健康。亚里士多德就曾谈到过健康这个词。这个概念的核心体现在健康的身体这个用法里，而在健康的脸色里，这个概念相当于健康的身体所产生的，在健康的运动里，这个概念相当于能产生健康的身体的。(2)类比的，例如山脚、云脚、韵脚里的"脚"。(3)第三组他没有提出名称，也没有举例子，但说的显然是家族相似性质的。(4)第四组大概可以称作"片面突出的"，例如法西斯、犬儒。这类词原本有好多含义，后来人们只就其中一个突出的含义来使用这些词。所有从专名转变过来的概念大致都可以归入这一类。(5)第五组大概可以称作"子类集合的"，有时我称作"范畴词"。例如颜色对红、绿、蓝等等。(6)第六组大概可以称为"实体或属性的"，例子是 love、年轻、真理。love 有时指爱这种情态，有时指被爱的对象，如说 my love。(7)第七组据奥斯汀说更难概括，他举的例子是用在板球棒、板球游戏用的球和板球赛裁判里的"板球"这个词。我觉得用这组词举例不大合适，因为这里牵涉到词和词组的区分。不过，奥斯汀此后又提出一个例子——他认为亚里士多德好像是这样来理解善好这个概念的——"好"这个词的意义随着它所形容的事物而各不相同。我们想一下好人、好车、好厉害，想一下为什么我们不必知道上下文就大致能理解好车而理解不了好彗星，就大致可以明白这里说的是什么了。当然，要把这里的道理摆清楚，却绝不是轻而易举的事情。

日常语言哲学家对语词的精妙分析以及对语言现象的系统整理所收获的有时倒是批评：哲学致力于整体的理解，对日常用语作就事论事的分析，无论多么巧妙，都不能代替有创意的理论建构，因此甚至算不上哲学，只是语言学语义学的工作。后期维特根斯坦被视作日常语言派的一个主要代表，但据说他曾这样评价牛津学派的哲学家，说他们"与其说是哲学家，不如说是语言学家"[①]。逻辑语言派更往往因此忽视日常语言哲学家的工作。

日常语言哲学家不一定不在意理论，奥斯汀和塞尔发展了言语行为理论，斯特劳森的"描述的形而上学"也是理论。不过，上述批评也不是全无道理。日常语言哲学家的不少研究的确近乎语法学家的工作；实际上，有的日常语言哲学家，如奥斯汀，并不讳言自己的语言学兴趣，更不反对进行哲学和科学的交叉研究。上面讲到，奥斯汀尝试"说明不同种类的现象怎么会归属于同一个概念"，他把这项工作称作"当务之急"，这项如此重要的任务之所以一直遭到忽视，原因之一是它落在哲学和语言学之间的无人地带。奥斯汀关于言语行为的研究对"语用学"有开创作用，并构成其一个核心研究领域。

我们在第一章第七节分疏了对语言的哲学兴趣不同于语言学

---

① 转引自涂纪亮：《分析哲学及其在美国的发展》，中国社会科学出版社，1987年，第 503 页。

兴趣,不过,在新兴领域,在人文社会领域,哲学和科学本来没有严格的界限,不断有人从事边界领地的研究,对哲学和特定领域研究都应当说是好事,唯一需要提醒的是不要把这类研究当作哲学的中心工作,更不可当作哲学的唯一工作。在我看来,哲学是对自然理解的反思,以使自然理解融会贯通,因此哲学固然倚重凝结在自然语言中的自然理解,却不等同于自然理解,哲学结论不是民意调查,相反,哲学总是反某些常识而动的。

第二节　莱尔

　　莱尔(Gilbert Ryle,1900—1976)25 岁起就在牛津任教,除了第二次世界大战期间在英国军队中服役而外,可以说在牛津大学度过了他的全部人生。他曾广泛研究多种哲学,包括黑格尔、布拉德雷、克罗齐、胡塞尔、弗雷格,罗素、海德格尔、维特根斯坦,早先比较倾向于逻辑实证主义,后来逐渐转向日常语言分析,创立了牛津学派。他在摩尔退休后接任《心智》(*Mind*)的主编。1932 年发表《系统地引人误解的表达式》,1945 年出版《哲学论证》,1949 年出版《心智概念》(*The Concept of Mind*),1954 年出版《两难困境》。莱尔的风格流畅、鲜明,却难免失于浅近,滑过了更深层的疑问。

　　在《日常语言》一文中,莱尔分析了 use、utility、usage(对应为用、使用、利用、用法、惯用法)等概念的异同。他特别讲到我们通常只说"使用语词"而不说"使用句子",厨师用盐、糖、面粉、葱花做饼,但他不,至少不在同样的意义上,用那张饼做点什么。语词相当于盐和面粉,句子就是那张饼,"句子是我们所说的东西,语词是我们用来说的东西"①。这个简明的论析有助于澄清一大批关于"语言使用"的误解。

在《系统地引人误解的表达式》一文中，莱尔首先提出，引起误解的表达式"原则上说是无限多的"。他择其要者，归为三类：第一，虚假的本体论陈述；第二，貌似关于普遍的东西的陈述；第三，虚假的特称描述语。

第一，**虚假的本体论陈述**。莱尔以食肉的牛不存在为例进行分析。表面看来，"不存在"是对"食肉的牛"的描述，但若这种描述成立，则根本没有"食肉的牛"，而我们不可能对根本无其物者进行描述。然而，如果不受表层语法误导，我们就能看到，"存在"和"不存在"不是普通意义上的谓词或描述语。食肉的牛不存在可以改写成任何牛都不是食肉的或任何东西都不既是牛又是食肉的。拿食肉的牛不存在和印度的牛是不可侵犯的作个比较，我们就可以看得更清楚，显然，后者不能改写为任何可侵犯的牛都不在印度。在前一例中，存在消失了，在后一例中，可侵犯却不能消失。食肉的牛不存在并不一定会引起误解，但它倾向于引起误解，经过改写的语句不一定不引起误解，但它不是以同样的方式或在同样的程度上系统地引起误解。

第二，**貌似关于普遍的东西的陈述**。比较一下不守时应当受到责备和张三应当受到责备，从表面语法上看，似乎世界上既有张三这样的具体人-物，又有不守时这样的共相。但我们换一个角度就

---

① Gilbert Ryle, "Ordinary Language", in V. C. Chappell, ed., *Ordinary Language*, Dover Publications Inc., 1964, p.34.

能看到这里的区别：张三应该为自己不守时感到惭愧，不守时却不会为自己感到惭愧。其实，不守时应当受到责备无非是说不守时的人应当（为他的不守时）受到责备。这样，我们就清楚了，不守时不是一个事物，而是一个具体的人的某个行为、属性。

第三，**虚假的特称描述语**。张山是老张的长子这句话可能引起两类误解：一是把老张的长子这一特称描述语误解为专名；二是把特称描述语所描述的当作它所指称的。[①] 莱尔为这一类误解举出了如下一些例子。（1）琼斯不是英国国王和普安卡雷不是法国国王这两句话语法相同，而且都为真，但倒过来，英国国王不是琼斯，法国国王不是普安卡雷，语法仍然相同，却一为真，一为无所谓真假。（2）特称描述语不一定是指称实体的，例如灌木丛的中心，并不是有一个实体叫作"灌木丛的中心"，可以像灌木那样砍下来烧火；又例如，工党的失败指的不是事物，而是事实、事件、假设。莱尔的这一提法主要意在反对把观念、心智活动等等视作实体，我讨厌去医院这个想法并不意味着这个想法是桌子那样的实体，如果需要避免这种误解，我们可以把这句话改写为每当我想到要去医院就觉得讨厌之类。在《心智概念》一书中，莱尔更加系统且细密地展开了这一论证。

以上这些分析的思想内容大致不超出罗素的特称描述语分析，但我觉得在这里谈论"系统地引人误解的表达式"要好些，而且，这里的"引人误解"主要不是在日常会话的层面上，而是对初级反

---

① 斯特劳森、唐奈兰等人从正反两面更细密地讨论了莱尔的看法，参见本书第十四章第二节。

思的误导。它们容易误导，并不意味着它们背后藏着一套"逻辑语法"。

　　在《心智概念》一书中，莱尔运用日常语言分析的方法对笛卡尔的心物二元论进行批判。笛卡尔用广延来定义物体（物执），用思维来定义心智（思执）。物质不会思维，物体处在空间中，服从于空间-机械的规律，可被公共观察。心智没有广延，其活动是内在的，只有心的主人才能把握它。身心二元论的困难是显然的，这里仅举数端。(1)身心是怎样互动的？身心的互相影响是显然的，例如愿望引起行动，生病导致沮丧。但若身心处在两套完全不同的规律之下，两者怎么能互相影响呢？(2)心智本身的活动是否受因果律支配？如果心智活动完全受制于外部世界的因果规律，责任、选择、功过都没有意义了。但若心智不受因果律的支配，我们对他人的心智就不可能有所影响，甚至不可能有所了解。(3)于是，人只能知道自己的心，他人的心智只能靠猜测。"绝对的孤寂是灵魂无法逃避的命运，唯有我们的躯体才能彼此相见。"[1](4)然而，我们真能知道自己的心吗？我们的心理是一道意识流，"我"在何处？我从来无法两次踏进同一条河流。

　　《心智概念》所采用的主要方法，是通过揭示语词的错误用法如何导致了心物二元论以及由此产生出来的一系列困难，而这里出现的语词用法错误主要是**范畴错误**。他在动物园看见了熊猫、长颈鹿和动物是范畴错误的一个简单例子。潮水不断上涨和希望不断

---

　　① 吉尔伯特·赖尔（莱尔）：《心的概念》（《心智概念》），刘建荣译，上海译文出版社，1988年，第9页。本节出自该书的引文只标出页码。

上涨，这两个句子都是正当的句子，但若由此认为希望也像潮水一样是一种物质存在，就犯了范畴错误。两个词语或语句的表层语法可能一致，但其深层语法其实不同。物体在哪里和心智在哪里表面上看来同构，但前一个提法有意义，后一个则没有意义。再举一个例子：到北京大学来参观的人问：我见到了图书馆，见到了教室和办公楼，但北京大学在哪里呢？像长颈鹿和动物这样最简单的范畴错误，在一般语法书就会提出来并加以纠正。但若不分清"物理过程"和"心理过程"是不同的逻辑范畴，就可能导致哲学上的混乱。

莱尔认为，身心二元论根源于物理学的影响，物理学的巨大成功诱使哲学家把物理学的概念结构套用到心智上，甚至直接采用物理学的各种表达方式。虽然笛卡尔信仰上帝和道德，不像霍布斯那样采取鹰派物理学的立场，把心智还原为物质活动。然而，心物二元论并不是物理学成就和"人文精神"的有机统一，它对心智的理解其实只是机械论的一个反照：心智必须像物体一样，由某些材料构成，具有某种状态、活动和过程，只不过组成心智的材料是非物质的。心智不是像钟表那样由发条、齿轮之类的零件构成的，而是由非发条、非齿轮那样的零件构成的非钟表。心物二元论本来似乎要保持心智的独立性甚至更高的存在，结果却只是把心智描述成物质的一个幻影，所以，莱尔把笛卡尔的学说称作"机器中的幽灵"。心智在身体中，就像幽灵藏匿在机器中，主宰着机器的运转。

《心智概念》并不提供关于心的新知识，而是修正既有知识的逻辑地图，澄清有关心智诸概念之间的逻辑关系。三个世纪以来，人们选择了错误的逻辑范畴来论说心智。笛卡尔的心智学说不仅是哲学家中流行的一种权威学说，而且在普通人那里也大行其道。

难道我们都把心理语词用错了，要等莱尔来告诉我们怎样才是正确的？按照日常语言学派的一般看法，错的不是我们日常对心理语词的使用，错误发生在对这些语词的某些理论化过程当中。我们平常很了解如何使用愚蠢地、自信地、有意的、无意的，关于心灵、智力，我们都知道很多很多。但能用这些概念论说事情不等于能论说这些概念，就像深谙某地的地形不见得画得出甚至不见得看得懂该地的地图。这里提出的是一个重要的区别，很多哲学家从不同角度谈论过，例如卡西尔在《人论》里谈论过土人极熟悉自己的河流，但他却画不出一个河流航道的示意图。

要纠正关于心智的范畴错误，主要在于看到心理描述不是在对"机器中的幽灵"作出推论，而是在描述人的某些特殊种类的公开行为。莱尔从探讨谨慎的、愚蠢的等心理谓词入手，它们显然不只是用来描述物理状态、肌肉活动等等，同时也在描述心智。我们一般是通过一个人的行为举止知道他具有坚强的意志，而不是靠透视他的某种微妙的心理活动。但心智活动不是脱离了物理活动的另一套活动，一种隐藏在内的活动，"外在的种种智力行为并不是研究心智活动的线索，它们就是心的活动"（莱尔，第55页）。当然，心智活动是外在现象的一种特殊的（通常是更微妙的）组织方式。丑角模仿一个笨拙人的动作，只给你看一张照片，你就无法区分他是真笨拙还是模仿笨拙。意向体现在一个更大的整体中，它并非指称某种单纯内在的东西，而是在描述可见行为的某一段、某一方面、某些联系、某种方式。解释行为的动机等等不是推知行为的隐秘原因，而是把行为放在一定条件下和一定框架中在一定的光照中看待。丑角做出笨拙的动作，我们却夸赞他聪明伶俐，他与笨人的区别不在于他头脑中的过程，或头脑中的表演，而在于他能在各种场合下表演笨拙。我们赞赏的不是有别于身体活动的幽灵式第二套活动，而是他展现在我们眼前的技能，有意模仿笨拙既是心理过程又是躯体过程，但不是两个过程并行。

人心的分析不同于物体的分解，人心中各个部分的关系不同于物理的因果关系，无法用物理化学生理词汇来描述，而要用心理词汇来描述。但这些**心理词汇却不是在描述某些隐秘的过程**。这一思路有助于解答上面提到的身心二元论的两重主要困难：所谓身心关系其实是行为和行为、行为和事件之间的关系，所谓认识他人心智其实是认识他人的行为方式、性向、能力等等。然而有不少事情似乎不能这样解释，例如心算——我们的确看不见心算。莱尔首先说明，在我心中、在我脑海中、绞尽脑汁等等都是比喻的说法。我心里有一个想法不同于抽屉里有一支钢笔。莱尔进一步指出，这些说法都含有否定的意思，例如我心里的图画多多少少是在说：对面墙上没挂着这样一张图画。同样，我脑海里的声音不会萦回在屋子里。我怎么辨别想象的声音和实际的声音呢？就像你平时所做的那样去辨别，捂住耳朵，寻找声源等等。寻找一个人，问这个人在哪里是有意义的，眼冒金星，就无法追问金星在哪里。可以这样说，笔算不是心算的一种外化，心算倒是笔算的一种内化；总的说来，我们不是先在心里有思维，然后说出来，在心里默默说话倒是在出声说话之后逐渐习得的。为了防止不必要的误解，莱尔认为"在心里"这话可以而且应该永远被废除。

《心智概念》中还有很多出色的辨析。其中一个是区分知道怎样做（know how）与知道什么（know what）。这是个古老的区分，但莱尔的系统阐述使之家喻户晓。再一个是关于两种不同的为什么。玻璃为什么碎了？答案既可以是因为玻璃受到撞击也可以是玻璃太脆。莱尔还分析了"意识"这个词的五种用法，分析了认识、相信、希望、惧怕、计划、意志、情感、内省、意向性、能力等诸多概念，其中多有醒目的见解，也颇不乏一位出色作家知人论世的妙语。不过，莱尔似乎过分注重物理与心理的范畴区别，而不是两者的层次之别。因此，有很多重要的疑问仍然悬在那里，例如，认识他人心智和认识自己的心智有没有根本区别？我们在私有语言一节对此作过讨论。医生问你腹部哪处疼，妹妹问你做了什么梦，这些事情只有你自己知道。莱尔回答：这些"不是唯一能表现你智力和性格的东西。"（莱尔，第58页）这个回答太轻松了，它们的确不是唯一的，但它们的确存在，而且能为我们理解心智提供重要的启示，断不该被轻易打发掉。我们固然不能把心智理解为与行为举止相隔离的幽灵，但心智的确具有在行为举止中隐藏自己的能力，甚至，我们也许应该把这种能力的发展作为理解心智的主线。

第三节　奥斯汀论日常语言

奥斯汀（John L. Austin，1911—1960）长于古典文学，通过对希腊典籍的阅读产生了对哲学的兴趣。他虽以日常语言分析见长，但对逻辑学并不陌生，曾翻译了弗雷格的巨著《算术基础》。他生前只发表过七篇论文，去世后，他的友人兼学生厄姆森、瓦诺克把这些论文汇编为《哲学论文集》，后来又扩充了几篇未发表过的文章。瓦诺克整理编辑出版了他的一个专题讲稿《感觉与可感物》

(1962),该书借助概念分析的方法批判感觉原子论,是日常语言哲学的典范之作。厄姆森整理编辑出版另一个专题讲稿《如何以言行事》(1962),我们放在下一节绍述。

奥斯汀是我最爱读的英语论理作家,他的文字极为精湛,用优美、精致之类来形容都不合宜,在他那些最好的篇章里,思想以鲜明纯净的方式结晶,交映而发立体的光辉。奥斯汀对英语语词中各种微妙逻辑差异的感觉,无出其右。读了奥斯汀就觉得,并非只有诗人才需要倾听语言说话的好耳朵,实际上,要用日常语言分析方式来从事语言哲学,甚至无论用什么方式来从事语言哲学,首先要深通母语,要听得见语言里方方面面的精微声响。你听到"发生了一个事实""此人具有很多恶习"这些说法会感觉有点儿不对头吗?唯先听到语言怎样言说,才能去寻找语言为何如此言说的道理。否则,我们从何处开始讨论语言的逻辑呢?逻辑是用来说明这些感觉的,但逻辑不产生这些感觉。

下面我以《为辩解进一言》①为本,用奥斯汀自己的语气来介绍他的一些重要思想。我主要想介绍的是他关于日常语言哲学的一般看法,而不是他关于辩解概念的具体研究。②

这篇文章所讨论的题目是辩解,所要探讨的当然不止"辩解",而是一个概念群,包括辩护、强辩、借口、原谅等等。

辩解经常依赖的理由,也在我们的考察范围之内。好忘事儿、

---

① John L. Austin, "A Plea for Excuse", in *Philosophical Papers*, Oxford University Press, 1961.

② 这一节与本书其他章节都不同,为了保持义义的连贯,我在这里没有明确区分哪些是奥斯汀说的,哪些是我自己的发挥。

笨手笨脚、不讲究方式方法、不通人情世故，这些本来都是批评责怪之辞，可是最常用来请求原谅。因为我们在请求原谅的时候，很少指望别人能让自己全身而退，能把责任减轻一些就蛮不错，笨手笨脚之类恰是把大事化小的说辞。你要真想把自己洗刷得一干二净，往往不仅得不到原谅，反倒让对方火上加油。这些用语的反义词也在我们的考察之列，成心、故意、有组织有计划，这些词加重了错误的分量，要定罪的话，自然罪加一等。

　　道歉、辩解、原谅或不原谅，这些是生活里的重要内容，仅为这些现象本身的缘故就颇值得加以考察。不过，我们的探讨却更多出于理论的兴趣。我们相信哲学探索不限于治疗，同样也为了建设。我们不相信只有在别的领域，争论是为了获取共识，唯在哲学中似乎无须建设，重要的只是互相反驳一番。对于伦理学建设，"辩解"这个课题能做出特殊的贡献，从正面说，它有助于发展一套谨慎的、较合乎当代精神的方式来描述行为，从反面说，它有助于纠正一些以往比较草率的理论。都说伦理学研究善行恶行，可是伦理学却不太过问我们都有哪些具体的行为模式，而是一上来就从概括的"行为"出发。像"行为"这样的词儿，原不是基础层次上的词汇，究竟指什么，通常要看上下文，就像百搭，究竟充当什么牌，要由一手具体的牌来定。你很难泛泛问：行为是什么？行为有什么特点？"物"啊，"属性"啊也都是这一类词。可从前人们不管这些，就匆匆通过一些概括建立起物和属性的形而上学，建立起关于行为善恶的一般理论。世界是由一个一个又一个物体组成的，每个物体具有一种一种又一种的属性。人生是由一个一个又一个的行动接续而成。所谓"物"者，我们首先想到的是桌椅木石，于是万物都要以桌椅木石的简单范式来描述，我们甚至不问一问：火焰是物还是活动？同样，我们也不细究睡觉算不算干一件事。我问你"下午干什么了"，你答"睡了一觉"，我于是乎得出结论：睡觉像挖坑、种树、收核桃一样，也是干事的一种方式。更喜欢坐逻辑滑梯滑到底而不怕语言撞墙的还会说，睡觉是一种行动，做梦是一个动宾结构。

我们现在希望发展出一些比较谨慎的方式来描述人类行为。为此，考察一下人们什么时候请求原谅，以什么方式请求原谅，会是项很有益的工作。我们可以由此了解，哪些行为人们看作自然而然，哪些却被看作是不正常的，需要辩解；哪些辩解人们认为可以接受，哪些却不接受，或在什么场合接受，在什么场合不接受。这还有助于我们看清哪是一件独立的行为抑或是某件行为的一个部分或一个阶段。我们还会看到，即使"最简单的"行为也不是那么简单——反正不只是身体的一些活动。描述行为，难免要用上描述意图的词儿，如"打算""正要"等等。通过形形色色的辩护词，我们还可以看到影响行为的种种重要方面。例如，一种最常见的辩解是声称行动者当时不是自由的，所以严格说起来，不是他做了这件事。反对的人则须表明，不，他当时是自由的，的确是他做了那件事。仔细考察这些说法，我们就能看到，"自由"这个词是争辩性的，并非某一类行为所具有的属性。说我们"自由地"行动只不过是说我们并非不自由地行动。常态下的行为，说不上是自由的行为还是不自由的行为，这和"真实"这个词一样，实际上在争辩意义上使用，而人们不察，把"真实"当成了"导电"那样的属性。我们可以依此共同属性归纳出一类事物，称之为"真实事物""实在世界"。

　　人们把我们的分析称作"语言分析"。我们的确是要检查在这样那样的场合我们会说什么、会怎么说，但这时我们重新审视的却不只是语词，我们同时也重新审视我们用语词来描述的实际情境。我们通过对语词更敏锐的感觉来更敏锐地把握现实。所以，"分析哲学"啊，"日常语言学派"啊，这些名称都容易引起误解，也许把我们的方法称为"语言现象学"比较好，只是这个名称够拗口的。

　　但我们为什么特别着重分析日常语言呢？我们现在使用的语词是前人一代一代传下来的，不知经过了多少锤炼修正，凝结着无数世代承传下来的经验与才智，体现着我们对世界的基本理解。哪里须得加以区别？哪里须得保持联系？快乐和幸福有区别吗？为什么"光芒"的光和"光滑"的光连在一起，又和"用完用光"的光连在一起？适者生存，概念在这里分野而在那里交叉，这种说法成立而那种说法不成立，总有一定的道理。那些见微知著的区别，那些盘根错节的联系，非经一代人一代人的言说，不会凝聚到语词的分合之中。哲学家也能想出一些重要的区别和联系，但这些通常有赖语词中已经体现出来的更基层的分合，要用我们一下午躺在摇椅里想出来的东西取代**万千年千万人经验的结晶**，不亦妄诞乎？

　　常有人批评日常语言不够精确。我说我儿子成绩极差，你问到底多少分，我回答 60 分。也许我说得更精确了，但我为什么一开始不这么说呢？我们首先不是需要精确，而是需要最集中的、最富含意义的表达，60 分可能并不差，而"成绩差"连同我儿子的得分、连同我的判断和忧虑一起说出来。也常有人批评日常语言**含混**、模糊。含混、模糊和混乱接壤，但两者并非一事。没有梳理过的感觉是含混的，但不一定混乱。感觉混乱是另一类感觉：混乱是理应清楚的地方不清楚，已经露出了自相矛盾的苗头。美联储前主席格林斯潘答记者问一向很含混，但并不混乱。

日常语言的用武之地是日常生活。比起科学上使用的语言，日常语言常常不是那么精确严格。锤子、斧头、撬棍可以应付多种多样的工作，但在流水线上拧一个特定尺寸的螺丝，一把特制的螺丝刀会更加合用。我们在日常生活中会碰到意想不到的情况，事先都定义得毫厘不爽的概念经常派不上用场。此外，生活在流动，我们有了新的知识、新的爱好，这些新知识、新爱好又和旧知识、旧爱好藕断丝连。一个语词在不同语境中的意义变迁是自然概念的本质而不是偶然具有的一个缺陷。日常生活可不是个小领域，而且其中荆棘丛生，日常语言在其中辟出宽宽窄窄许多道路，能耐了得。

然而，我们无意主张日常语言十全十美。日常语言有自己的限度，到了另一些领域，我们就必须求助于更为精密的语言，例如数学语言。我们得发明出新的语汇才能自如地谈论显微镜底下发现的新事物。我们的身体经多少万年的进化长成现在这样，其构造的精妙让人赞叹，然而它远不完美，它不能像老鹰一样飞上云端，不能像骆驼一样耐热耐饥。但在这里说"完美"是什么意思呢？我们不愿抓了烙铁立时烫起个大泡疼得嗷嗷直叫，但若我们的手指敏感到能摩挲出红木桌面和橡木桌面的区别，它就不太可能摩挲着烙铁而不烫起泡来。我们在"快乐"这个词里用了个快字，就把快乐和畅行无阻和海阔天空联系起来了，可同时生出了"不快"的歧义。英语和汉语各有千秋，大致能够应付各种情境，但各有难应付的事情。碰上这些不尽如人意之处，有人一下子走得太远，希望全盘克服一切不便，发明出一种理想语言，把思考和说话变成一种全自动过程。其实，唯有不完美的世界才是有意思的世界，我们才有机会因改善因创新而感惊喜，因绕过陷阱、克服障碍而感庆幸。

日常语言确实不是一锤定音的最后之言，原则上我们处处都可以补充它、改善它、胜过它。但请记住：它确是**我们由之出发的最初之言**。

但是在日常生活中，这人这么说，那人那么说，以谁为准？语言事实尚不能确定，自难进一步对语言进行分析。不过这个困难被大大夸张了，我们以为同一种情境下人们会有种种不同的说法，往往由于我们设想的情境大而化之，待我们增添几许细节，把情境设想得十分具体，我们会发现人们在这种特定情境下采用的说法相当一致，而一开始那些不同的说法提示出所设想的情境其实各有细致却重要的差别。有人主张冷热之类只是主观感觉，与此互为表里，似乎凡可以说"屋里冷"的场合，我们也都可以说"我觉得屋里冷"。但若你已经知道暖气烧得好好的，气温计指着 25 摄氏度，除你以外的人都不觉得冷，这时候你大概只会说"我还是觉得（屋里）冷"而不会说"屋里还是冷"。前一个说法让人猜测你也许外感了风寒，后一个说法却让人猜测你内感了偏执狂。什么时候我觉得屋里冷等于屋里冷，什么时候不等于，这对于澄清有关感觉的哲学讨论大有干系，而这种讨论占了哲学论著差不多一半。

一模一样的情境而常见两三种说法，也许是由于说话者邋遢，那我们可以研究一下怎样把话说得更加准确切实。但若出现了认真的分歧呢？这会提示我们，这里出现了两个略有差别的概念体系，我们须得通过对这两个概念体系的进一步了解来澄清分歧。澄清这一类分歧，通常最富启发。物理学家碰上一个转"错"了的电子，如获至宝；我们碰上一个真正说话怪异的人，也不要轻易放过。

我们现在既已准备好通过日常语言分析来进行探讨，那么我们肯定希望找到某个领域，在那里日常用语既丰富又精细。辩解之词正属此类。凡需辩解，必已处于不妙的境地，情急之下，无所不言，所以用来辩解的说法特别丰富。辩解不像谈论天气，说错说对没人在意；辩解能否让人接受，通常事关重大，两种说法，差之毫厘，失之千里，所以辩解的说法不仅丰富而且微妙。何况，"辩解"这个题目还不曾成为哲学研究的乐园。我们选择来加以分析的用语，最好还不曾被人们议论太滥。道路上走过的人太多，就会变得秃秃的，踩上去容易打滑。一提到"美"这个字，就会有几十上百个关于美的定义涌上前来，接下去就是一排排哲学家自己编出来的包含"美"这个字的例句，乃至我们记不清人们实际上是怎样使用"美"这个字的，甚至记不清人们到底用不用这个字。从以上几项特点看，辩解都算得上哲学中进行田野工作的良好选址。哲学家同样需要从事田野工作，而不是来回来去用一些不知所云的概念作想当然的演绎。我们好生想象一个需要辩解的场景，检查各种各样用来辩解的说法，然后一次次把这个场景稍加改变，看看刚才设想的说法是否还适用，又需要提供哪些新的辩解。假如你犯错误赔不是的经验特别丰富，而且想象力也不弱，那你这样考察一番，绝不会无功而返。不过，还有几套方法可以使我们的探讨更为系统。

第一套方法是使用字典。我们检查的结果，发现碰到最多的是副词——哲学一向不予重视的词类。此外，"误解""偶然""意图"这一类抽象名词出现得也不少，另有一些动词词组，如"不得已""并不是要""没注意到""原本打算"也有出现。另一套方法是借助法律案例。这一资源出奇丰富——法庭上所做的本来就是指控和辩解。不过，法庭和我们的关注点不尽相同。法庭要把每一个案子都归到一个特定条款之下，并且最后必须作出非此即彼的判决，结论难免太过黑白分明。你当时那么做的时候，知不知道这种做法的后果？你也许知道大致会有这一类后果，但没想到具体会是这个样子，也许你知道直接的后果，却没想到这后果又引发另外的事件。情况有时那么复杂，不可能只用简单的语词就能描述清楚。按照语言的经济法则，我们不会为每一个事物每一种情形发明出一个单词，绝大多数事情要通过已有语词的结合来进行描述。第三套办法是向科学讨教。心理学、人类学，对动物行为的研究，都会提供帮助。日常话语里凝结了对行为的广泛而切实的观察，尽管如此，近代科学还是在很多关节点上揭示出日常话语的不足。例如"错位行为""强迫症"所指的现象，在生活中并不少见，却没有像这些科学语汇一样适当的日常用语。这也不奇怪：至少，科学家占有大量的资料，进行全面的研究，研究时又不带什么感情色彩；普通人就没有这样的机会，就连律师也通常做不到这样。

通过这些系统的研究，我们就可能把平时的零星看法发展为具有一定普遍性的理解，把平时模模糊糊感觉到的东西转变为清晰的理解。人们现在常说，仅仅清晰是不够的。我们也的确不该满足于聪明过人地指出天下之事莫不幽隐难测。碰上能够获得清朗见识的机会，我们也该试上一把。在"辩解"这个题目之下，我们得出以下几点。

1.修饰语必然带来某种偏离。人们会以为，张三做了一件事儿，要么他是有意做的，要么是无意做的，因此，"某人做了某事"

这句话里，总可以插进一个副词，或它的反义词。其实不然。我们的语言颇为经济，在标准的情况下，用了一个动词就不再需要一个副词，甚至不允许插入一个副词。我坐下了，既不是蓄意坐到椅子上，也不是不由自主地坐下去的。与此相接的一条结论是——

2. 副词的应用范围颇受限制。哲学家和法庭人士最喜欢使用自发地、自觉地、冲动地这一类副词，似乎它们可以加到任何动词头上。其实，它们只能用来修饰很少一些动词，远不可以用于很多动词和很多场合。小伙子抬头看见了什么，怪诱人的，他捡起块砖头扔过去。难道我们可以说他自发地捡起块砖头扔过去吗？我们经常考察我们都能怎样说，但我们通常不大善于考察我们不能怎样说，而后一种考察常比前一种更富启发。

3. 反义词不可"貌相"。很多人想当然地认为自觉的反义词是不自觉。我自觉遵守纪律。但我不能不自觉的遵守纪律吗？这时候，自觉的反义词不是不自觉，而是被迫。反过来，被迫的反义词可以是自觉，但有时候却是自愿、故意等等。"不小心"打碎了玻璃杯的反义词绝不是"小心翼翼地"打碎了玻璃杯。一个副词不一定有一个独一无二的反义词，有时干脆没有反义词。我们说"无意间"，却不说"有意间""故意间"；说"忍不住"，却不说"忍得住"。为什么没有这样的说法，这事颇有蹊跷，值得好生琢磨一番。

4. 我自觉捐款，自觉锻炼身体。我不自觉哆嗦了一下，不觉叹了口气。从字面上看，"自觉"和"不自觉"是反义词，其实它们几乎从不在同等的层次上使用，只有说到重大的或长期的事情时我们才用得上"自觉"，而"不自觉"却总用在一些小事儿上。我们通过这些情况可以了解到我们是怎样把行为分门别类的。

5.副词不仅能帮助我们为行为分类，而且能帮助我们透视一件行为的机制。我们都知道，行为不仅包括落实的阶段，考察、计划等等也都是一件行为的各个部分。其中有一个阶段我们却经常忽视，那就是对情势进行估价。想得不周到，缺乏想象力，多半是在抱歉说对情势的估价出了毛病。为这一阶段的行为道歉的用语还有很多：我当时太高兴了、太着急了等等，皆属此类。打仗的时候，我方装备处于优势，又获得了高质量的情报，却仍可能制订出一个导致灾难的作战计划，这很可能就因为不明人情物理。平常年代这样的情况也不少见。也许我解一个二次方程很在行，最后却得出答案说有两个半同学生病了。我们多读点唐诗宋词，虽然没增加多少知识，也没变得更会推理，然而在审时度势的大感觉上能力颇可能大大提高。

6.词源和构词所含的"深层模式"总在隐隐约约起作用。一个词几乎从不会完全摆脱它的词源和构词。两下没对上，于是出了"错"；赶火车没赶上，于是"误"了车；出了错误，事情弄"糟"了，烂乎乎地收拾不起来了。语义尽管变化，但仍有一些基本的模式深藏在这些语词里；也许应该说，正是这些深藏的模式统治着语义的变化。爱"盘"算的人一轮一轮兜圈子，"负""责"的人像欠着债似的，心里不会完全轻松，同时由于能背负重物，我们就知道他稳重有力。我们从一些简单的模式开始来理解世界，即使面对十分复杂的现象，我们也经常要变换着使用一些简单的模式来抓住要点。但问题在于，有时那个简单的模式已经完全无力促进我们的理解，甚至会扭曲我们面对的现象，我们却仍然习惯于那个模式。说到秋天的果园，"结果"是个十分自然的说法。扩展一层，我们可以把某些由自然条件或人类行为孕育出来的事情叫作"结果"。再进一步，我们可以把公式演算出来的东西也叫作"结果"。但若这时候你问"这结果是怎么孕育在那些公式里面的"，我该怎么回答？最后，根本不消生长的东西也被叫作"结果"，运动是力的结果，现象是本质的结果，整个宇宙就是一大串因和果。我们陷于这个词不能自拔：我们一方面挣扎着赋予这个词某种新的意义，另一方面却不断碰上那个古老模式的这个或那个特征。检查这一类词的历史演变，我们很可能发现我们把它抻得太远了，它现在应用于其上的某些事例和原来的典型事例关系太细弱了，于是引来混乱和迷信。

最后，还有一点值得提醒。我们绝无理由认定语汇由之生长出来的各种模式互相之间丝丝入扣，形成一个完整的体系，从而使我们始终能以协调的方式来描绘世界。其实这些模式叠床架屋甚至互相冲突，更多的时候则各行其是。

第四节　言语行为

我们说话。这个"说"，可以分成发声吐字和说出的内容。当然，通常情况下，这两者是合在一起的，你开口说话，也就说出了你要说的；但两者也有分离的时候，这时我们会说："他说了半天，什么都没说出来"。我们平常有很多方式作出这种区分，例如把没有内容的话叫作"空话""言不及义"等等，专家也有多种区分办法，例如区分 utterance 和 speaking，speaking 和 saying。奥斯汀的区别更为系统，他把前者叫作 verbal behavior（塞尔后来所称的 linguistic behavior 大致与此相当），把后者叫作 speech act，我们暂且译作"吐语行为"和"言语行为"。说梦话，吐了好多话，但不算言语行为。言语行为是有意义的吐语行为的基本单位。你一口气给十个下属分别发出十个指令，每一个指令是一个言语行为。从前，人们一直在考虑究竟语言的基本单位是单词还是单句，现在，奥斯汀说，只要你完成了一个言语行为，不管它是一个词、两个词、一句话、一大段话，那么它就是语言活动的一个基本单位。后来塞尔也沿袭这个想法，把言语行为定义为"语言交流的基本的或最小的单位"[1]。这里的着眼点有了一个转变，不再首先从形式上着眼，而是从内容上着眼，不再把眼光限制在语言活动本身，而是把语言和生活场景合在一起来看待："我们所要致力阐释的唯一的实际现象，归根到底，是整体言语情境中的整体言语行为"[2]。

　　这是一个有益的转变。不过，把词或句视作语言最小单位的时候，什么是一个词，什么是一个句子，这些大致是清楚的。界定什么是一个言语行为却麻烦得多，这部分是由于在这里要考虑的不只是语言本身的形式，而须把"整体语言情境"考虑进来。好在即使未加明确界定，我们也大致了解什么叫"完成一个言语行为"，因为这是个颇为自然的单位，就像换好了一个轮胎或做了一次周末旅行。其实，言语行为之为最小的语言单位，是从另一个角度（行为的角度）来看待语言，"语词是语言的基本单位"则是从形式的角度来看待语言，两者并不矛盾，前者也不能取代后者。[3]

---

　　[1]　John Searle, *Speech Acts*, Cambridge University Press, 1969, p.16.

　　[2]　John L. Austin, *How to Do Things with Words*, Oxford University Press, 1962, p.147.

　　[3]　参见本书第十五章第一节。

奥斯汀提出言语行为，把我们的注意力引向话语在生活场景中所起的作用。他较早就注意到，有些话不是用来记述事情的，而是在施行某些行为，例如我向你道歉，我愿意娶你为妻，我和你赌十块钱。于是他把话语分为**施行式**（performative）和**记述式**（constative）。西方哲学，尤其是逻辑语言学派主要从"陈述事实"来看待语言。维特根斯坦早就通过语言游戏的多样性对此提出质疑。格赖斯在区分表达者意义和语词意义的时候，也大量涉及某些话语意在使听者产生特定的反应、让听者承认说话人的意欲等现象。但维特根斯坦、格赖斯等人都不是从对施行式和记述式的明确与系统区分着眼的，奥斯汀提出施行式话语之后，言语行为才得到广泛研究。

施行式话语无所谓真假，但有恰当与不恰当（happy or unhappy）之分。例如，我在遗嘱里可以把我的房产赠送给法律允许范围内的任何人，但我若写下把故宫赠给我侄女，这就是不恰当的或无效的"做事"。作了以上区分以后，奥斯汀开始寻找施行式话语的形式标志，大致总结为答应、命令、禁止等词语的第一人称、单数、现在时、直陈式和主动语态，例如我请求……，我承诺……，等等都是施行式的典型标志。据奥斯汀统计，英语里具有某种"以言行事力量"的词语大概有千把个。但他后来认识到，我们不能期望找到用来区分记述式话语和施行式话语的纯粹形式标志，例如，人们同样可以用"桌子放在这里不好"来进行请求。

随着进一步追究，奥斯汀又提出，记述式也有适当和不适当之分，施行式也有真假之别。

记述式也有适当和不适当之分，例如，对你不知道的事情，断言是不适当的，猜测却可能是适当的。还有另一些典型的不适当的记述句：约翰的孩子都是秃顶，但他没有孩子；猫在席子上，但我不相信它在那里；所有的客人都是法国人，但其中有些不是。奥斯汀认为，这些句子之不适当恰如相应的施行式之不适当一样，约翰的孩子都是秃顶隐含信息是约翰有孩子而且不止一个，一如我把这块表送给你隐含这块表属于我。

另一方面，施行式也有真假之别。我真心诚意建议你采取一个行动，但我的建议可能并不符合你的利益，这一建议为假，颇类似于记述式话语因不符合事实而为假。而且，记述式话语的真假，有时也只是相对而言，例如法国是个六角形，平常说就不算错，在地理学家看来就算错。

奥斯汀主张记述式也有适当与不适当之分，施行式也有真假之别，背后的基本想法是把以言行事视作语言的总概括。奥斯汀逐渐相信，所有话语，其实都是或明或暗在施行某种行动，记述式和施行式并非真是两类话语，记述式乃是隐蔽的施行式，是广义的言语行为的一个子类。**所有言语都是行为**，这是言语行为这一提法的主旨。不过，这些思考显然是尝试性的，颇多可以进一步商榷之处。我给你提出的建议的确可能是错的，但它不是在未能正确记述事实的意义上错，而是在未能正确应对事实的意义上错。至于法国是个六角形这一类语句，人们很少会用真假对错而多半是从精确与否来评判，精确与否可以与对错关联，但两者是通过言说的特定场合关联的。

奥斯汀后来还把言语行为的内容分成三个方面。其一，以言表意（locutionary acts）；其二，以言行事（illocutionary acts）；其三，以言取效（perlocutionary acts）[①]。记述式话语主要是用语句来表意，施行式话语主要是以言行事的。以言取效则是话语的又一个方面，用来概括话语对听者的感情、意见等产生一定的影响，它不是说话人直接在完成某种行动，而是言语产生了一定的后效，例如说服了某人、刺伤了某人。以言表意与以言取效之间很难划出明确界限——即使最平淡地陈述一个事实也会对听者的感情、意见等产生影响。以言取效和以言行事之间同样难以划出明确界限。奥斯汀曾尝试设立一些标准来区分这二者，例如以言行事是约定俗成的，而以言取效则否，但这些标准引起了广泛的争议。不过，对奥斯汀来说，言语行为的种类本来就无法很明确地加以区分，以言表意、以言行事、以言取效都是同一个言语行为的抽象，它们在实际生活中是混合在一起的，只不过我们有时专注于语句的记述方面，有时专注于语句的行事方面或后效方面。

奥斯汀对各种言语行为做了不少细密的研究，例如他探讨了使得言语能够施事的各种力量，把施事力量分成五个大类，等等。奥斯汀申明他的这些研究混合着哲学兴趣和语言学的兴趣，而且都是尝试性的。奥斯汀之后，塞尔、格赖斯、齐硕姆、万德勒等人对以言行事进行了更为系统的研究和发展，其中以塞尔的影响最大。塞尔是奥斯汀和斯特劳森的学生，20 世纪 50 年代末回美国任教，1969 年出版了《言语行为》，这是奥斯汀之后关于言语行为最系统的著作，也是使美国哲学界开始广泛关注这一支研究并同时开始推

[①] 主要可参见 J. L. Austin, *How to Do Things with Words*, Oxford University Press, 第 99 页及以下。

重塞尔本人的一部著作。1979 年出版的《语词和意义：言语行为理论研究》和 1982 年出版的《意向性》也是这一研究领域的力作。为了深人界定言语行为，塞尔引入了意向性概念：言语行为不仅使用了语言符号，而且表达了说话人的意向。最简单地说，我们必须把人们发出的声音和写下的记号视作一个具有特定意向的人给出的，而不是像瀑布轰鸣或树皮上的纹路那样是些自然现象。塞尔和奥斯汀最不一样的地方，是他重新引入了命题这个概念。张三将离开这间屋子和但愿张三离开这间屋子是不同的言语行为，但两者包含某个共同的内容，由于"找不到更合适的词"，塞尔建议把这个共同内容称为命题。[①] 塞尔"把命题和对一个命题的断定区别开来"，这是弗雷格早就采用了的做法，所以难免把弗雷格所遭遇的困难又勾了回来。塞尔对奥斯汀的言语行为分类也进行了很大改动，他认为奥斯汀的分类几乎没有标准可循，塞尔自己则从行为目的、所表现的心理状态等 12 个方面来区分言语行为。

我以为，语言是从信号交流发展出来的，在这种基本意义上，记述式的确依托于施行式。但用语言来行事不同于用信号来行事，语言的特别结构造成了一种新的可能性，那就是可以单纯地用来记述，与此相应，现实有了一种新的成象方式，从人这一方面说，"纯粹记述事实"的求真本身成为一种独立的活动，真假成为独立的判别标准。我认为，奥斯汀注意到以言行事这一类特殊的语言现象并予以系统研究，是对语言哲学的一大贡献，但他在以言取效题下

[①]　参见塞尔：《什么是言语行为？》，见 A. P. 马蒂尼奇编，《语言哲学》，牟博译，商务印书馆，1998 年，第 234 页。

所做的研究，虽然已经进入很多细节，但整体思想上的方向却不明朗，其哲学意义相当有限。陈述事实和取得说服等效果当然有极密切的关系，但这是一个广泛得多的话题，完全不可与以言行事并列。奥斯汀的继承者仍然没有在基本思想上更加深入，这一领域的研究始终以技术性的推进为主。

日常语言学派参考书

G. E. Moore, *Principia Ethica*, Cambridge University Press, 1993. 这是摩尔最著名的著作，通过语言分析来讨论伦理学，对后来几十年分析哲学传统的伦理学有巨大影响。

P. A. Schilppl (ed.), *The Philosophy of G.E.Moore*, Open Court, 1968. 包括当时名家讨论摩尔哲学的论文，也有摩尔本人的回应等。

莱尔：《系统地引人误解的表达式》，涂纪亮编译，《语言哲学名著选辑：英美部分》，生活·读书·新知三联书店，1988 年。

吉尔伯特·赖尔（莱尔）：《心的概念》（《心智概念》），刘建荣译，上海译文出版社，1988 年。莱尔的文笔十分流畅易读，论证亦甚明白，但有时经不起进一步的推敲。

J. L. Austin, *Philosophical Papers*, Oxford University Press, 1961. 奥斯汀的哲学写作独具风采，读他的原文实是一种享受，也正由于他的文笔如此精彩，他的翻译者大概总会受到更多的批评。

J. L. Austin, *How to Do Things with Words*, Oxford University Press, 1962.

据我所知，国内只有一个人系统研究过奥斯汀的语言哲学，可参见杨玉成的博士论文《奥斯汀的语言现象学及其对传统哲学问题的探究》。

John R. Searle，*Speech Acts*，Cambridge University Press，1969. 塞尔的《言语行为》是关于言语行为最系统的研究。

V. C. Chappell (ed.)，*Ordinary Language*，Dover Publications Inc，1964. 这本选辑编入了几篇日常语言学派最重要的论文。

第十一章　蒯因

第一节　概况

　　蒯因（W. V. Quine, 1908—2000）1908 年出生于美国俄亥俄州，父亲是实业家，母亲是教师。大学在奥伯林学院学习数学。1930 年慕怀特海之名到哈佛大学研修哲学研究生课程，两年后获得博士学位，创哈佛在最短时间内获得博士学位的纪录。此后游学欧洲，在维也纳结识了维也纳小组差不多所有主要成员，此后到了布拉格，结识了卡尔纳普并深受其影响。1934 年结束游学之后在哈佛大学研究哲学，纳粹兴起后，卡尔纳普逃避到美国，有一段时间在哈佛任教，蒯因仍自认为是卡尔纳普的学生。同时，蒯因广泛吸收了分析哲学的各种成果，纽拉特对蒯因的整体主义思想影响很大，他十分欣赏纽拉特在海上一边航行一边修船的比喻，多次引用，还把那段话题在其重要著作《语词和事物》的扉页上。蒯因论及维特根斯坦的段落相对较少，他的不少论述初看上去与维特根斯坦相近，但细审之下，应能看出两人的根本精神追求和深层理念有明显的差异。蒯因主要继承的是弗雷格-罗素的传统，可以视作逻辑语言学派中人，期望用标准记法来对自然语言进行语义整编（semantic regimentation），用整齐划一的语言来讨论哲学。蒯因思想的另一个主要来源是美国本土的实用主义，尤以杜威思想对他的影响为大。1934 年以后，除了战争期间在海军情报部门工作，蒯因一直在哈佛任教，直至 1979 年退休。退休后他依然笔耕不辍。他出版过数十部哲学专著，发表了无数的论文。1953 年编定的论文集《从逻辑的观点看》已经勾画出其体系的粗略轮廓，这一体系在 1960 年出版的《语词与对象》中进一步展开。1969 年出版的论文集《本体论相对性及其他论文》包括《自然化的认识论》等重要论文，要求把认识论与心理学、生理学及其他自然科学直接联系起来，用自然科学的方法来研究科学认识的合理性。1987 年出版的《一些离奇的想法——一部不连贯的哲学词典》（*Quiddities: An Intermittently Philosophical Dictionary*）是蒯因最为人广泛阅读的论文集。1990 年出版的《真之追求》可以视作其哲学的总结。1995 年，蒯因已近 90 岁，还出版了《从刺激到科学》。蒯因是 20 世纪下半叶最著名的分析哲学家，世界上多所大学曾授予他荣誉学位、教授职称和其他尊称。他酷爱旅行，一生曾到过 118 个国家。蒯因于 2000 年去世。

蒯因早期的主要兴趣在数理逻辑方面，1950 年之前所发表的差不多全是逻辑学论著。此后他开始讨论更为广泛的哲学问题，并继续从事逻辑研究。在哲学研究中注重逻辑是蒯因的一个特色，但和此前的逻辑经验主义者不同，蒯因十分注重语言发生等经验事实，对逻辑的局限性有充分的认识。更显著的不同在于蒯因不否认本体论和形而上学，但要求在现代逻辑的基础上重新表述相关问题，恢复形而上学的活力。在一定程度上，分析哲学通过蒯因从逻辑实证主义转向了逻辑实用主义。1951 年，蒯因发表了著名论文

《经验主义的两个教条》，该论文列出并加以批判的这两个教条一是分析命题和综合命题之间的截然区分，二是还原主义，即每一个有意义的陈述都等值于指称直接经验的词项的逻辑构造。甚至有人认为蒯因对两个教条的批判也许导致了分析哲学的终结。[①]

蒯因一直十分关注各门主要科学的发展，他具备良好的科学素养，并且强调科学进展对哲学探索的重要作用。也有论者从负面意义上把蒯因视作科学主义者。他对科学哲学提出的核心问题是："只给定我们的感觉证据，我们是如何达到我们关于世界的理论的?"[②]蒯因认为休谟已经证明不可能从无可置疑的感觉经验演绎出科学理论的真理。卡尔纳普尝试实施罗素的方案，以感觉资料为基础通过推理重构世界，这个想法颇有吸引力，但失败了，其失败不在于哪些技术细节出了错，而是整个方案不能成立。蒯因提出要用"自然化的认识论"来取代罗素-卡尔纳普方案，这一认识论的特点是整体主义，说得更具体些，是证实的整体主义。证实的整体主义是由迪昂（Pierre Duhem，旧译杜恒）首先提出的，所以也称之为"迪昂-蒯因"理论，不过，蒯因在这方面比迪昂走得更远。

知识体系是一个整体，最外层是那些和经验直接接触的部分，最核心的部分是离开直接经验最远的部分。我们的知识体系或称信念之网，从偶然陈述到数学和逻辑，是一个整体，各个学科相互毗邻，形成一个连续体，历史学、工程学等等和经验观察比较接近，量子力学和相对论离开观察已经非常之远，本体论可能离得更远，

---

① Robert L.Arrington, Hans-Johann Glock (eds.), *Wittgenstein and Quine*, Routledge, 1996, p.7.

② 蒯因：《指称之根》，见涂纪亮、陈波主编，《蒯因著作集》，第4卷，中国人民大学出版社，2007年，第513页。

最后是数学和逻辑。这个整体具有内部等级，各个学科关心的广泛程度不同，但它们之间不是种类的区别。哲学是这个连续体的一部分，只不过处在抽象的、理论的一端，例如，哲学关心的不是物理因果，不是生物因果，而是一般性的因果关系。整个体系的各个部分都是经过构造的，和经验相接触的边缘地带既然和核心连成一个整体，它就同样具有构造性，而不是纯粹感觉、纯粹经验这样不可错的东西。卡尔纳普所说的那种判定性实验如果得出否定结果，一定是否定了理论吗？也许那块东西并不是磁石，也许出现了幻觉，等等。只要系统调整得足够剧烈，任何陈述都可以认为是真的。反过来说，没有什么是不可修正的，包括逻辑在内，"逻辑在原则上并不比量子力学或相对论更不容许修改"[①]。当代科学家修改排中律来简化量子力学，这和开普勒取代托勒密没有什么不同。这样，蒯因既反对彻底的经验主义还原论，又反对纯分析的先验知识。

在讨论上述问题时，蒯因通常采用**语义上行**的策略[②]，从而，在蒯因那里，科学哲学和语言哲学密切结合在一起。经验和理论的关系问题大致被视为观察句和理论语句的关系问题，对科学理论的掌握则被视为如何习得理论语言的问题。

蒯因同样也从整体主义立场来理解哲学。他常用"自然主义"来标识自己的立场：哲学不在自然科学之前、之上、之外，无论就其意图还是就其方法，哲学和科学在本质上都没有什么不同——哲学和科学一样是对实在的探索，同样通过观察和假说展开工作，可以自由地利用科学发现。纽拉特那个在海上边航行边修船的比喻

---

① 蒯因：《逻辑哲学》，邓生庆译，生活·读书·新知三联书店，1991年，第187页。
② 参见本书第二章第六节。

对哲学和科学同样适用，"哲学家和科学家是在同一条船上"[1]。若说哲学和自然科学有什么区别，那么它是"以自身为目标的自然科学"[2]。既然哲学和科学形成一个连续体，那么，传统的经验命题／分析命题的区分，卡尔纳普内部问题／外部问题的区分就只是程度不同而已。不过总的说来，蒯因更强调经验主义，强调观察句的优先性；观察陈述固然是可以取消的，但实际上科学中只是偶然会取消一个观察陈述，而正是对观察陈述的偏好使科学成为经验的。

我们知道，现代科学已经高度专业化了，那么哲学也应该走这条路吗？与大多数哲学家相比，蒯因更为鲜明地支持哲学的专业化。以认真的态度来从事无论哲学的普及还是科学的普及他都表示赞赏，但哲学普及和专业哲学是两回事。另一方面，蒯因像维特根斯坦一样，注重哲学的治疗功能，他认为哲学家的一个任务是把默认含混的东西变得明显和清晰，从而可以揭示和解决悖论，消除无意义的或不再有意义的各种谬说。实际上，蒯因的大多数哲学文著（区别于逻辑学专门文著）是相当"普及"的，他铸造了不少朗朗上口的短语，如可能事物的贫民窟、语词意义的博物馆神话、本体论承诺等等。

第二节　对两个教条的批判

蒯因于 1951 年发表了产生重大影响的论文《经验主义的两个

---

① 蒯因：《语词与对象》，见涂纪亮、陈波主编，《蒯因著作集》，第 4 卷，中国人民大学出版社，2007 年，第 201 页。

② W. V. Quine, *Theories and Things*, Harvard University Press, 1981, p.85.

教条》[①]。如题目所示，这篇论文批判了经验主义的两个基本信条：一个是分析命题和综合命题之间的截然两分；一个是还原主义。也是在这篇论文中，蒯因第一次系统表述了自己的整体主义，虽然后来又补充了许多细节，但大致纲领已相当清楚。

蒯因的整体主义主张逻辑和科学形成一个连续体，所谓分析命题和经验命题只是观察成分多一些还是数理成分多一些而已。这种整体主义的基本思路必定不能接受分析命题/综合命题的截然两分。

蒯因把传统所称的分析命题分成两种。第一种逻辑地为真：没有一个不结婚的男子是结婚的。逻辑为真不牵扯语义，无论对结婚、男子等作何种语义解释，该命题仍然为真。蒯因对这种分析性没什么意见，他要质疑的是第二种：所有单身汉都是没有结婚的男子。这个命题分析地为真，是因为单身汉和没有结婚的男子同义。但蒯因立刻指出，我们并没有同义的标准，实际上，我们只因为把所有单身汉都是没有结婚的男子理解为分析命题，才能确定单身汉和没有结婚的男子是同义的。也就是说，"分析"和"同义"只能循环定义。在这里引进定义概念也无济于事。除去我们专门通过定义设立的符号，两个语词是不是在字典学意义上能够互相定义，则是字典学家依赖语言的实际使用、依赖他们对语词的经验认识确定的。因此，定义依赖于同义而不能解释同义。此外，我们也不能依赖替换后真值不变这个标准来解释同义。有心脏的动物和有肾脏

---

① 蒯因：《经验主义的两个教条》，见《从逻辑的观点看》，陈启伟译，中国人民大学出版社，2007年。这篇文章矛头所向是卡尔纳普，但后来的卡尔纳普研究者普遍认为"语义学时期"之后的卡尔纳普并不持有蒯因所批判的那些观点，他的实际观点与蒯因在此文中所持的观点相当接近，例见 Michael Friedman 为 *The Cambridge Companion to Carnap* 一书所写的导论。

的动物外延相同，从外延逻辑的角度来说总是可以替换的，但它们显然并不同义。也许有人会争辩说，单身汉和未婚男子之能互换，不同于有心脏的动物和有肾脏的动物之能互换，前者的可替换不是依赖偶然的外延一致，而是依赖语义的，因此是必然的。蒯因反对在这里引入必然概念，因为必然真理是以分析性为前提的。这些辩驳并不是要否定分析／综合的区分，蒯因明确表示，分析／综合两分有着"先天的合理性"，他只是想证明，两者之间并没有一条明确的分界线。

在逻辑经验主义的证实理论那里，分析和综合的区分依赖于这样的设想：每一个命题都能够得到充分分析，还原为纯粹的逻辑上的同语反复或直接经验句子或曰记录句子。因此，第一个教条和第二个教条（即还原论）紧密结合在一起：一切经验命题归根到底都要接受感觉验证。蒯因以卡尔纳普的《世界的逻辑构造》一书为这一设想的典范。蒯因对后一个教条没有单独进行详细的分析批判，因为，如果我们不能严格区分哪些是分析命题哪些是经验命题，如果所谓经验命题也都含有蒯因所说的"语言成分"，那么就不会有任何命题可以无余数地还原为感觉经验。

蒯因的批评本来针对的是逻辑实证主义，但格赖斯和斯特劳森于1956年发表论文《捍卫一个教条》，从日常语言学派的角度对蒯因提出反驳。（1）意义从使用来，"'分析'和'综合'在哲学中有一种或多或少已经确立的用法"[①]，而蒯因却否定这种区别。蒯因要求人们提供关于"分析"的严格定义，而且是共同点式的、非家族相

---

① Grice, Strawson, "In Defense of a Dogma", in *Studies in the Way of Words*, Grice (ed.), Harvard University Press, 1989, p.198.

似的定义，又要求在这个定义中不能包含必然性、同义性等同族语词，这样的要求并没有道理。(2)具有相同意义不是哲学用语而是日常说法，显然是有意义的，例如可用以区别有心脏／有肾脏和单身汉／未婚男人这两组表达式，后者"意义相同"而前者则否。蒯因对同义性的质疑却取消了这个区别。上面提到，蒯因不否认有通过定义获得的同义，斯特劳森和格赖斯对此质疑说：这就好像承认人类成心制造的两半东西可以互相吻合却否认有任何天然的东西可以互相吻合。自然语言通过进化也许消除了严格的同义词，但仍然保留着两个词这一方面或那一方面的同义。总之，我们若非这样获得了同义观念，也就无法判断自然语言中有没有严格同义词了。一般说来，"同义"是个局部概念，不是全有或全无。反对同义性的最终结果使得翻译成为不可能。(3)语句意义本身也必须被否定。他们在最后的结论中说，也许是有一些命题无法用分析／综合来界定，但这当然不表明分析／综合是个错误的或无意义的区别。

　　我认为格赖斯和斯特劳森的基本论点是成立的，而且这一点非常明显。一般说来，在哲学基本概念讨论中对循环论证的批评都是比较表面的，勇敢、正义、爱等"超级概念"都是"不清楚的"，而批评者所使用的那些概念，若用这样"严格"的标准来衡量，同样也不清楚。语词，特别是超级概念语词，无须明确定义。不能把基本概念当作逻辑符号那样来要求定义或说明。蒯因不是考察"分析性"的用法，而是先为分析性、意思相同等设定了人为标准，再来宣布它们没有满足他的标准。一个概念有意义，并不在于能够提供一个规范的定义，而在于它能够被理解、被使用、被解释。蒯因那篇文章不长，对分析性的字面讨论占了其中很大篇幅，依我个人的看法，其要点其实只消几句话就说完了。不过，这些字面讨论其实并不是重点，重点在于他所要提出的整体主义思路。总的说来，我认为这篇论文的建设性论证远不如后来的《语词与对象》等书。

第三节 语言学习与观察句

对于传统的意义概念，蒯因一向持很深的怀疑态度。他认为，人们从前感到需要有意义这样东西，大概是由于人们没把意义和指称区分开来，但自从弗雷格区分了意义和指称，现代哲学和语言学早已批驳了意义即指称的理论，意义作为一种东西就消失了，意义充其量是用来讨论同义性等等的一种工具。"至于意义本身，这种隐晦的中介物，则完全可以被抛弃。"[①] 蒯因把指称论和观念论合在一起加以批评，两种理论虽然一个把外物当作意义，一个把观念当作意义，但基本思路都是现成对应，这些"非批判的语义学"主张的是意义等于展品的"博物馆神话"：一边是语词／标签，一边是意义／展品。当然，蒯因并不否认语词和话语可以是有意义的，从而也有有意义和无意义之分，他要否认的是"有意义"就像"有钢笔"那样有一个实体性的东西，毋宁说，一个词或一句话有意义是个终极不可归约的事实。"有意义"这话在英语中有两种表达方式：一是 is meaningful；二是 has meaning。前一种比后一种较少隐含"具有某个实体"。但无论如何，meaning 这个词已经被人太经常赋予一种实体性，蒯因表示他因此更喜欢使用 is significant 这个表达法。

---

① 蒯因：《论何物存在》，见《从逻辑的观点看》，陈启伟译，中国人民大学出版社，2007年，第19页。

就具体内容来说，蒯因对指称论和观念论的批评多半沿用前人，没有很多新意，所以，虽然蒯因批判传统意义理论的段落甚多，这里不再详述。

蒯因通过对幼儿学习语言的描述建构了他自己的"意义"概念。在《语词与对象》以及此后的《指称之根》等多种论著中，蒯因对语言学习、原始翻译等等作出了大量思辨性质的描述。我用了"思辨性质的描述"这个奇怪的说法，是想传达蒯因论述的奇特之处，他的论述是些思想实验，但写下来很像社会学家的实地观察。本来，蒯因就不打算把哲学和科学截然区分，而且这些论述中也的确包含大量的实证资料，我们不妨把它们视作半实证半思辨的考察。

总的说来，蒯因采取**行为主义式的路线**[①]。蒯因的《语词与对象》序言开篇就说："语言是一种社会技艺。在开始学习语言的时候，我们不得不完全依赖于主体间可资利用的关于说什么和何时说的提示线索。因此，除非意义说的是人们公开应对公共社会中可观察的刺激所具有的种种倾向，否则就没有任何道理为语言表达配置意义（no justification for collating linguistic meanings）。"蒯因的这一立场被称作"自然主义-行为主义论题"，简称"NB 论题"："除了能依据从可观察情境中的外部行为探明的东西以外，语言意义中再没有其他任何东西"。[②]蒯因清楚，刺激-反应依赖于多种周边情况，例如人类的历史经验和创造性、个体以往的信息储存、组织等等，但他仍然认为为了简化讨论可以采用刺激-反应的模式来探讨

---

① 前面的第三章第四节简要介绍了这一理论及其会遇到的一些困难。蒯因意识到了这一理论的某些困难，并提出了一些修正。

② 蒯因：《真之追求》，王路译，生活·读书·新知三联书店，1999 年，第 33 页。

语言。

据蒯因所说，幼儿是通过实指方式开始学习语言的，所需的刺激就在眼前，神秘因素趋近于无。"实指学习是最基本的，而实指学习要求可观察性。"[①] 在这一阶段，行为主义心理学最有用武之地。幼儿说出一个一个单词，例如妈妈、水等等，但它们不宜视作成人话语中的单词，而更宜视作单词句。孩子通过"类比综合"的方式逐渐学会从句子中把单词分离出来，例如从我的脚受伤了和我的手受伤了了解到脚和手是两个可以分离的且在句子中具有同样地位的单词，从而逐渐把语句看作是词的集合。"词由于其在句子中的作用而具有意义。我们学习作为整体的短句，我们通过词在这些整句中的用法学习构成这些整句的单词，我们由这样学会的单词来构造其他句子。"[②] 学习指称是一个个体化（individuation）的过程，而不是给一个已经现成摆在那里的个体贴标签。

孩子学会了用某个成分替代某个句子里原有的成分，于是开始说出他没有听到过的句子。这个过程很快就变得复杂起来，例如，孩子说出的句子有时是关于过去的，有时是关于将来的，它们和当下环境没有明显的联系，有时，当下环境和这些话语的联系只不过是另一个人说的一些语词而已。然而，这不是退回到心智内部来考察语言的理由。蒯因坚持用外部因素来考察语言学习。孩子学习红这个字，要求家长和孩子同时看得见红色，还要求家长看得见孩子能看见红色。这样学会的句子被称作观察语句。观察句不一

---

①　蒯因：《指称之根》，涂纪亮、陈波主编，《蒯因著作集》，第 4 卷，中国人民大学出版社，2007 年，第 543 页。

②　蒯因：《真之追求》，王路译，生活·读书·新知三联书店，1999 年，第 32 页。

定都是直接通过实指学会的，实际上很多观察句我们都是间接学会
的，然而，观察句仍然可以识别，因为它们都能够直接学会。

观察句子有三个主要特征：一是，听到这样的句子，一个人
无须进一步调查研究就可以直接而明确地表示是或否。二是，大
家所表示的是和否是相同的。后一点主要是用来表明观察句子和
谈论感情之类的语句有别。观察句子最大限度地脱离说话人的偏
好、以往信息储存的情况、当时的行为、观察角度等等。三是，这
些句子必须是场合句（occasion sentences），也就是说，不是持恒句
（standing sentences），因为持恒句是无论如何说话人都会同意的。
场合句和持恒句是蒯因特设的区分，前者如下雨了，那是一只兔子，
此一时为真，彼一时为假；后者如张飞是男人，人是要死的。

立足于观察句优于立足于观察。谈到观察，你可能是从感觉的
角度来谈论，而感觉是私有的，最后成了各说各话，所以，我们最
好不谈论观察，而是谈论观察句子。观察句具有三种职能：(1)观
察句是孩子学习语言的起点，是从前语言学习到语言学习的过渡；
(2)观察句是翻译的起点；(3)观察句是理论语句的支撑点，因此也
是科学的经验基础。"观察句子是科学语言或非科学语言与……实
在世界的联系。"① 因此，蒯因一向格外强调观察句。而上述第三点
是蒯因相关思想的重点，因为蒯因的整体论主要是想说明理论句子
的意义怎样从观察句子中来的。

蒯因的观察句子看起来和逻辑实证主义的记录句子差不多。两
者的确有基本的共同点，但也有几点明显的不同。(1)观察句子不限
于感觉经验，完全可以包含对物理客体的断定；(2)观察句子恰恰不

① 蒯因：《真之追求》，王路译，生活·读书·新知三联书店，1999年，第4—5页。

是由个人直接经验来定义，而是用语言共同体的共同承认来定义的；（3）观察句只就当下场合中的见证者的意见一致而言，并不表示这些句子是永远不可能错的；（4）罗素倾向于从不可错的感觉资料出发正向构建世界，蒯因则着眼于我们在理解理论句子发生冲突时从理论句子回溯到观察句子以便确定争点和解决争论，这是一个反向的过程。我认为我们实际上的确是这样反向求助于原始经验的。

蒯因指出，逻辑实证主义太过草率地谈论一个孤立语句的意义。我们学习语言的时候，一方面把一个语句和观察联系在一起，另一方面把它和别的句子联系在一起。就大多数句子来说，我们不可能独立地为其中一个一个单独提供观察证据。维也纳小组的记录句子是记录观察的句子，蒯因的观察句子不是记录观察的句子——一旦定义为记录观察的句子，究竟是记录所观察到的东西还是在记录观察者本人的感知等等就会成为纠缠不休的问题。蒯因的策略仍然是语义上行：这里我们并不是在谈论感知，也不是在谈论周边环境，而是在谈论语言，谈论那些"那些被说成是报告观察的语句"，例如这是红的，这是只兔子，下雨了。典型的观察句不是谈论感知的，而是谈论外部事物的。即使感知是私人的，即使人们在观察一事物时所取的角度和态度不同，观察语句仍然是众多见证者能够取得一致的枢纽。可以说，观察是由观察句定义的而不是反之，而观察句则是由语言共同体对其真值的一致意见定义的。只要"语言共同体见证了一个特定场合的几乎所有成员都对它们的真值有相同的回答，这样的语句就是观察语句"[1]。这里有个问题：我们

---

[1] 蒯因：《指称之根》，涂纪亮、陈波主编，《蒯因著作集》，第 4 卷，中国人民大学出版社，2007 年，第 545 页。

必须确定哪些人是这个语言共同体中人,蒯因认为这不难解决,单靠观察他们说这种语言的流利程度就能判定。科学家和大街上的人对哪些是观察句可能意见不一,但这也不是问题,因为可以把他们视作两个不同的语言共同体。不过蒯因主张最好不谈论科学语言中的观察句而直接谈论自然语言中的观察句,因为我们可以从专家的观察句追溯到常识性的观察句。

对于理论句子来说,存在"一个句子怎么作为另一个句子的证据"的问题。观察句子则不再要求进一步证据,或者说,每个观察句独立具有意义,因为它若依赖于解说,就又把理论牵涉进来了,又会引起争论。然而另一方面,整体论思想的一个特点就在于不认为有绝对的观察句子,在观察层面已经具有"理论性"。例如,据蒯因的主张,观察句的一个特点在于它们是直接可翻译的,然而,即使翻译最简单的"观察句"也都会立刻碰到概念系统不同的问题。The sun is setting 可以译作夕阳西下、太阳落山了等等,然而,中译文没有表明原句使用的是现在进行时,而且多出了山这个字,等等。所以,观察句独立具有意义,不是主张观察句是不可修正的恒真句,而是说其证据已经是主体间一致同意的、主体间可观察的。所以,对于观察句子来说,问题不在于证实,而主要在于观察句子如何获得它们的意义,或我们怎么学会语词的指称。

第四节　不确定性论题

我们是怎么学会指称的?把指称设想成为一个苹果贴上一个苹果标签,指称好像是最简单之事。然而,蒯因让我们考虑一下最原始的翻译情境，事情就变得十分复杂了。

一个语言学家来到一个土著部落，一只兔子跑过，土著说"gavagai"。不要立刻以为 gavagai 跟兔子相应，gavagai 这话很可能是别的意思，例如动物、白的，当然，这位语言学家可以试探着把它译作兔子，但这只是一个猜测。检验是否猜对的办法之一是他下一次见到兔子时说 gavagai，看土著是否表示赞同。然而，确定土著什么时候是表示赞同，什么时候表示反对或表示什么别的意思并不是一件容易的事。首先，土著不一定有两个明确的说法分别表示同意／不同意；其次，即使有两个词，还要分辨哪个对应同意，哪个对应不同意；而且，土著不一定愿意回答你的问题，他还可能说谎、说错等等。蒯因对此中的很多细节作了探讨，告诉我们怎样来做此确定。但即使这一切都已经确定，语言学家的工作仍没有结束，甚至可以说刚刚开始。因为即使 gavagai 和我们所说的兔子有关，仍可能不等于兔子。它可能意谓某一时间段里的兔子，兔子的不可分离的部分，兔性，等等。此外，当然，gavagai 不一定是个单词，在这个场景中，它毋宁是个句子。

这里遇到的不是学习过程中的某种暂时障碍，而是原则上不可能澄清的东西。蒯因早先把这种情况称作指称的不可测性（inscrutability of reference），后来改称为指称之无法断定（indeterminablity of reference），我们一般译作**指称的不确定性**。

蒯因的意思当然并不是我们永远学不会一个语词，也不是要引向怀疑论；实际上，不确定性论题是蒯因"意义理论"的建设性的核心环节。学习一个语词，不是在学习者心智内部产生一个观念，但也不是在外部公认了一个与观念相应的指称物——这样理解指称，只是把内部的观念转移到了外部而已。学会兔子这个词，既不要求我们在观念里出现一只兔子，也不意味着外部世界有一个独独和兔子对应的物体，而是简简单单意味着：在多种多样的情境中，我们将能够用包含兔子的语句来说话。不要被误导去追索传统所称的观念，或现实中与语词对应的被指称物，要紧的只是包含兔子的这些话语在这些多种多样的情境中起到交流的作用。我们并不是用这个词指称兔子或我们各自所理解的兔子，而是在用这个词说话。我们用这个词所说的话是可以为大家同意的，例如最简单的：这是只兔子那么即使你我看到的是兔子的不同侧面，对兔子有不同的观感，这些都不妨碍兔子这个词成为我们之间的有效交流手段。这话我可能理解错了而表示赞同，例如我把兔子理解成了小动物，下一次我指着一只猫说这是只兔子，那么我将从别人的否定那里知道这种场合说"这是只兔子"是错的。

　　指称的不确定性论题不是说：我们应该确定与语词对应的被指称物，只可惜我们做不到。而是说：我们从一开始就不应该从与语词对应的被指称物入手来思考语言起作用的方式。

　　与此相应，在蒯因的语言学习图景中，赞同势必成为一个核心概念。对于孩子来说，成人对他试着说出的话加以肯定是极其重要的，对于田野语言学家来说，土著的肯定是极其重要的。如果不会询问对方并可能得到对方的肯定，我们几乎永远不可能确定一个语词的正确用法。在学会询问之前，学习者就像在黑暗中摸索，一旦学会询问，学习的过程就大大推进了。这与下面这一点有关——原始翻译者是带着分析假设进行翻译的，除非有相反的证据，他总是假定土著的思维方式与自己相似。他在翻译过程中"加给土著的东西，差不多和他从土著那里发现的东西一样多"[①]。

在原始翻译情境中，我们的语言学家只能从 gavagai 这类句子及围绕着它的非语词性的刺激开始。各种相关刺激集拢在一起成为一个句子的**刺激意义**。蒯因对自己的刺激意义这个发明相当得意，因为它可以把用以解释一种语言中的很多语句的理论抛到一边，"把每一个单个句子的某种纯经验性的输入隔离开来"[②]。由于这里对句子的理解不是相对于其他句子的，所以，这些个别的句子就提供了进入系统解释该语言诸语句的理论的入口。蒯因的刺激意义和罗素所说的感觉资料都是要寻求经验的起点，但两者有重要区别：感觉资料很容易走向私有感知，而刺激则是公共可观察的。

与指称不确定性密切相关的是翻译不确定性论题。gavagai 的故事本来就是一个翻译的例子，蒯因称之为"原始翻译"（radical translation），现在所说的则是一般的翻译。翻译的不确定性论题说的是："可以有多种多样的方法设计把一种语言翻译为另一种语言的翻译手册，它们可以都和土著言谈倾向整体相容，但互相之间则不相容。"所以，翻译不确定性有时也被称作"不相容的翻译手册"。按照蒯因的看法，没有一个更基础的事实来决定应该把 gavagai 译作兔子还是兔子各部分组织的整体。这两本手册虽不相容，但可能都是有用的，甚至都是正确的，不能互相证伪。

用翻译来讲解不确定性原则近于现实而不那么抽象。而且，蒯因特别说明，翻译的不确定性是一个比指称不确定性更强的提法，

---

① 蒯因：《真之追求》，王路译，生活·读书·新知三联书店，1999 年，第 42 页。

② 蒯因：《语词与对象》，见涂纪亮、陈波主编，《蒯因著作集》，第 4 卷，中国人民大学出版社，2007 年，第 229 页。

因为它表示不仅在单词的层次上，而且在整句的层次上，始终都可能存在不可调和的分歧。指称不确定性主要是在单词层次上说的，可以设想：在单词层次上有些不可调和的分歧，但这些分歧在整句层次上互相抵消了。句子层面上的分歧则只能通过其他一些句子在翻译中的分歧加以补偿。就像指称不确定论题不是在主张我们永远学不会一个语词，翻译不确定论题也不是要否认翻译的可能性。像指称不确定性一样，翻译手册的不相容性也指向整体主义以及与此相连的各个系统的相对独立性。蒯因曾经用维特根斯坦的一句名言"理解一个句子意味着理解一种语言"来提示不确定原则背后的整体主义。蒯因后来在《真之追求》中解释说，翻译的不确定性不是因为句子的意义游移不定或深奥难测，而是因为句子的意义无非就是力求理解句子的磕磕绊绊的过程所能提供的东西。

　　蒯因的"指称不确定论题"与通常智巧对观念论和指称论的批判不同，这一论题并非以批判为目的，而是一直探入语言的本性，实质上已展示了"现实在语词水平上成象"这一根本洞见。不过，我对他的"行为主义承诺"存有疑异。虽然不少语言哲学家持意义行为论立场，或部分地接受这一理论，但只有蒯因系统地从刺激-反应模式来探讨语词意义。他在发展这一理论时考虑到了这一立场的某些困难，提出了一些精致的修正，例如，孩子学习语言不只是在接收一个刺激时学会一个特定的发音，他们还必须把握住"对象的相关性"等等。的确，蒯因的理论比初期的行为主义理论要高妙得多，但我仍然不认为他使得行为主义的整体方案变得能够让人接受了。其实，对象的相关性（relevance of the object）、适当的刺激（appropriate stimuli）、正当的场合（right occasions）这类用语已经强烈提示蒯因的刺激反应理论依赖于很多非行为主义的概念前提。即使像刺激等一些更普通的用语也存在问题。什么样的刺激是"相同刺激"？如果我们用蒯因逼问同义性之类的方式去逼问，蒯因是否能给我们一个满意的答复？

过浓的行为主义表述方式给蒯因对语言学习的"思辨性描述"蒙上了迷雾。蒯因修正原教旨行为主义理论，把人类的整体历史经验也收入眼帘，但他在具体描述语言学习过程的时候通常忽视了这一点，力图"把每一个单个句子的某种纯经验性的输入（import）隔离开来"，只谈刺激-反应、强化等等。蒯因关于学习过程的思辨中的很大一部分也许还不如由心理学研究来代替，然而，心理学似乎并不支持他。乔姆斯基后来对蒯因模式提出异议：孩子在学习语言的时候，绝没有足够的"输入"供他进行归纳、概括，仅仅刺激是不够的，必须有某种形式的"先天的"东西。[①]乔姆斯基甚至把这一点总结为语言学习中的"证据贫乏原理"（the principle of poverty of evidence）。我们还可以提到，不行，好，不要都是幼儿最初学会的句子，而它们不是观察句；母亲及其他教导者也很少在儿童学习语言的过程中给予强化。总之，蒯因的刺激-反应-强化模式只是想象出来的。平克在《语言本能》一书中提供了很多证据支持乔姆斯基，反驳蒯因，他总结道，对于学习语言的孩子来说，"颇为幸运的是，兔子的不可分割的各部分、兔子踩过的地……并不会成为 gavagai

---

① 乔姆斯基在很多方面对蒯因提出批评，然而，乔姆斯基一度的重要合作者卡茨认为在基本哲学立场上两人是很相近的，两人之间的争执只是"自家人小打小闹而已"。参见 Katz, *The Metaphysics of Meaning*, The MIT Press, 1990, 第 321 页（序言注 2）、第 323 页（第一章注 19）。我认为卡茨的这个评论是带有偏见的。

的可能的意义"①。

第五节　本体论承诺和本体论相对性

蒯因的整体主义思想,有时意谓常识、科学、哲学是统统连成一个整体的,有时则意谓每个语言系统自成一个整体,系统之间不尽能够通融。不确定性论题具体而微地体现了第二层意思,而本体论相对性则把这第二层意思明白说出。

分析哲学家多数不谈本体论,并以此自豪。但他们的分析和主张却无可避免地建立在这样或那样的本体论前提上,例如弗雷格的概念实在论,多数逻辑实证主义者的原子感觉论。闭口不谈这些前提,往往只是错过了反省其理论基础的机会。

蒯因则不忌惮谈论本体论问题。他在《论何物存在》中把本体论问题归结为一个简单的问题:What is there,即有什么抑或什么存在?接着他提到柏拉图的"非存在之谜":非存在(例如飞马)必定在某种意义上存在,否则那个不存在的东西是什么呢?他把这个非存在之谜称为"柏拉图的胡须",因为它常常把奥康姆的剃刀弄钝。

如果说飞马有一种存在,那是心理上的存在,那就没有什么好争的了,因为委实没有什么比现实存在和心理的存在更不一样的了。如果说飞马是一种可能的存在呢?这种可能世界蒯因称之为"可能事物的贫民窟"。门口有一个可能的胖子,还有一个可能的

---

①　Steven Pinker, *The Language Instinct*, William Morrow & Company, 1994, p.154.

秃子,他们是同一个人吗?门口一共有多少可能的人?简短地挖苦之后,蒯因决定不理这种理论。谈到柏拉图的理想实体或迈农的潜存(subsist),蒯因赞同弗雷格-罗素对问题的一般估价和解决办法。一般估价是:在讨论存在问题时,日常语言显得格外模糊、混乱,因此必须借助逻辑语言的帮助。解决办法就是描述语分析,蒯因认为罗素已经依此解决了柏拉图的非存在之谜。要说蒯因对描述语理论有什么修正,那就是主张可以进一步把描述语理论应用到专名分析上。这一手续很简单,只要把专名改写成特称描述语就行了,例如把 Pegasus(飞马)改写成传说中描写飞马的一个描述语,或者干脆改写成 the thing that pegasizes,用中文表达这个转变,大概是把麒麟改写成彼麒麟之物者。"凡我们借助名称所说的,都能够用一种完全避开名称的语言来说。"[①] 使用一个名字并不表示它所指称之物存在,存在不过是说,某个自变元的值不是空集合,用传统语法来说,存在 = 处在一个代词的指称范围之内,不过,若这么说,我们最好把名词也视作代词。蒯因的基本路线是把涉及存在的语句当作一种量化命题:实体的域就是自变元的值域,"存在就是成其为一个变元的值(To be is to be the value of a variable)"(蒯因,第26页),或"被设为一个存在物,简单干脆就是被当作一个变元的值"(蒯因,第23页)。

　　蒯因把"存在就是成其为一个变元的值"称为"语义学公式"。他主张采用语义上行的办法,在语言层次上讨论存在问题。蒯因注

---

① 蒯因:《论何物存在》,见《从逻辑的观点看》,陈启伟译,中国人民大学出版社,2007年,第22页。本节以下出自该文的引文只标出页码。

意到，我们谈论袋熊或麒麟是否存在的时候，我们的确是在谈论事物，但我们争论的若是点、数、英里、属性、事实、类是否存在时，我们就似乎不只是在谈论事物，同时也是在谈论语词，甚至更多的是在谈论语词。像他的其他主张一样，蒯因声称语义上行观念的源头也是在卡尔纳普那里。只不过卡尔纳普强调的是哲学问题其实都是语言问题，而蒯因发现这话应当扩展到一般理论问题才对，用蒯因自己的话说："语义上行无处不在。"[①]

通过语义上行，蒯因就把本体论的传统讨论转化为本体论承诺（ontological commitment）的问题。前者的问题是：什么东西存在？后者的问题是：一个理论对哪些东西的存在隐含了承诺，一个理论要求或允许哪些东西存在？这是一种翻译，而不是要把什么东西存在变成一个语言问题。有什么东西存在并不是由语言决定的，我看见或没看见那不勒斯不是一件语言学上的事情，然而，要说"我看见了那不勒斯"，就要有那不勒斯这个名字：何物存在不依赖于人们对语言的使用，但是人们说何物存在，则依赖他们对语言的使用。通过语义上行，我们可以前后一致地描述本体论之间的分歧，找出可以进行辩论的共同基础，从而避免传统讨论方式所产生的大量混乱和悖论。因为不同的概念结构在更高的概念层次上是充分会合的。

使用一种特定的语言或采纳一个特定的理论就承诺了一种特定的本体论。例如，我们的自然语言承认桌子、狗和高尚行为的存

---

① 蒯因：《语词与对象》，见涂纪亮、陈波主编，《蒯因著作集》，第 4 卷，中国人民大学出版社，2007 年，第 463 页。

在，物理语言不必承认这些，它所需承认的是电子、磁场等等的存在。无论哪种话语，日常语言、科学语言、哲学语言，我们都可以而且应该对之进行逻辑分析，区分出量词、约束变项、谓词和逻辑常项，形成严格的说话方式。通过逻辑分析，我们可以确定一种话语的本体论承诺，即什么种类的对象被认为组成了"存在的东西"。日常语言说"有些狗是白的"，这里应当应用弗雷格分析，至少有一条狗是白的，但却不涉及狗和白的共相。而在动物学上说到不同种类间的异体受精，则把种类作为实体。虽然蒯因本人早期也特别强调存在量词的作用，但他的一般见解是：全称量词和特称量词或存在量词的本体论地位是相同的。采纳这一见解可以避免弗雷格由于只承认个体名称为自变元而必须决定什么是个体的困境。

　　赋予一个变元不同的值域，就是作出了不同的本体论承诺。这一方式回答的不是存在着什么，而是（我们）认为存在什么。因此，本体论承诺讨论的是一种语言暗中承诺的本体论是哪一种，以及在何种程度上一种语言或一种理论符合它本身所承诺的本体论，但这种讨论本身不决定应当采用何种本体论。那么，我们怎样在不同的本体论之间作出选择呢？蒯因像多数实用主义者一样，不认为存在一种绝对正确的本体论，而主张抱持实验精神和宽容精神，让每个人通过自己的尝试去决定，只要一种语言形式有助于他清理和安排自己的经验，有助于他预测未来，就是一种对他合适的语言（以及随之而来的本体论）。不过蒯因也提到，对既有的语言、理论及其暗含的本体论作出描述和分析，可以帮助我们决定选择哪一种语言。当我们面对两个都与经验相合但互不相合的系统，为了以更丰富的视角来看待自然，我们甚至不妨在两者之间摇摆，只不过，我们毕竟会有一个借以工作的框架，对我们正在从事的工作来说，这个框架就是真的，而且也是我们的工作所参照的唯一系统。

这就是所谓**本体论的相对性**（ontological relativity）。接受哪一种本体论和接受一个物理学系统是相似的。某些陈述方式特别适合表述某类对象，一个系统可能在讨论一类事情时是便利的，而在讨论另一类事情时却不如另一个系统便利。从认识论上看，物理对象之存在和荷马诸神之存在只有程度上的不同而没有种类上的不同，采用某种与现行语言极端不同的语言，我们就可能承认麒麟存在，或不承认长安街上有高楼。

卡尔纳普在《经验论、语义学和本体论》（1950）一文中对本体论承诺提出强烈批评。这一批评的要点在于区分两种存在问题：一种是**内部问题**，这里的问题是确定某类对象在一个语言框架内部是否存在。例如是否有过紫鹃这个人、是否存在大于 100 万的素数。另一种是**外部问题**，这里的问题是确定一个语言框架本身是否存在，或具有实在性。这等于问其中所包含的对象整体是否存在，例如世界上真有事物存在吗、物质是否实在、数是否实在等等。在接受了一个特定的语言框架之后，存在问题作为内部问题是有意义的，可以用经验的方法解决，历史学家可以考证是否有过紫鹃这个人，数学家可以为是否存在大于 100 万的素数提供解答。外部问题却既不是普通人也不是科学家提出来的，它们是形而上学问题，是哲学家的胡言，争论了几千年，注定没有答案。因为一事物是否存在只能在一特定概念框架中决定，所以存在这个概念无法应用于概念框架本身。

以上这种看法，其实皮尔士早作过清楚的阐发，而且到这里为止，卡尔纳普和蒯因的相似之处多于争执。但卡尔纳普是要通过上述议论引到这样一个结论：接受一个世界不过是接受一套语言形式，并没有作出什么本体论承诺。接受一个语言系统的确意味着接受了这个系统对这个世界内部对象是否存在的判定方式，但这并不意味着相信这个世界本身具有实在性。"这个世界存在"这话在任何语言里都是不可接受的。卡尔纳普的主张可以看作逻辑经验主义一贯立场的延伸，继续坚持反对形而上学，同时也继续坚持意义的可证实论。逻辑经验主义一贯主张意义在于可证实，而证实只能是在一个给定框架里做到。

卡尔纳普提出的争点是极其有限的。所以蒯因表示，卡尔纳普所说的，他大部分都同意。他所要坚持的是，本体论不是胡言，因为这一讨论不能回避两种语言的可翻译性问题，换一种说法则是，对一种语言来说是真的东西对另一种语言也可以为真。两种语言的可比较性与可翻译性不能通过拿一种语言和实在比较获得结果，因为本来没有完全脱离了语言系统的实在，所以系统间关系不是外部问题。蒯因并不完全否认卡尔纳普所作的区分，但他倾向于用范畴问题和子范畴问题来取代卡尔纳普的分法。有没有大于100万的素数，这是子范畴问题；数是否存在则是个范畴问题，这个问题不是数学内部的问题，而是就某种更宽的语言来说的，是在询问这种语言是否以某种方式把某些变元单独用来指称数。范畴问题—子范畴问题和外部问题—内部问题有两点基本不同：第一，范畴问题与子范畴问题的界限不是绝对的，所有科学，包括本体论，组成一个大系统；第二，范畴问题和子范畴问题都是内部问题，也就是说，都应当用科学的方式来解答。

　　不同的语言系统具有相同的本体论地位，在这一点上，卡尔纳普与蒯因没有争议，但却是我不能同意的地方。桌子对自然语言存在，质数对数学存在，类对生物学存在，宙斯对神话存在，这是一种太过轻飘的说法。我们有时说，张三李四是实实在在的人，中国只是个抽象概念，有时又说，中国和联合国不一样，中国是个实体。这绝不意味着我有时是用联合国语言说话，有时是用非联合国语言说话。这里不是存在域的问题，而是纠缠共生在自然理解中的存在方式问题。

　　蒯因的主要兴趣是在科学哲学方面。他在阐发各种系统的相对性时，提到过物理学、日常语言、神话等很多领域，但广泛阅读蒯因的读者一定知道，对蒯因来说，真正成问题的主要是物理学世界和日常世界的分异。蒯因继承卡尔纳普，特别提出的是现象主义和物理主义的两大本体论，一个在认识论上是基本的，一个在物理学上是基本的，而每一方都是对方的神话。然而，卡尔纳普的物理语言和现象主义语言也许是两个并列的体系，但自然语言和物理学语言绝对不是：我们可以完全不懂物理学却懂得自然语言，但没有人可以不学习自然语言就直接学会物理学语言。就此而言，科学语言和自然语言的区别不同于英语和汉语的区别。本体论相对性掩盖了这个重要的差异。

　　与其在蒯因意义上谈论本体论相对性，不如直接谈论物理学世界和日常世界的分异，这的确是个严重的问题，几百年来困惑着很多智者。鹰派科学主义者如爱丁顿认物理世界为真，日常世界为假象或副现象。鹰派人文精神主义者坚守日常世界之真，认物理学为一"建构"，像神话一样。蒯因不愿落入任何一个极端，而且他与卡尔纳普不同，他不认为两者可以充分互相还原，但他秉持"宽容精神和实验精神"，提倡两者互相还原的尝试，看看能走多远，将是一件有益的事情。我无意反对"宽容精神"，但我仍要说，选择巫术和物理学，绝不像选择两种度量单位那样只是个简便实用的问题，这只要想一想那些"选择了"巫术的人和那些"选择了"科学的人就十分清楚。何况，简便实用，此外还有蒯因所提倡的宽容精神和实验精神，都是相当晚近的诉求，信仰巫术的人们不一定凡事都以简便实用为原则。就此而言，实用主义还是建立了一种跨体系或超体系的标准，那就是简便实用。实际上，以蒯因的或类似的方式来谈论相对性，我们自己会不可避免地站到各种体系之外。然而，我们从来不是悬在空中来选择并排排在地面上的各种体系，我们一开始就生在一个体系之中，我们从一个特定的体系出发来理解和"翻译"其他体系。我们的确可以在某种意义上"跳出"自己身在其中的体系，理解甚至选择异质的体系，这里，需要探讨的是我们如何"跳出"，而不是从无牵无挂的境界进入哪个体系。

蒯因参考书

　　蒯因出版过数十部哲学专著，无数的论文。读者可先阅读已经译成中文的几种。

　　涂纪亮、陈波主编：《蒯因著作集》，第4卷，中国人民大学出版社，2007年。这一卷包括《从逻辑的观点看》(*From a Logical Point of View*)、《语词与对象》(*Word and Object*)、《指称之根》(*The Roots of Reference*)三部重要文著。《从逻辑的观点看》收入

《论什么存在》《经验主义的两个教条》《逻辑与共相的实在化》等多篇重要论文。从头开始了解蒯因语言哲学的读者最好先读《语词与对象》，这本著作富有思想，用语精到，是思想和文字相互增辉的典范哲学著作。《指称之根》是蒯因根据他1970年所做的保罗·卡尔斯(Paul Carus)讲座讲稿修订而成的，比较通俗。该书重复了《语词与对象》的一些重要论题，经过十几年的阐述，这部著作的表述更为成熟，可视作蒯因有关思想的更可靠的表述。

蒯因:《真之追求》，王路译，生活·读书·新知三联书店，1999年。这是蒯因对自己一生主要观点的最成熟的表述。写得极为简约，内容极丰富，但成书不过小小一册。但正由于简约，由于经常用一两句话提示自己或他人的一整套理论，所以初学者不易通晓。

国内研究蒯因的专著应首选陈波的《奎因哲学研究》(生活·读书·新知三联书店，1998年)。在这本书的"参考文献"中可以找到蒯因的主要著述，以及研究蒯因哲学的主要著述。在这些二手著作中，读者可以首先参考路易斯·汉和施立普编辑的 *The Philosophy of W. V. Quine*(Open Court，1986)，该书收入了25位哲学家的论文，对蒯因的几乎所有重要论题或作出进一步的阐释，或提出批评，每一篇论文后都附有蒯因的回应。

第十二章　乔姆斯基

第一节　概况

现代语言学有多种流派，例如由雅各布森代表的功能学派，由布龙菲尔德代表的美国结构主义学派。但就大框架说，它们都属于索绪尔奠定的结构主义语言学。这种局面直到乔姆斯基才发生改变。

乔姆斯基（Noam Chomsky, 1928—　　）1928 年出生于美国费城，他最初研究的是现代逻辑学和数学原理，并创建生成语法系统，后来他用这套系统来描述自然语言。1957 年发表《句法结构》，提出一种新的句法理论，这一理论建立了生成语法的概念，要求把短语结构规则和转换规则加以区别，后者是前者的系统转换方式，所以，这一理论通常被称作**转换-生成语法**。这部著作篇幅不大，专业性也不很强，但引发了语言学的革命，成为语言学领域的当然权威。在乔姆斯基思想成形时期，哈里斯对他影响最大。哈里斯是布龙菲尔德的学生，《句法结构》虽然是一个新方向的起点，但还是显出了布龙菲尔德学派的影响，具有较强的经验主义色彩，不像乔姆斯基后来的著作那样几乎完全取理性主义的方向。1965 年出版了《句法理论的若干方面》，这本书里提出的两组概念今已无人不晓，一是语言能力／语言表现：语言能力是人先天具有的独立能力，它通过学习某种或某些特定语言展现出来。二是深层结构／表层结构：深层结构通过转换规则生成表层结构。这本书中提出的模式后来被称作标准理论。标准理论在 20 世纪 70 年代进一步扩展，形成了所谓扩展的标准理论（Extended Standard Theory，EST），对规则的类型加以调整。到 80 年代初，扩展的标准理论又发展成一个新模式，在 1986 年出版的《语言的知识》中得到系统阐发，在这一模式中，原理和参数的概念在很大程度上取代了过去的规则概念。这一模式通称管（辖）约（束）模式（Government/Binding Model，GB），但这个称呼似乎不适当地突出了管辖／约束这组概念，后来也有人称之为原理／参数理论。90 年代上半期，乔姆斯基又对自己的理论提出一次新的修正，通称为最少量原理纲领，其基本思想是把整个语法机制视作很少几项原理的相互作用。乔姆斯基每一次理论上的发展转变，都会引起一些昔时支持者的反对，当然，同时也会赢得一些新的支持者，结果是造成"乔姆斯基学派"内部的剧烈争论。

乔姆斯基语法的革命性，我们可以从**描述性语法**和**规范性语法**这一区分说起。中世纪及稍后的拉丁语语法在很大程度上是规范性语法，目的在于教授人们怎样说或写"良好的拉丁文"。这种类型的英语语法学家会认为，It's I 是正确的说法，虽然英语族人实际上并不这么说，而是说 It's me。布龙菲尔德学派则认为，既然大家不这么说，就不能认为 It's I 才是正确的说法。这一学派相当严格地自限于描述性语法的工作，反对语法学家应当为本族人说话建立规范的主张。在乔姆斯基之前，描述性语法的主张是占统治地位的主张。然而，描述性语法和规范性语法的区分对乔姆斯基来说却变得不重要甚至不可能了。一个简单的考虑是：自然语言的语句是一个无限集，语言学家不可能收集到全部的语言素材。何况，很多语句只说过一次，不可能通过描述式验证来表明它是不是一个正确的句子，我们必须从结构上予以判定。最后我们还应该考虑到，本语族人也经常说出不正确的句子，包括口误、语言玩笑等，若要坚持布龙菲尔德的方法，这些错误也将被当作正当的语言素材。基于以上考虑，乔姆斯基提出，一方面，语言学不可能完全依赖对语言素材的描述，我们需要摒弃某些素材，把素材在某种意义上理想化；另一方面，语言学又要求把更多的内容收入眼帘，例如它也依赖假设、语言学家自己的直觉、本语族人的直觉等。语言学和物理学不同，本语族人不仅说话，他们还对自己的语言、行为进行反思，对说的话是对或错作出判断，这些也是做实地考察的语言学家需要了解的。但是本地人关于哪些句子"可以接受"的直觉只是次要的证据，远不是最终的裁判。在这一点上，语言学家倒是和其他科学家相似，他自己先提出假说，然后通过本语族人所说的话以及他们对某些语句正当与否的判断加以验证。

总的说来，语言学的主要工作不应当是搜集语言素材然后加以归纳，而是要解释语言的创造性。洪堡、索绪尔等大语言学家从前很注重语言的创造性，但布龙菲尔德学派很少谈起这一点，现在，乔姆斯基又一次突出了语言的创造性特点。据乔姆斯基考察，小孩子就能够理解和构造无数的新句子，并据此提出，掌握一门语言，主要是指掌握了该语言的语法及基础单词，而不是掌握该语言的所有语句。结构主义把语言看作第一性的，乔姆斯基则把语法看作第一性的。乔姆斯基前后采用多种含义接近的用语来标识这种对照，在《句法结构》里他提出语言和语言素材（the corpus）的对照，前者是由语法生成的句子，后者是本语族人平常所说的话。在《句法理论的若干方面》中这组对照用语言能力和语言表现（competence and performance）来表示。有时他区分内化语言和外化语言（internalized language 或 I-language and externalized language 或 E-language）。乔姆斯基认为，严格说来，应当把他所说的语法称作语言，在较晚的论述中，他把语言能力和语法等量齐观。

　　乔姆斯基十分注重语言研究的科学性，但强烈地反对人文／社会研究效颦自然科学，他认为，对细枝末节的实证，让人眼花缭乱的术语和统计数字，经常只是用来掩盖对根本问题的无知和无能。

　　乔姆斯基对语言学作出了划时代的贡献，被称作"语言学中的牛顿"（比克顿语）。乔姆斯基理论虽然没有一统江湖，但确是此后语言学界最有影响的理论。乔姆斯基的学术影响远远超出语言学的专门领域，在社会研究、艺术研究等领域都有人尝试以转换-生成语法为样本进行转写工作。乔姆斯基理论原本就包含重要的哲学思辨，反过来对当代语言哲学也有很大影响。乔姆斯基从少年时代起就关心政治，在政治上持左翼观点，发表过大量抨击美国政治特别是美国外交政策的言论，反对越战，反对轰炸科索沃，反对在"9·11"事件后对伊拉克施行军事打击，让美国政府颇为头痛。在美国不像在法国，不常见专业学者具有这样的社会影响力，因此他也更加抢眼。

　　乔姆斯基理论的主要内容是语言科学而不是哲学。本书关注的当然是乔姆斯基理论中富有哲学意趣的内容，例如语义学问题和普遍语法，不过，为了理解乔姆斯基的哲学思想和乔姆斯基理论的哲学含义，我们也必须对其语言学理论中的一些基本概念作一点介绍。

第二节 转换-生成语法

《句法结构》开篇把语法定义为"产生所分析的语言的句子的某种装置"。这里，"装置"（device）这个词是在相当严格的意义上使用的。**语法是一套明确的规则**，就像算术规则或代数式一样，把一个值代入公式就生成①一个数值。错误句子来源于错误应用了规则和误算。说话人通常所说的是正确的语句，并且能对语句的正误作出恰当的判断，这表明说话人头脑里装备有一套语法。这里，是否合乎语法才是中心问题，一个句子即使能听懂也仍可能被本语族人评判为不正确的句子。不过，普通说话人的语法知识是默会知识，语法学家的工作是把这种默会知识以明确的形式表达出来，转变为命题知识。等我们明确掌握了（例如）汉语的语法规则，就可以造出一个机器，它产生一切类型的汉语句子并只产生汉语句子（即所有句子都合乎汉语语法）。虽然语法学家依赖自己以及本语族人的直觉描绘出这一装置，但这一装置不再依赖直觉，而是一套规则体系，输入某些材料就会得到某些正确的结果。当然，这只是就语法系统的目标而言，实际上还没有哪种语法系统能达到乔姆斯基的标准。

---

① 生成，generative，就是从数学中借来的用语。

人们可能会质疑说，是否合乎语法并不总是明确的，例如，The house will have been being built，有些英语语族的人会说这个句子合乎语法，有些会说不，但这毕竟是边缘情况，而且，更主要的也许正在于形式化标准将有助于我们判定这类边缘情况是否合乎语法，例如，按照《句法结构》的语法，上述句子就是合乎语法的。我们可以这样理解这一点：我们从明确可接受和不可接受的句子总结出来一套规则，然后用这套规则来判定边缘情况，就像法官裁定某些边缘案例一样。

转换-生成语法就是按照上述对语法的一般理解建设的。转换-生成语法可以分成三个部分：短语结构规则，转换规则，语素[①]音位规则，本书只介绍前两个部分。

先说短语结构规则。我们以 The man hit the ball 这个英语句子为例来解说一些最常见的短语结构规则。

1. S → NP + VP：一个句子是由名词短语部分和动词短语部分构成的，例如 The man hit the ball 是由 the man 和 hit the ball 构成的。

2. NP → Art + N：名词短语部分包括冠词和名词，例如 the man 是由 the 和 man 构成的。

3. VP → Verb + NP：动词短语部分包括动词和名词短语，例如 hit the ball 是由 hit 和 the ball 构成的。

4. Art → (the，a，…)：冠词词汇有 the、a 等等，我们选择 the。

---

① 我们通常把终端语符列看作一些语词，但语言学家则看作一串语素。语素是语法分析的最小单位，singer 包含两个语素：sing 和 er，其中 er 是语素但不是单词。

5. N→(man，ball，…)：名词词汇有 man、ball 等等，我们选择 man。

6. Verb→(hit，took，…)：动词词汇有 hit、took 等等，我们选择 hit。

7. 重复使用规则 2，NP→Art＋N：名词短语包括冠词和名词，例如 the ball 是由 the 和 ball 构成的。

8. 重复使用规则 4，Art→(the，a，…)：冠词词汇有 the、a 等等，我们还选择 the。

9. 重复使用规则 5，N→(man，ball，…)：名词词汇有 man、ball 等等，这次我们选择 ball。

完成这些步骤以后，我们就得到了 The man hit the ball 这个英文句子。①

对于乔姆斯基来说，语法远不只是用来分析语句的工具，语法的功能是产生语句。只要我们遵循正确的短语规则，就能够生成正确的英语句子，例如我们依照上面的规则生成的句子——The man hit the ball——就是一个正确的英语句子。我们按照同样的步骤选择不同的词汇还会生成 A man took the ball，The ball hit the boy，The woman saw the house，等等。不消说，生成复杂的句子牵涉更多更复杂的规则。

短语结构规则可以视作一组改写规则。我们从起始语符列 S 开始，只要在规则表里列有可以改写它的规则，我们就必须进行改

---

① 上述这些步骤也可以用树形图来表示，那样会更加直观，可参见格林的《乔姆斯基》第 41 页的树形图。

写,例如有 S → NP + VP 这样一条规则,我们碰到 S,就要把 S 改写为 NP + VP,换言之,我们将用这条规则右边的语符列来替换左边的语符列(生成),直到不能继续改写为止,这时我们就得到了终端语符列。改写方式有一些约束,例如右边的语符列必须长于或等于左边的语符列,并且不能改变位置。

短语结构语法和传统语法在内容上差异并不大,可以视作传统的直接成分分析的一种形式化,只不过短语结构语法具有明确的形式性,能自动生成语句。短语结构语法不是乔姆斯基所创,在他看来,这种语法太过复杂,有时十分笨拙,经常只能就单个问题解决单个问题,解释性不强。为了克服这些缺陷,乔姆斯基提出转换-生成语法,其中的转换部分才是真正全新的东西。

先举一个最简单的转换的例子。在英语里,Jane was unfortunate 可以说成 Unfortunate was Jane 而意思不变,依此可有以下转换规则:NP + was + adi 可以转换为 adj + was + NP。转换规则中包括一组复合转换规则,其中最简单的是由 and 和 but 连接而形成的句子。嵌入式的从句也都要求复合转换规则,例如可以通过这类规则把 The girl who is unloved bit John 转换为 The unloved girl bit John。

在应用短语规则的时候,要生成比较复杂的句子,每一次选择什么词差不多总依赖于已经出现的词:选了单数名词就不能再选动词复数形式,选了男人的专名就要选 he、him、his 当代词,选了真诚当主语就不能再选敬佩来当谓语。这些虽然可以通过上下文限制做到,但所需要的规则太多了,而转换规则却可以使句子的最后形式取决于整句的短语结构,这样就能简明地体现词与词之间的依赖关系了。例如，从主动态到被动态的所有改写都可以使用如下转换规则：

$$NP_1 + aux + V + NP_2 \rightarrow NP_2 + aux + be + en + V + by + NP_1$$

The dog is chasing the cat → The cat is being chased by the dog

这就是说，转换规则将同时引入 be + en 和 by + NP_1，无须分别应用短语规则。而且，这条转换规则是在 NP 水平上使用的，既适用于 the dog，也适用于 the small dog，它并不涉及所涉名词短语的内部结构，从而把这一内部结构留给一般规则去处理，无须针对每一种情况增添新的规则。

也许更重要的一点在于，转换规则更能够体现我们对语句的直觉，因为句子之间的转换体现出某些句子是相互关联的，例如主动句和被动句之间的"同义"关系在短语结构语法中无法得到体现，而在转换-生成语法中却得到体现。

在一组相互关联的句子中有一个是核心句，如果不求准确而用我们平常的概念来说，核心句是一组句子中那个主动式肯定态的简单陈述句。引入核心句概念有助于澄清某些歧义现象，The shooting of the soldiers was awful 这个句子是有歧义的，可能是士兵去射杀这件事很可怕。也可能是士兵被射杀这件事很可怕，现在，我们可以把这个句子看作来自两个不同的核心句，一是 The soldiers shoot，另一是 Someone shoots the soldiers。

乔姆斯基为语法体系优越性提出的标准之一是用较少的规则解释较多的语言现象，特别是貌似不规则的现象。这其实也是一般科学的目标。转换-生成语法的优点是简单。不过，很难给"简单"下个确切定义。转换语法的确可以使规则减少,但规则本身却相当复杂。乔姆斯基后来很少谈到简单性,而是强调它更符合本语族人的直觉,例如体现出了一个特定主动句和被动句之间的相关联系,因此更具解释力。当然,这一优点并不意味着我们应该用直觉来解释生成转换规则,相反,语法是用形式规则来解释直觉,说明人们为什么这样理解语句。人们经常直接从具有生产性来理解generative(生成),但应注意,这个概念首先强调的是新语法的明确的形式性,而且正因为这种形式性才具有自动生成语句的能力。如果把这种形式的生成能力理解为心理的生成过程,那就更为错误了。

第三节　深层结构和表层结构

深层结构和表层结构(surface structure and deep structure)这组概念是在《句法理论的若干方面》一书中明确提出来的。我们从字面上就能了解这组概念的大概意思。

张三打了李四。

李四被张三打了。

前者为主动句,后者为被动句,但这两个句子极为接近,甚至可说是同一个句子。反过来,有的句子表层结构相似,但分析下来却有非常不同的结构。例如:

John is eager to please.

John is easy to please.

这两个句子可说是表层结构相同而深层结构不同。值得注意的是，这里的差别不只是语义上的差别，也是一种语法差别。前一句可以转换成短语 John's eagerness to please，而后一句却不允许转换成 John's easiness to please。

在提出深层结构和表层结构的同时，整个转换-生成语法的框架也有所变动。最初理论中所说的短语结构规则在《句法理论的若干方面》改称为基础规则，基础规则分作两部分：一部分是短语结构改写规则；另一部分是词库和词汇插入规则。整个转换-生成过程可以大致分成三个步骤：

1. 通过短语结构改写规则得到表达式 R_c，R_c 由非终端语类符号组成，是深层结构。

2. 通过词汇插入规则得到表达式 R_1，R_1 由终端语类符号组成，但仍是深层结构。

3. 通过转换规则得到表达式 R_t，R_t 当然还是由终端语类符号组成，但它是表层结构。

仍以上一节用到的 The man hit the ball 那个句子来例解：

第一步是从 S 生成 Art + N + V + Art + N；

第二步是为这些非终端语类符号选择词汇（终端语类符号），特定的选择将产生 The man hit the ball；

第三步是转换，The man hit the ball 这个核心句可以转换成 The ball was hit by the man 等。

　　一个值得注意之点是：在转换之前的两个步骤都是深层结构，也就是说，深层结构包括词汇表达式在内。记取这一点可以避免下述三种主要误解：(1)认为不同语言具有相同的深层结构；(2)认为深层语法是天赋的；(3)认为深层结构就是普遍语法。不同语言的词汇不同，因此不同语言不可能有相同的深层结构。词汇是需要学习的，因此深层语法不是天赋的。从前两点也可推知，深层结构和普遍语法不是同一个概念。

　　乔姆斯基采用**深层结构**这个用语受到维特根斯坦"深层语法"的影响，不过两者不尽相同。维特根斯坦的"哲学语法"只在颇为限定的意义上是"深层"的，这个"深层"，不是通过探究幕后机制获得的，而是通过综观现象获得的——通过综观，事物因为在联系中显现而展现出一种新的丰富性，这些丰富性本来没被看到，现在展现出来，就好像是从深层展现出来的。所以维特根斯坦说："一切都公开摆在那里……我们对隐藏起来的东西不感兴趣。"①

　　深层结构 / 表层结构这个新框架的优点在于，深层结构包含了解释句子意义所必需的一切信息，保持了句法学和语义学的形式区别。这一点由卡茨-波斯特假设最明确地表达出来：转换不改变语义。因此，表层结构和语义解释没有关系，只有深层结构和语义解释有关。

　　然而从乔姆斯基语言理论内部来看，如果采用深层结构理论，

---

　　①　维特根斯坦:《哲学研究》，§126。

就不再那么容易区分核心句和相关非核心句，例如张三和李四相爱是核心句呢抑或张三爱李四而且李四爱张三是核心句？而且，深层结构理论本身也有一些疑难，其中最富哲学兴趣的问题是：语义和句法到底有没有明确的界限？一个具体问题是：选词限制规则是句法限制还是语义方面的限制？乔姆斯基在《句法理论的若干方面》一书中对此采取了保留态度。

句法和语义还有更麻烦的纠缠。我们只说一点：依照深层语法理论，一个有歧义的同形句应当有不同的深层结构，意思相同的句子就要有相同的深层结构。

先说有歧义的同形句应当有不同的深层结构，例如老男人和女人既可意谓（老男人）+（女人），也可意谓（老男人）+（老女人），不是只有张三爱他的老婆既可意谓很多丈夫都爱各自的老婆，也可意谓另有男人爱张三的老婆。这些差别将以不同的深层结构标明。然而，有些歧义要在深层结构中消除就相当困难，例如 John began the book 既可意谓约翰开始读那本书，又可意谓约翰开始写那本书，这该用哪些不同的深层结构来标明呢？

另一方面，意思相同的句子就要有相同的深层结构。但是，一旦牵涉到意思、语义，事情就会变得非常复杂，而且人们经常不能取得一致的看法。例如同一个深层结构转换为主动句或被动句，语义有可能出现差异。爱因斯坦死后，Princeton has been visited by Einstein 是个合乎语法的句子，Einstein has visited Princeton 却不是，这不是外在的语法规定，而是和语义有关的。这一点从另外两个例句可以看得更清楚：

> 小组里的每个人都掌握两种外语。
>
> 两种外语为小组里的每个人掌握。

前者没有隐含大家掌握的那两门外语是相同的,后者但却隐含了这一点。可见,虽然两个句子来自同一深层结构,意义却可能有差别。这意味着:深层结构不能充分确定语义,或者说,**表层结构影响语义**,再或者说,转换会改变语义。

本书不再介绍乔姆斯基及其学派中人提出的不同补救方案,而是转向转换-生成语法与语义学的一般关系。

第四节　转换-生成语法与语义问题

一般说来,语言学包括三个领域:其一,句法学 ① 或狭义的语法学;其二,语义学;其三,语音学。语言的每一个层面都包括这三个方面,例如一个单词有其语音特征、语义特征、语法特征。从近代语言科学来说,语音学的发育最成熟,语法学其次,语义学却一直受到语言学家的冷落,他们情愿让哲学家去操心各种意义理论。我们在第二章提到的指称论、观念论、真值条件论等都是一些哲学理论。很多结构主义语言学家排斥语义研究,认为很难对语义进行客观的分析,不能形成一门科学。乔姆斯基的《句法结构》一书中多次明确表示应当把语义研究排除在语法研究之外。1963 年,卡茨

---

① 　syntax 通译句法、句法学,从原义来说,这个词指组织,语词的组织,例如,构词法也是 syntax 的一部分。

和佛多发表了题为《一种语义理论的结构》的论文，改变了这种状况。他们提出，句法结构无法解释句子的某些特征，例如无法解释bank 和 bill 所具有的歧义。更重要的是这一类现象：张三卖给李四一本书和李四买了张三一本书显然具有相同的意义，而这一点必须用买和卖这两个词的语义来说明，或曰买和卖本身具有某种共同的深层含义。概言之，句子和句子之间的关系，包括转换关系，并不是单纯句法上的事情，它们也牵涉到句子中语词的意义。反过来说，只有通过词汇的意义才能解释句子的某些特征。他们认为《句法结构》忽视了这一方面是一个错误，但他们表示充分支持乔姆斯基的工作，语义规则和句法结构是相衔接的，他们的语义分析应视作对乔姆斯基理论的一种补充。乔姆斯基接受了语法学应当包括语义学这一提议，建立了语音、句法、语义三分的标准理论，新增的语义部分提出了对句子的意义作语义解释的各种规则。

原来的生成规则实际上包含了两个类型：一类是把一些非语词符号改写为另一些非语词符号；另一类则是把非语词符号改写成真正的语词。转换-生成语法为后一类改写设置了选词限制，例如某些符号只能改写为动词，另一类符号只能改写为名词。但是，我们显然需要做进一步的限制，否则就会产生大量不合格的句子，例如张三把桌子吓了一跳、青蛙吞噬数学。这些句子狭义上合乎语法然而毫无意义。卡茨和佛多提出，要对语言作充分描写，就必须系统地列出每个词的所有意义，具体办法是把每一个词都分解成一系列语义标记（semantic markers），例如一个动词要标出及物—不及物，接 to phrase—接 that phrase，一个名词要标出有生命—无生命，人—非人，男（雄、公）—女（雌、母）。例如，爸爸—妈妈、哥哥—姐姐、丈夫—妻子、牡—牝都包含雄—雌这对语义标记。有的名词则要标出幼年、青年、成年、老年。

乔姆斯基的标准理论系统包括一个词库，其中的每一个词项都要求标明各项语义特征，例如须标明可数—不可数，抽象—具体，连续—非连续，有生命—无生命，人—非人，男—女。词库里的每一个词因此就是一个特征束。例如 frighten 要标明为及物、有生命等等，这样，它就只能在有生命的名词中选择宾语，从而不会生成 John frightens sincerity 这样不合格的语句。

标出语义标记的办法有很多不足之处。一共有多少语义特征？一般估计超过了一种语言里的词目。为了减少每一个词的语义标记的数目，卡茨和佛多提出了冗余规则，即有些语义标记自动包含较高等级的语义标记，例如人包括动物、有机物、物体、固体等。但是，标记的等级区分又引来一个困难：我们应当先区分人—非人还是先区分公—母？乔姆斯基后来没有采用等级制而是采用特征集合的办法。

此外还有另一些情况使得语义特征向无限膨胀。Bachelor 这个词有两个意义，但英语本语族人听到 He became a bachelor 和 That peasant is a happy bachelor 都不会产生误解，即前一个 bachelor 指贵族而后一个指从未结过婚的男人。这是为什么呢？因为一个人不可能从某种状态变成从未结过婚的，所以 became 已经排除了 bachelor 之为从未结过婚的男人的解释，但我们是否要在语义分析中再为 bachelor 解作从未结过婚的男人的意义下再增加一个标记：不可以变成呢？再进一步，若要防止苹果是方的、苹果是蓝的这些破格句，我们似乎就必须把语义特征增加到无穷了。

戴维·刘易斯提出批评说，卡茨等人只是把生成句法学套到语义研究上去，这种语义学只能是借助于算法把自然语言的句子翻译成人工语言。这是一种虚假的语义学，刘易斯称之为 markerese[①]，标记学，用来嘲讽 semantic markers 这种义素分析法所采用的人工语言符号。普特南也对语义标记提出了严厉的批评。传统哲学把每一个名词都和一系列属性相联系，语义标记则是把每一个词与一系列概念相联系，后者不过是前者的翻版，因此对前者的所有批评对语义标记理论也同样适用。什么时候我们会得到终极的语义成分？ Mare 可以分析为成年的母马，姑且让我们承认成年、母都是终极的语义成分，但凭直觉就能看出它们和马不是同类的成分。卡茨和佛多把马这样的成分称作"辨义成分"，认为可以进一步分解为语义标记，例如分解为哺乳动物、偶蹄等等。但关于这一点大有争议。在普特南看来，卡茨和佛多的设想等于主张每一个语词最终都可以获得一个分析性的定义，而"这是我们每个人都有充分的理由不相信的东西"[②]。

看起来，句法和语义两者之间没有明确的界限。例如我们可以说"数了数这些椅子"却不能说"数了数那把椅子"，这是椅子单数复数的句法限制还是数了数这个语词的意义限制呢？更严重的困难还在后头，因为不仅句法和语义有一个广泛的渗透地带，语义又

---

① See David K.Lewis, "General Semantics", in D. Davidson and Gilbert Harman(ed.), *Semantics of Natural Language*, 2nd Version, D. Reidel Publishing Company, 1977, p.169.

② 普特南:《语义学是可能的吗?》，见 A.P. 马蒂尼奇编，《语言哲学》，韩林合等译，商务印书馆，1998 年，第 597 页及以下。

和语境有一个广大的渗透地带。张三上课去了，他是去听课还是去给别人讲课？这要看张三是老师还是学生。这个男人新近和李四结婚了，我们似乎可以从语义上断定，李四是个女郎，然而时代变了，同性恋可以正式结婚，这个推断就可能出错。我们是否从原则上可能通过语义标记的办法来给出选词的适当范围？吓某某一跳，这个某某的确得是个有生命的东西，但你说吓了这只草履虫一跳还是不太像样。这当然是因为，在生物范围之内，还有着无穷多的小层次。此外还有很多很多词，如以为、希望、疼痛，用在狗身上我们觉得很自然，用在草履虫身上就相当别扭，实际上，草履虫身上这话本身就很别扭。如果宠物的主人碰巧是个种族主义者，他总是用我们平常和人搭配的语词来谈论他的宠物，却从不把这些语词用于另一个人种的人，这时我们该说他缺乏语法知识吗？

　　这里提到的困难，乔姆斯基本人差不多都提到过，只不过，他一般会把这些困难归因于我们对相关的"心理事实和生理事实"还了解得太少，语法学本身也还"极为片断零星"，处在尝试阶段。[①]但他的批评者却不一定这样认为。例如蒙塔古认为，乔姆斯基的方法是先阐明自然语言的句法理论，然后才转向语义学研究，这是犯了路线性的错误，因此几乎没有任何成功的可能。蒙塔古认为，我们可以以多种方式设想句子得以产生的规则，但其中只有少数规则系统在语义学上是令人满意的，因此，我们必须在句法学和语义学两个方面齐头并进才能在不断选择中建立合理的句法规则系统。不过，尽管上世纪 70 年代蒙塔古刚刚去世后的一个时期有很多人

---

① See Noam Chomsky, *Aspects of the Theory of Syntax*, The MIT Press, 1965, pp.148, 160.

对蒙塔古语法抱有强烈的希望，但现在抱有这种希望的语言学家已经不多了。

第五节　普遍语法与语言能力（语言官能）

乔姆斯基关于普遍语法的提法大概是其思想中与哲学联系得最为紧密的一部分，不过，对于乔姆斯基来说，普遍语法是一些处在时空之中的"实在客体，是物理世界的一部分"[①]。与此相应，关于普遍语法的研究结论不是一些思辨的结论，而是一个关于语言机制的科学假说，并像所有科学假说一样要求验证。普遍语法的基本想法是，英语、汉语等特殊语言背后有一些普遍的语法原则，这些原则是一种先天构造，是人类天性的一部分，对已知人类是共同的。我们知道，每一种自然语言都是极其复杂的，可绝大多数人在幼时都轻而易举地学会了他的母语。智力上的差异在别的领域中，特别是在理论学习上，会造成巨大的差别，但在母语学习中只产生很小的影响。设想一个聪明的青年从来没接触过经济学或微分学，他努力学习上一两年，成绩会大大高于一个已学习多年的智力较低的学生，但他如果从 20 岁开始学习一门新的外语，即使不考虑语音而只考虑语法，他也几乎不可能在三年以后说得比大街上的母语使用者更流利、更像样，实际上，语言学家倾向于认为成年外语学习者几乎百分之百将终生都停留在初学者阶段。对儿童语言习得的深入考察表明，指望孩子自己在三五年里从极为有限的语言素材中归

[①] Noam Chomsky, "Some Conceptual Shifts in the Study of Language", in L. Cauman, etc. (ed.), *How Many Questions*, Hackett Publishing Co., 1983, p.156.

纳出母语的基本语法是极为荒诞的，唯一合理的解释就是在他头脑中已经有一个机制在帮助他获得正确的语法系统。

所有语言共有的语法特征被称为**语言学共相**（linguistic universals）。各种自然语言服从不同的规则，有的宾语在动词前，有的在后，有的形容词在名词前，有的在名词后，有的通过变动语序来表示疑问，有的通过增添疑问词来表示疑问。但也有各种语言都遵循的普遍原理，例如每种语言都有线性排列，都有名词与动词之分，都有以语类为单位所形成的等级结构，各种语言凡要变动语序就要以语类为单位来变动。我们可以把普遍语法视作一系列条件，用来限制人类语法的可能范围。普遍语法是天生的，孩子在学习语言的时候，从他所接触到的语言素材中可以总结出多套可能的语法，然而，其中多数语法体系不合于普遍语法的条件，因此自动被排除了，所以儿童才可能这样迅速地学会其母语。

普通语法研究特定语言的结构，普遍语法则研究这些语言学共相。简言之，研究特殊语言的普通语法排除不合格的句子，普遍语法则排除不合格的语法。对普遍语法的研究越透彻，特殊语法剩下的特殊规则就越少。普遍语法和特殊语法各占多少比重？由于还没有产生一部完备的普遍语法，人们对这个问题的答案只能是猜测，但从孩子能迅速学会语言这一事实似乎可以推论普遍语法所占的比重极大。

从上世纪 80 年代起，乔姆斯基及其同道对普遍语法做了大量研究，这一时期提出的原理-参数这组概念可以视作一个主要结果。原理是属于普遍语法的，例如，如上面提到，各种语言凡要变动语序时都遵行以语类为单位来变动的原理。**参数**是用来调整特定语言的，一种语言的语法可以视作参数体系的一个特定取值系统。参数的一个例子是中心成分参数：每一个词组都有个中心词，这个中心词或者在该词组的左端，或者在该词组的右端，日语和汉语就分别选择了这两种不同的参数。

原理和规则不同，与原理相比，规则只是局部的、就事论事的，而像结构依赖这样的原理，几乎涉及方方面面的语言现象。乔姆斯基在上世纪 90 年代提出的**最少量原理纲领**，尝试把原理进行最高度的概括，越来越强调原理和词汇特征的交互作用。与此相应，规则的地位已缩到最小，例如被动态不再被视作一个独立结构，而是许多原理交互作用所产生的一种复杂现象，规则只是一个方便的名号，以用来称呼这样的复杂交互作用。这是乔姆斯基的一个重大转折，有些语言学家据此判定乔姆斯基后来的思想不再属于生成语法。

与普遍语法的设想相应，乔姆斯基倾向于认为**语言知识是独立的**，有一种独特的官能司掌语言能力。主要有三类现象促使乔姆斯基产生这样的想法：第一，语言知识非常独特，例如其他的心智部门似乎并不服从结构依赖原理，甚至不很清楚它们怎么算是服从了。第二，说话人可以设想逻辑上可行的但不服从结构依赖原理的句子，例如完全可以设想把陈述句各成分的线性顺序倒转过来以形成问句，再例如很多句子不合语法但意思仍然可能很明白。这一点也可以这样看：普遍语法的原理似乎不是交流所必需的，甚至有时似乎不必要地增加了学习和交流上的难度。第三，像结构依赖原理这样的东西，一般幼儿的智力似乎是无法学习的，类似深度的东西在数学等领域要等很晚才能学会。

因此我们对乔姆斯基所说的 the language faculty 就需要作相当严格的理解，那不是一般所说的能力、素质之类，例如学习理论的能力和学习打网球的能力，而是一种远远更为定型的先天构造。它比"语言能力"这样的提法要确切得多，差不多相当于"语言官能"。的确，乔姆斯基有时把它比作心脏、肾脏之类，就像是大脑里的一个器官，心脏、肾脏是人人都有的，虽然在每个人那里，这些器官的个头大小和健康程度有异。所以，施太格缪勒认为大概可以把这种能力理解为大脑的生理编程。[1] 乔姆斯基多次提到，语言科学和大脑科学是姊妹科学。不过，乔姆斯基不坚决反对语言官能有可能与其他官能交织，而且认为当前的大脑科学还很不成熟，不能匆忙做出结论，也不宜太过匆忙地在大脑皮层上为语言官能定位。

近代曾有笛卡尔持天赋观念论，此后有康德的先验论，最近一个世纪则鲜有人强有力地提倡类似主张了。人们普遍认为乔姆斯基的普遍语法和独立语言官能的思想使天赋观念这个古老的思想获得了新的活力。这应当是明显的。乔姆斯基的基本哲学取向的确从总体上拒斥一个世纪以来的经验主义潮流[2]，反对主要从刺激、归纳等因素来定义知识。在他看来，没有先天论的经验主义太原始了，只是一些空洞的原则，无法细化和改进。乔姆斯基还多次表明，他坚持语法官能的客体性甚至物理性的立场与蒯因、戴维·刘易斯一系的形式主义正向反对，按照形式主义理论，不同语法只有方便与否的区别，没有真伪的区别。

---

[1] 参见施太格缪勒：《当代哲学主流》，下卷，王炳文等译，商务印书馆，1986年，第36页。

[2] 乔姆斯基把蒯因、维特根斯坦等人统统归到经验论行列里。

　　不过，乔姆斯基的"语言官能"与传统所谓的天赋观念其实有不小区别。他在《句法理论的若干方面》和《语言的知识》等多种文著中明确地用进化来说明语法的先天性，学习语言的卓越能力不能用几个月或几年的经验来说明，而必须用几百万年的进化和神经组织原理来说明。此外，普遍语法必须有经验的参与才能起作用，语言学习是先天因素和经验因素两者的复杂互动，因为普遍语法的原理是通过对特定语言的经验输入来选择特定参数的。这些参数是不同的，因此最终表现出来的结果是一些不同的语言系统。

　　儿童习得母语的能力的确令人惊异，诸如此类的考虑会让我们相信，我们不可能通过经验主义所设想的归纳或行为主义所设想的刺激-反应之类学会母语。乔姆斯基一向反对包括蒯因在内的行为主义的语言学习理论，他认为语言不是一套由刺激造成的习惯，所谓语言学习过程中的刺激-强化等等并没有什么实验-观察证据，它们不过是行为主义心理学家和哲学家的想当然耳。语言交往或心智交往与动物的交际有本质区别。不过，独立语言官能的设想也引起了很多人的反对。一种重要的反对意见是，这种设想从进化论来看是无法解释的，尤其是这就假定了语言和其他表征形式属于完全不同的系统。皮亚杰是这种反对意见的代表人物之一，我们知道，皮亚杰一向坚持各种表征系统是连续发展的。在相似的意义上，古德曼批评乔姆斯基忽略了前语言的符号系统的重要作用。而且，如果真有一个普遍语法，如果人类的语言机制本来都是一样的，那么我们都使用同样的语言交流岂不更加方便，为什么世上要出现那么多种不同的语言？总之，关于是否有可能找出所有语言背后共享的普遍语法，语言学家至今仍意见不一，至少还没有人做出接近成功的尝试。

第六节 关于"遵行规则"的争论

维特根斯坦在《哲学研究》里用了很多篇幅讨论"遵行规则"，这些讨论和其他论题特别是和私有语言论题密切相关。

1982 年，克里普克出版了一本书《维特根斯坦论规则和私有语言》，在这本书里，克里普克主张，应该把《哲学研究》里关于私有语言的讨论跟关于遵行规则的讨论（§§143—242）连在一起来加以解读。①克里普克提出了自己对该书中"遵行规则"的解读，认为维特根斯坦继休谟之后提出了一个新的"怀疑论者悖论"以及对此悖论的"怀疑论式的解决"。克里普克的主张最主要的是依据《哲学研究》如下几节——

201. 我们刚才的悖论是这样的：一条规则不能确定任何行动方式，因为我们可以使任何一种行动方式和这条规则相符合。……

202. 因此"遵行规则"是一种实践。以为（自己）在遵行规则并不是遵行规则。因此不可能"以私人方式"遵行规则：否则以为自己在遵行规则就同遵行规则成为一回事了。

219. ……我遵从规则时并不选择。我盲目地遵从规则。

---

① See Saul A.Kripke, *Wittgenstein on Rules and Private Language*, Blackwell, 1982, pp. 2–3. 本节克里普克的引文均出自该书，以下引文只在正文中标出页码。

241."那么你是说，人们的一致决定什么是对，什么是错?"——人们所说的内容有对有错；就所用的语言来说，人们是一致的。这不是意见的一致，而是生活形式的一致。

克里普克以一个简单的加法为例来说明"怀疑论者悖论"。我们都会加法，虽然我们都只做过有限次的加法运算。现在让我们假设，我以前做过的加法加数都小于57，而你现在让我算68+57。我会立刻得出结果是125，错不了。错不了吗? 情况却可能是，我一直以为我做的是加法，实际上做的是另一种运算，"卡法"，卡法的规则是：加数小于57的时候等同于加法，加数大于或等于57的时候得数为5。我以前一直说的"加法"实际上意谓"卡法"，所以，68+57=5。这听上去很荒唐，然而，我怎么能向他人证明或甚至向自己保证情况并非如此呢? 于是来了怀疑论者的挑战：我以为我是根据某种规则来进行运算的，实际上却是摸黑瞎蹦，我以为"加法"意谓某种很确定的东西，实际上并没有某个语词意谓某种东西这样一回事。显然，这个挑战远远不止针对狭义上是否遵行规则，而是对任何话语是否具有确定意义提出全面挑战。

克里普克认为，把一个人隔离开来看，那么我们无论是根据他的内心还是他的行为都无法判定他是否和过去的意图一致。因此，克里普克认为，要解决这一悖论，必须引进"共同体"。张三跟李四学加法，他给出的答案对或不对，李四是按照是否和李四本人的答案一致来判断的。问题当然是，我们怎么判定李四本人是否正确呢? 去问别人? 克里普克承认，如果其他人既不同意张三也不同意李四，互相之间也不一致，那是真没办法了。幸好，"事实上我们现实的共同体在进行加法运算的时候（大致上）是一致的"（克里普克，第 91 页），特别是在简易的问题上。谁要是怎么教他他仍然和大家不一样，那只能不算他是这个共同体的成员。他很可能具有异于我们的生活形式，如果我们能设想那种生活形式，那么可以说他在自己的生活形式里遵行规则。由于遵行规则要依托于一个共同体，一个人不可能遵行规则，所以，私有语言是不可能的。

克里普克这本书引起了浪潮般的批评。批评者的取向往往大相径庭，有时截然相反。例如，多数评论者认为私有语言是不可能的，克里普克错不在此，只不过维特根斯坦的论证成立，克里普克求助于共同体之类的论证不成立。而艾耶尔等人对克里普克的批评则是要证明私有语言是可能的，克里普克错了，维特根斯坦也错了。尽管批评者取向各异，但他们几乎一致认为克里普克对维特根斯坦的解读是错误的——维特根斯坦从根本上主张我们可以并且通常直接理解意义，反对我们只有通过解释才能理解意义或遵行规则，这完全不是一个"怀疑论式的答案"。

克里普克引进的"共同体"也遭到了不少质疑。克里普克说，单单一个人，最多能以他自己感觉合适的方式遵行规则，然而，如果正确依赖于同意，那么即使有很多人，情况仍只能是这样。如果单单一个人无法知道 125 是不是正确答案，那么很多人凑到一起，仍然不知道 125 是正确答案。简单说，大多数人同意 68+57 的答案是 5 并不使得 5 成为正确的答案——"吾谁使正之？使同乎若者正之，既与若同矣，恶能正之？使同乎我者正之，既同乎我矣，恶能正之？"（《庄子·齐物论》）

在我看，共同体的同意和一致，这个标准不像很多反驳者认为的那样荒唐。这里有个一般的困惑。一方面，我们在争执不下时经常会诉诸公众，听听大家怎么说，让大家来评评理。另一方面，的确有些时候，天下皆惑，真知者稀，硬要以多数为准，难免至言不闻，俗言得胜。从两个极端来说，数学以及数理化的科学，其真理性与多数人同意没有关系，或至少没有直接的关系；而社会生活中的规范则以复杂的方式和"大多数人一致"紧密交缠。事涉复杂的规范，我们往往不能直接求助于多数人的同意，这时候，克里普克所强调的"简单事例"起到了很大的作用——平常说理，就是把复杂的事情连回到简易的事情上，在这些简单的事情上，如克里普克所言，大家需有一致的看法。或不妨反过来看：大家有一致看法的规范就是简单的规范。总的说来，以"真理是否依赖于大多数人甚至所有人同意"这样的方式提出问题颇为误导，实质的提问路线毋宁是：我们是否能够以及如何能够把某些众说纷纭的事绪转化为可以明确给予正误判断的问题。

尽管评注者普遍认为克里普克错误地解读了维特根斯坦，但多数论者承认他提出的"怀疑论者悖论"本身是一个极富意义的论题，值得深入讨论。很多评注性论著把克里普克对维特根斯坦解读放到一边，专门针对"克里普克的维特根斯坦"展开讨论。"克里普克的维特根斯坦"，简称"KW"，由此成了一个专用语。

1986 年，乔姆斯基出版了他后期思想的重要著作《语言的知识》，这本只有五大章的书里有一章专门讨论"怀疑论者悖论"①，此

---

① Noam Chomsky, *Knowledge of Language*, Praeger Publishers, 1986, Chap.3, pp. 221-275："关于规则的若干问题"。以下乔姆斯基引文都出自该章，只标出页码。

后的论文、通信中也常常回到这个话题。乔姆斯基这么重视维特根斯坦论题或曰"KW"曰论题并不奇怪，克里普克那本书中好几次特别提到了生成-转换语法，的确，这里的争点与乔姆斯基关于普遍语法的设想大有干系：乔姆斯基的语法规则是每个个人内在具有的心理机制，按照 KW 则只有着眼于语言使用者的共同体才谈得上遵行规则，因此，假使 KW 论题成立，生成语法或普遍语法学说将被彻底否定（乔姆斯基，第 224、233 页）。

　　乔姆斯基认为 KW 论题在很大程度上来自"生活形式"这个含混的概念。克里普克为"生活形式"提供了两个定义。第一，"我们做出一致回应的那些回应的集合，以及这些回应与我们的活动相交织的方式，是我们的生活形式"（克里普克，第 96 页）；第二，"高度地特属于某一物种的限制性规定（constraints）"（克里普克，第 97 页注 77）。乔姆斯基指出这两个定义差距很大，按后一个定义，只要鲁滨逊是个人，会说话，他自然就属于人这个广义的"共同体"，"一个单独的人不可能遵行规则"这话就没意义了。

　　乔姆斯基的主要争点是，一个人不遵行我们的规则，不一定就是不遵行规则——张三说"谢谢奶奶给粥我吃"，在北京人听来不合规则，但这话很符合上海话或广东话的规则。更进一步，张三说的话即使和任何共同体说的话都不一样，但只要他的语言符合普遍语法，他仍然是在遵行规则，而且我们也能够发现这些规则，只不过借以发现这些规则的手段不是维特根斯坦式的，不是看它们是否合乎某个共同体的实际说话方式，而是发现普遍语法的原理和特殊语法的参数。人这个种族的每个成员都"满可以有独一无二的经验，这种经验产生出一套独一无二的规则体系，产生出一种私有语言"（乔姆斯基，第232页）。依据同样的道理，乔姆斯基认为《哲学研究》之202节的立论有误。的确，认为自己在遵行规则并不是遵行规则，然而，不仅一个人可能在胡闹却自以为在遵行规则，一个人也满可能反过来不知道自己在遵行规则或不知道自己在遵行什么规则而其实却在遵行规则。语法规则恰恰就是这样的东西，普通人不知道自己一直在遵行普遍语法，但语言学家却发现了这些规则并知道我们一直在遵行这些规则。平克也是普遍语法的支持者，他也认为私有语言不是不可能的，不过，"如果只有你一个人具有一种天生的语法，那它就毫无用处"[①]。

　　乔姆斯基用了很多篇幅讨论知道、知识概念。这毫不奇怪，这本书的书名就是"语言的知识"。乔姆斯基明确区分科学工作方式和前科学的思考方式，科学所说的"语言"不是我们通常所说的"语言"，所说的"知识"也不是我们前科学所谓"知识"，"我们对知识的直觉式的概念是含混的，也许在某些关键点上会误导，日常所谓知识本来在不同语言中就有不同意思"（乔姆斯基，第265页），例如，在好多与英语很接近的语言中就没有"知道一种语言"这种说法。[②]科学的一个目的或优点就在于它使得这些概念变得比较清晰。他多次表明，我们要用科学的标准来确定规则。要测定鲁滨逊是不是属于人类，是一项科学理论工作。科学发展出关于复杂机制的理论，这种机制通常并不为我们自己所意识。据此，乔姆斯基不同意蒯因等人的如下主张：知道规则才谈得上为规则所引导，否则只能

---

　　①　Steven Pinker, *The Language Instinct*, William Morrow & Company, 1994, p.245.

　　②　汉语就不说"他知道德语"，而说"他懂德语""他会说德语"等等。

说"合乎规则"。在乔姆斯基看来,只要我们的理论通过相关规则为张三的行为作出了说明,就可以说张三受这些规则引导。不过,在另一个意义上,我们是"知道"语法规则的,因为我们知道这样说是合乎语法的,那样说则不合语法。我们可以这样区分:张三知道规则的结果是这样,但不知道规则的运行机制是怎样的(乔姆斯基,第 266 页)。

《语言的知识》发表以后,有人批评乔姆斯基错过了 KW 论题的主旨,因为 KW 论题谈的是规范性规则,而乔姆斯基谈的却不是。乔姆斯基回应说,他的确没有谈论 KW 的"规范性要求",但他接着说,别人也没有谈论这一点,因为这个概念始终没有一个清晰的界定,实际上,整个 KW 论题都依赖于未加分析同时含混不清的共同体、语言、规范等概念。

在这一争点上,我同意批评者,认为乔姆斯基的立论基本错误,其错误恰是由于混淆了规范与机制。其实乔姆斯基自己在《语言的知识》一书中也多次涉及规范概念,要说的话,他自己对这个概念的理解不够清楚。尽管规范性的确很难清晰界定,但我们对它有个大致的理解:规范(norm)是人们知道了、理解了才能去遵行的东西,而机制意义上的规则却不是。我遵行拳击比赛的规范,遵行礼让的规范,我必定是知道这些规范,而且,通过适当的反思,我可以明确知道我为什么遵行这些规范。反过来,不知者不为罪,因为规范只对知道规范的人成立。另一方面,我的肠胃相当尽职地消化食物,但我对它怎样履行职责毫无所知。当然,生理学家可以研究并最后知道消化的机制,但那是另一种"知道"——他不是通过消化活动也不是通过体会、反思消化活动揭示这种机制的,他通过对资料进行研究才知道。不妨把这种知道称作"外部之知",科学是这种知的典范。

那么,我们的语言活动是像消化活动那样依赖于我们自己并不知道的机制抑或是遵行规范的活动?两种都有。在特定语境中知道该怎样说话,所说的话有何种蕴含,等等,这些,说话人自己就知道,这是领会意义上的知道,可以通过反思成为明确的知。但我说话时的另一些做法,我却不在同样的意义上知道,例如,在说南门这个词的时候,南这个音后接门这个音,南音发生同化音变,发音为 nam 而不再是 nan。我不知道为什么要这样做,甚至不知道我这样做了,虽然就我始终正确遵行这条音变规则而言,我在某种意义上"知道"这条规则。

与此相应,语言研究也包括两个大部分。从前所说的"语法",包括乔姆斯基一开始设想的语法,是说母语者知道的东西——也许只是默会地知道,或用乔姆斯基的话说:直觉。通过适当的反思,我们多多少少能够明述之;语言学家从前的工作,主要是这种明述工作。然而,随着语言学在科学研究的道路上不断发展,它越来越关注对机制的研究,这个机制不是我们平常默会的东西,也不是通过反思就能够明述的东西。乔姆斯基本人的发展也体现了这个进程。于是我们可以明白,为什么尽管乔姆斯基一向反对制造不直接具有经验意义的术语,可是他后期理论中的术语越来越缺少直接的经验意义;他希望语言学的发展将越来越少地采用语言使用者的判断作为证据,因为"使用者的判断并不直接反映语言的结构",因此,语法学家应更多地依赖知觉实验、神经科学、生理化学等等(乔姆斯基,第36—37页)。乔姆斯基是"语言学家的牛顿",志在把句法学转变为一门严格科学。科学要消除初级理论遇到的困难，不是靠反思自然概念中默会的道理，而是靠建构技术性概念来适应搜集到的资料。对语言学家来说，语料库的验证作用逐渐取代了说母语者的"直觉"。

语言领域中的各个方面或各个层次并不同等地适合于实证科学类型的研究。一般说来，语音学最适合，语义学最不适合，语法学居中。这部分解释了为什么乔姆斯基后来在语义学上投入了很多精力，却没有提出什么有新意的语义理论。语义标记这类方法是在操作层面上处理语义，使之与他的句法理论相适应。这种技术化处理对于建立电脑翻译程序的语词库等任务是必需的，然而，它已经远离了对语义的解释。乔姆斯基理论以及一般语言科学无法在语义学层面上充分施展身手，这不是偶然的。使用哪些语词依赖于我们说话的目的，所以语词使用不可能由一个"排除了目的性"的机制事先决定，更不可能在乔姆斯基的意义上"生成"。我们知道语义，默会地知道包含在语词中的道理，我们依据这些道理选择用语。20 世纪 60 年代中期，仍在乔姆斯基框架中工作的莱柯夫等人从生成语法来研究语义学，通称**生成语义学**，不过他们的兴趣主要不在语义学，而在研究语法各表达层次之间的关系，甚至可以说，生成语义学并不是语义学理论。有了生成语义学之后，原本意义上的语义学就常被称作解释语义学（interpretive semantics）。解释语言学现在明确主张：语法是生成的，语义是解释的。在我看来，如果我们从研究性质着眼，机制-生成和意义-解释才是关键的界限，前者研究传统句法学的大部分和传统语义学的一小部分，后者研究传统句法学的一小部分和传统语义学的大部分。作为解释学的语义学不能只把语词意义视作一些抽象义素的结合，它必将涉及我们对语词意义的理解，并因此延伸到话语的周边环境。用普特南的话说，语义学是一门“社会科学”。

现在应当相当清楚，乔姆斯基主张可以有私有语言，是因为他把语法理解为一个机制，我们通过对资料进行科学研究掌握这个机制，而不是通过经验理解这个机制。比克顿把这一点说得很明白：我们（在思想的时候）“不是必然知道”思维是怎么进行的，就像我们不是必然知道我们怎样消化食物、循环血液、建构合乎语法的句子。[①] 而维特根斯坦所说的语法，是“哲学语法”，它始终是规范性的。

如果的确存在一套“语法装置”，它是否支持了乔姆斯基的私有语言主张呢？不。我不认为单独的人会产生出一套语法机制，这点且不深论，我要说的是，这套机制并不能使他会说话。尽管说话依赖于某种语法机制，但话语不是这一机制“生成”的。下象棋必须遵行规则，但一个人仅仅遵行规则还不算会下棋，他开局走车九进二，下一步走帅五进一，每一步都在遵行规则，却完全不是在下棋。棋手必须懂得棋理。棋理和棋规不是一回事。同样，说话所依的道理和语法规则也不是一回事。“一个仅仅掌握语法规则的人”相当于他知道可以怎样说，但他不要说什么。规范总是和活动的目的相连的，而乔姆斯基则多次明确指出，语法科学首先要排除语言中的规范性-目的论因素（例见乔姆斯基，第16页）。从科学化着眼，当然应该这样，然而这同时也表明，语言活动不是科学研究所能穷尽的。

---

① See D. Bickerton, *Language and Human Behavior*, University of Washington Press, 1995, p.106.

当然，不同于象棋，在语言这样复杂的领域，我们并非一开始就能明确区分机制性规则和规范，而且，两者还可能互相交织。在尚未作出明确区分或无法作出明确区分的时候和地方，语言学家和哲学家携手工作。一旦区分开来，语言学家去研究规则系统，哲学家去研究规范及其道理。若笼统谈论规则，那么，语法学家探索规则的机制，哲学家探索规则的意义。

我还愿提到，尽管维特根斯坦在《哲学研究》中明言说话并不只是遵行规则进行演算，但读这本书中谈论"遵行规则"的不少段落，我所得的印象与阮德尔颇为相似："维特根斯坦动辄谈论语言规则，这种谈论似乎和他较早时候把语言视作演算的想法更为适配"。[①] 我同时还认为，克里普克也没有适当地区分规则和规范。上面提到他为"生活形式"作出了两种不同的界说，其一，"我们做出一致回应的那些回应的集合，以及这些回应与我们的活动相交织的方式，是我们的生活形式"，这是从规范着眼来理解生活形式；其二，"高度地特属于某一物种的限制性规定"，这却是从机制来理解生活形式了。在这一点上，乔姆斯基的不满是有道理的。

乔姆斯基参考书

乔姆斯基著作浩繁，为了解本书所谈到的一些基本理论，主要

[①] Bede Rundel, *Wittgenstein and Contemporary Philosophy of Language*, Basil Blackwell, 1990, p.7. 阮德尔在该书第 5—8 页搜集了维特根斯坦不同文著中对语言与遵行规则的关系的论述，从这些论述中可以看出，维特根斯坦在这个问题上的主张不尽一致。

可参考：

Noam Chomsky，*Syntactic Structures*，Mouton de Gruyter，1957.

Noam Chomsky，*Aspects of the Theory of Syntax*，The MIT Press，1965.

对本书的读者，特别值得推荐的是乔姆斯基较晚的一本著作 *Knowledge of Language*（Praeger Publishers，1986），他在这本书里更多谈论的是一般的哲学问题。

读者不必过于担心转换-生成语法的那些复杂概念。乔姆斯基极擅写作，能用流利通俗的语言来阐述技术性很强的理论问题。

国内较易找到的绍述乔姆斯基语言学的著作有：

A. J. 库克（V. J. Cook）、马克·纽森（Mark Newson）：《乔姆斯基的普遍语法教程》，外语教学与研究出版社，2000 年。

徐烈炯编著：《生成语法理论》，上海外语教育出版社，1988 年。

约翰·莱昂斯：《诺姆·乔姆斯基》，杨光慈译，商务印书馆，1996 年。莱昂斯是研究乔姆斯基的权威之一，这本书在学理上非常严谨但同时通俗易懂，受到广泛好评。

格林：《乔姆斯基》，中国社会科学出版社，1990 年。

第十三章　专名、可能世界、语词内容

第一节　专名之成为问题

专名本来是语词中最简单的一类：一边是名字，另一边是它所指的东西，两者通过实指之类的方式联系起来。那么，哲学家为什么会对专名问题抱有强烈持久的兴趣呢？因为这里聚集着语言哲学的一些基本问题。从语言和现实的关系来想，专名和它所指的东西似乎发生直接的接触，因此，整个语言系统似乎应当通过名称和现实相衔接，罗素和早期维特根斯坦等很多哲学家都持有这种想法。从意义问题来想，如果认为意义就是指称，则专名就是语词如何具有意义的典型；如果否认指称论，则专名似乎就没有意义，而某些语词居然没有意义，这即使不是不可能的，至少也非常奇怪。于是，专名问题的讨论形成语言哲学的一条主线。

我们记得，密尔把绝大多数语词视作名称，名称分作专名和通名，通名有内涵有外延，专名则没有内涵只有外延。[①]专名没有意义这一论点为很多论者所继承。与专名没有意义这一论点相联系，

---

① 参见本书第一章第四节和第三章第二节。

专名还表现出许多其他特点。莱尔曾经提到过其中比较主要的一些。在专名那里没有什么东西需要理解、解释或加以定义。同理，专名无须翻译。字典可以力争收集一种语言里的全部语词，但不可能以收集所有专名为目标。造出更多的专名并不会让一种语言的语汇变得更加丰富。专名没有搭配限制。专名是标记而不是描述。专名是任意给予的，不传达关于其指称的任何信息。"丘吉尔是首相，从这个信息我们可以推知不少事情，例如他是议会多数党的领袖……但我们却不因为使用了一个专名而断言任何其他的事情。"①

这些特点初看都成立，但细想也不尽然。专名是否需要翻译？说 Vienna 不是 Wien 的翻译而是其"英文式样"，大概说得通，但肯定不能说金星和太阳只是 Venus 和 sun 的"中文式样"。多数字典事实上收集了相当一批专名。学习一批专名对学习某种语言似乎不可或缺，我们很难想象学习古希腊语而不学习相当一批希腊神祇的名字，也很难想象学习现代英语而不学习 London、Washington、JFK、CIA 这样一批专名。专名也不是绝对没有搭配限制。济南是个地名，我说我去了济南却不说我去了济南那儿；布莱尔是个人名，我只能说我去了布莱尔那儿而绝不能说我去了布莱尔。

"传达信息"是个复杂的问题。你问起儿子这么晚回来到哪儿去了，他说上布莱尔家去了，你会觉得他说得很明白，他若是说到一个熟人家里去了，那给你的"信息"太少了，让你心里犯嘀咕。这里涉及的不是关于一般所谓"传达信息"而是语义推论，即涉及

---

① Gilbert Ryle, "The Theory of Meaning", in Ryle, *Collected Papers*, Volume II, New York, 1971, pp.357-358.

所谓事实知识和语义知识的区别——有一些知识似乎天然包含在首相、熟人这些词里面，而关于布莱尔的知识却是语言之外的知识。但事实知识和语义知识的区别本身也有麻烦——我即使不知道英国首相就是议会多数党的领袖，我也听得懂英国首相明日访华，也会说布莱尔是现在的英国首相，这又是怎么回事？你一听到英国首相就知道他或她是多数党领袖，和我一听到布莱尔就知道那是个自称走第三条道路的英国政界要人，这两者之间有区别吗？区别何在？

　　这些初浅的考虑已经提示出专名问题所包含的许多疑团。此外还有很多经常引起困惑的问题。甚至哪些是专名哪些不是专名也不大容易分清。太阳、法西斯、哥德巴赫、捷达是专名还是通名？太阳、法西斯、哥德巴赫猜想指的都是"个体"，但很难说它们没有意义。街上跑着好多捷达车，但捷达却像是个专名，符合莱尔所提的各种标准。此外，启明星、长庚星是专名还是描述语？又如，我们说专名代表一样东西、指称一样东西，但究竟怎样就"代表"了、"指称"了？此外，如果历史上从来没有过紫鹃这个人，紫鹃这个名字还有所"代表"吗？如果无所代表，紫鹃就可以和晴雯混用吗？这些问题，都有哲学家逐一讨论。

　　弗雷格和密尔、莱尔等相反，认为专名像其他语词一样是有意义的。启明星和长庚星这两个词指称同一颗行星，如果这两个词没有意义，只有指称，那么我们说启明星还是长庚星就没有差别了。但它们显然是有差别的，在很多上下文和语境中不能互换。弗雷格于是提出，启明星和长庚星指称相同而意义不同。[①] 专名具有意义

---

　　① 参见本书第五章第二节。

这一主张似乎和我们的直觉相反，我们会谈论幻想的含义，却不谈论巩俐的含义。但是，启明星和长庚星的疑问的确需要考虑。

第二节　指称性与描述性

我们在第六章第五节介绍了斯特劳森《论指称》一文对罗素的描述语理论的批评。在这些批评之后，斯特劳森阐述了他自己关于指称和描述的一般见解，他把语词的使用区分为指称性使用和描述性使用。在高个子适合打篮球这句话里，高个子是描述性的用法，在那个高个子离开了球场这句话里，高个子是指称性用法。一句话通常是谈论某事物的，这句话里有一部分语词把这个事物指出来，另一部分对它进行谈论，这就是指称和描述。这是功能上的区别，而不是词类上的区别。当然，日常语言已经做好了词类的区分，使得我们可以粗略区分哪些词通常用来指称，哪些词通常用来描述，例如专名一般是用来指称的，形容词一般是用来描述的。但是，用哪类词来指称或描述，绝没有什么不可侵犯的界限。自古以来，由于把词类的区别看得太过僵化，导致了关于实体-属性等等问题上的很多错误看法。

我们可以从几个维度来区分能够用来进行指称的语词。其一，对语境的依赖程度：我指称谁极端依赖语境，《瓦弗利》的作者最少依赖语境。其二，描述性意义（descriptive meaning）的强弱：纯粹名称没有描述性，他则有点描述力（指男性），圆桌极富描述力。圆桌骑士这样不纯的名称占据"令人感兴趣的中间地位"。其三，其正确使用依赖于一般性的约定还是特殊的约定。大致说来，具有描述力的语词依赖于一般性的约定，专名则是些特殊的约定。圆桌骑士这样不纯的名称在这里似乎仍然格外令人感兴趣，因为我们似乎既要理解这个语词的一般意义，又要理解实际上用它来指哪些人的特殊约定。我们也可以用出生日期、生理结构上的系统差别来为每个人命名，那样，人名就既有指称功能又有描述功能；张三就有一定描述功能，他多半在某个张姓人家排行第三。

　　把这几个维度结合起来考虑，我们可以作以下粗略区分。其一，专名。专名没有描述力，专门用来指称，不进行描述。这相当于密尔所说的专名无内涵。斯特劳森是这样说的："不知人名不等于不知语言。这正是我们之所以不谈论专名的意义的原因。（但是说专名是无意义的则不行。）"①其二，一般名词。它们具有描述力，但不是用来描述的，而是用来指称的。其三，形容词。它们当然具有描述力，而且多半用来描述，但也能用来指称。

　　名词的描述力体现了它们所指称之物上的那些显著而持久的特征。不过，所指称的事物并不能还原为这些特征，即使名词几乎变得像是一串形容词的结合，名词和形容词之间的基本差别仍然没有完全消失。名词和形容词之间的差别为实体-属性这样的概念提供了基础，若不了解这些概念在语言学上的某些差别，就会产生很多错误，包括像罗素那样企图取消一切专名，清除语词的全部指称功能。而与此相应的就是把实体还原为属性之和的形而上学。的确，对于我们来说，专名和描述语的区别只是谜面，隐藏在背后的

---

① 斯特劳森:《论指称》，见 A. P. 马蒂尼奇编，《语言哲学》，商务印书馆，1998年，第 437 页。

始终是本体论和认识论的问题，例如：只有个体才真正存在吗？我们真正亲知的到底是什么？

从一个角度来看，斯特劳森的争点在于：在罗素那里，语词本身有所指；在斯特劳森那里，语词本身无所指，是我们使用语词来指称。

林斯基等人支持斯特劳森对罗素的批评。用林斯基的话来概括："是语言的使用者在作出指称，而不是（除非在派生的意义上）他们使用的表达式在指称。"[①]林斯基进而注意到一些尽管用词错误仍然成功指称的现象：在一个社交场合，我看见一对男女同出同入，以为那个男人是那个女人的丈夫，于是用那个女人的丈夫来指称他，说"她丈夫对她可真好"，然而事实上他们却只是情人，不过，听话人还是多半会知道我用这个短语指谁。罗素认为唯当对象完全符合描述，描述语才指这个对象。上面这个例子却说明，我们用某个描述语来指称某一对象时，即使描述得不对，听话人仍可能知道我们指的是什么。

唐奈兰对特称描述语的描述性用法和指称性用法作了更细密的讨论。描述性语词对某个对象有所说，但我们也可以用它来指称，这时，它通过对对象有所说来确定对象，于是同时起到名称和描述语的作用。唐奈兰先支持斯特劳森对罗素的批评，认为罗素忽略了描述语的指称用法，因为经过罗素的分析，描述语成了谓词，都属于"有所说"，另外需要一个常项来指称所说的东西。但他反

---

① Leonard Linsky，"Reference and Referents"，in D.Steinberg and L. Jakobovits (ed.)，*Semantics*，Cambridge University Press，1976，p.76.

过身来又对斯特劳森提出批评，指责斯特劳森忽略了描述语的描述性用法。我们上面看到，斯特劳森已经提出描述语的描述性用法和指称性用法了。唐奈兰的批评主要是说斯特劳森没有注意描述语的纯粹的描述性用法。我可能不知道谁杀害了刘文学，但这不妨碍我说"杀害刘文学的那个人罪大恶极"，这时杀害刘文学的那个人是纯粹的描述性用法，实际上我没有指称任何人。但现在我在法庭上见到了这个凶手张三，这时我说同一句话，这个描述语就是指称性用法。同一个描述语可以有两种不同的用法，具体是哪一种，完全由语境决定。和林斯基一样，唐奈兰认为在用描述语进行指称的时候，即使说话人描述得不对，指称仍可能成立。

克里普克在《讲话者的指称和语义指称》[①] 一文对林斯基-唐奈兰论题提出温和的质疑。从文章题目就可以看出，克里普克要区分语义指称和讲话者的指称：说话人可以用一个语词来指称，这是语境依赖的，不过，这个语词有它一般的指称，例如丈夫是指丈夫而不是指情人。回到林斯基所设想的社交场面，我说"她丈夫对她可真好"，你可能会应答说："不，他对她并不好，你指的那个人不是她丈夫"。这句话里的他相应于她丈夫的语义指称。但你也可能说"他对她是很好，不过他不是她丈夫"，这句话里的他相应于我（最初的讲话者）所作的指称。实际上，唐奈兰已经注意到这个区别，并分别把语词的指叫做 denote，把使用者的指叫做 refer to。

斯特劳森、林斯基、唐奈兰之间有些分歧，但他们的入手点非常接近，总的说来，他们都从语词的意义转向了语词的使用。但在

---

① 克里普克：《讲话者的指称和语义指称》，见 A. P. 马蒂尼奇编，《语言哲学》，商务印书馆，1998 年。

我看来，他们在这个方向上走过了头。我们可以从"成功地误用"入手来讨论这一点。首先我想指出，"成功的误用"绝不限于描述语，专名也一样。张三在那里除草，我看错了人，对你说"李四还真勤快"，我说错了，但你多半知道我指的是谁。更进一步，我们不仅能说错了还"成功地指称"，我们还可能说错了而"成功地描述"。你把一个调查报告说成"差强人意"，我可以明白你是说那个报告勉强过得去，虽然差强人意这话本来不是这个意思。有一个时期，大家都把懒惰叫做"资产阶级的恶劣品质"，资产阶级何尝懒惰来着？但我们明白这话的意思。你我颇为会心，你说"头儿说话真简洁"，我明白你的意思是这位领导啰里啰唆；也可能，跟简洁与否没啥关系，我明白你的意思是他在唱高调，或他匆匆忙忙要去会他的情人。极端地说，只要情境足够特定，一句话可以是任何意思。把上述情况笼统置于"使用"题下，由此来论证"不是语词有所指而是使用语词的人有所指"，显然误解了使用概念，并有抬杠之嫌。我说这辆大轿车是运送旅客的，你非说不，没有司机，这辆大轿车什么都运不了，再说，我也满可以不用它运送旅客，而用它来做路障。这样争辩下去，会让使用这个概念变得越来越琐碎，讨论也越来越不着边际。你说错了，我也可能理解你，但这不关语词使用的事——你一言不发，我照样可能理解你。我们谈论语词的使用，无关乎这类意义上的"成功"，而是从合理用法着眼的，因此才有正确不正确之分。这样使用这个语词，和那样使用那个语词，两者之间有一种逻辑关系，而误用则与其他使用之间没有逻辑关系。有鉴于此，我们还可以区分误用和你真坏这话表示我有点喜欢上你了这一类特殊用法。

第三节　"不定簇理论"

　　弗雷格的一些论述，似乎把专名视作缩略的特称描述语。对弗雷格的逻辑学目标来说，重要的是把指称个体的单称表达式归为一类，至于那是专名还是特称描述语，往往不是他的关注之点。罗素更明确地主张普通专名等于缩略描述语，这跟他的亲知理论相联系。维特根斯坦的《逻辑哲学论》区分复杂符号和简单符号。复合符号可以通过定义还原为简单符号即名称，名称直接指称对象。日常语言中的名称，启明星、金星等所谓名称，其实都是复杂符号。与弗雷格参照，可以更清楚地看到维特根斯坦的理路：在弗雷格那里，启明星既有意义又有指称。意义在同一层面上引导指称，而在《逻辑哲学论》里，我们其实只能从意义方面来考虑启明星，其意义在于把我们引向简单符号，只有简单符号才指称。意义和指称处在两个层面上。这种处理，就启明星这样的普通专名来说，跟罗素伪装的描述语理论差不太多。

　　缩略描述语理论面对不少疑问：一个专名等于描述语中的一个、一些还是全部？等同于一个或一些，那么，等同于哪个或哪些？对每个人是否都等同于同样的一些？如果等同于全部，那么对象的性状发生了变化，名称的意义也跟着变化吗？等等。

　　在其后期著作《哲学研究》中，维特根斯坦否定了命题应当而且可以获得充分分析的想法，自然也不再坚持这样来看待意义–指称的思路。但他的一些论述似乎坚持专名等于缩略描述语——

我们可以跟着罗素说:"摩西"这个名称可以由各种各样的描述来定义。例如定义为"那个带领以色列人走过荒漠的人""那个生活在彼时彼地、当时名叫'摩西'的人""那个童年时被法老的女儿从尼罗河救出的人"等等。我们假定这一个或那一个定义,"摩西没有存在过"这个命题就会有不同的意思。(§79)

维特根斯坦在这里关注的是家族相似,而不是专名-特称描述语的关系问题。在同一节里,维特根斯坦说到名称 N,为名称 N 设想了几条含义,然后说:

> 我对 N 的定义大致是"符合这一切的那个人"——但若现在证明其中某一条是假的呢!……这一点可以这样表达:我不在固定的含义上使用名称 N。(但这并不削弱它的用途,就像使用一张桌子,用了四条腿来代替三条腿,而有时会因此有点摇晃。)

后来,塞尔从这里的"不确定的集合"发展出专名的"不定簇理论"(cluster theory):指称某一对象的专名联系于描述该对象的诸描述语中的一簇,究竟哪些描述语形成了这一簇则是不确定的。一个专名相当于"充分多的,但并未对具体数量作出规定的陈述"[1]。

---

[1] 塞尔:《专名》,见 A. P. 马蒂尼奇编,《语言哲学》,商务印书馆,1998 年,第525 页。本节以下出自该文的引文只注明页码。

专名"一般说来并没有特别指明(specify)它们所指称的对象的任何特征"(第 524—525 页)。

在一篇题为《专名》的论文中,塞尔首先考虑我们如何学会和教会专名的用法,无论通过实指还是通过描述,"我们总是通过某些特征来识别该对象的"(521 页)。我们通过特征到达对象,这在专名问题上意味着什么呢?意味着专名通过描述才能有所指,意味着"名称具有意义"。然而另一方面,如果我们主张专名具有意义而这意义是对其指称对象的特征描述,我们就会遇到上面提到的那些疑难,而不定簇理论似乎有助于解决这些疑难。专名这种设置的优点本来就在于我们可以避免只能通过描述一个对象来指称它的这种困境,使我们不必被迫回答哪些是这个专名的特别规定。我们知道关于摩西的不少事情,但我们平时无须费心去决定他必须做过其中哪些事情我们才愿叫他"摩西",否则就不把他当作摩西;如果我们真的面临这个问题,那就需要我们自己去决定,没有事先确定好的答案。简化说,专名等于一组数目足够多的描述语,但具体等于多少描述语,等于哪些描述语,则都是不确定的。塞尔把专名比喻成衣架那样的东西,可以用来挂住不同的描述语。专名的设置"使我们能够指称对象而不必争论究竟是哪些特征确定着对象的身份"(第 526 页)。

不过,虽然不定簇理论和罗素的缩略描述语理论在细节上不同,从根本上说,它还是把专名看作缩略语。因此,克里普克满有理由把这条思路笼统地称为"弗雷格-罗素-维特根斯坦传统"并把它们捆在一起作为他攻击的靶子。

第四节　固定指号和孪生地球

克里普克强烈反对所谓弗雷格-罗素-维特根斯坦的专名理论。专名绝不等于某一个特称描述语。我们通常可以用多种不同的描述语来描述专名所称的对象，那么，哪一个描述语是那个专名的意义？而且，如果一个专名实际上是这个描述语的缩写，例如，曹雪芹是《红楼梦》的作者这个描述语的缩写，那么，曹雪芹是《红楼梦》的作者这个命题就成了同语反复。"不定簇理论"用不确定的一组描述语来代替唯一的描述语仍然是错误的。从根本上说，关于曹雪芹的各种描述都是经验事实，不是分析命题。克里普克虚构了一个关于哥德尔的故事。我们平常总是把哥德尔和证明了算术不完备定理的那个人联系在一起，但现在让我们假设，算术不完备定理实际上是由一个名叫"施密特"的人证明的，他的朋友哥德尔获得了施密特的手稿并以自己的名字发表，即使这一点被发现了，哥德尔仍然指称哥德尔，而不是指称施密特。

克里普克严格区分名称和描述语。美国总统是个描述语，它当时指尼克松，然而它过去却指华盛顿或林肯。尼克松则是**固定指号**，它始终指尼克松这个人，无论他在当总统还是遭到弹劾下了台。固定指号这个概念跟**可能世界**的概念相连，尼克松在任何时间地点都指称尼克松，相当于说尼克松在任何可能世界都指称尼克松。

名称或固定指号不是通过描述对象与对象取得联系的，那么，它跟它所指称的对象是怎么联系的呢？克里普克提出了"**历史-因**

果理论"[1]。最初,名称和对象的关系是由命名仪式确立的。一个孩子出生了,父母把他命名为尼克松,在场的人可以指着他说"这是尼克松"。这些人会在其他场合谈到尼克松,包括尼克松并不在场的时候,这时,人们仍然明白尼克松是那个孩子的名字,如果他们有疑问,可以一环一环追溯,一直追溯到命名仪式。在命名仪式上,对象可以是通过描述语确定的,但在这里,名称仍然不同于那个描述语。我们最初用"在清晨出现在某个天区的如此如此的一颗星"来确定启明星。可以设想万世之后,物换星移,启明星不再在清晨而在午夜出现在那个位置上,但**启明星**还是指启明星。在克里普克看来,尽管一个名称也许是随着确定所指对象的标准一道被引入语言的,但这个标准并不是名称的意义(sense),也不是用来确定意义的——这里根本就谈不上意义。

克里普克还指出,他对专名的看法同样适用于**自然种类**(natural kinds)的名称,例如老虎、金等等,尽管这些语词不是专名而是通名。本章开始处提到,很多名称本来就不大分得出是专名还是通名,例如星期日通常被当作专名,但我们一年就有 52 个星期日。这一点本来相当清楚,倒让人奇怪怎么很久以来一直为人们忽视。其原因在于,很多论者同意专名没有内涵。个体的属性都是偶然的,对照之下,通名具有内涵,因为"类"是可以定义的,而且恰恰是它的定义确定了它的指称范围,所谓"内涵决定外延"。克里普克反驳说,定义不能用以确定通名的外延。四条腿可以出现在老虎的定

---

① 这是别人的叫法,克里普克自己明确说他并不是要提出一个严密的指称理论,他只是要提出一个比从前的解释更好的解释。

义中，但这并不妨碍我们见到一只三条腿的老虎而正当地把它叫作老虎。反过来，如果你坚持老虎具有必然内容，那么，我也可以这样说到专名，例如尼克松必然地包含尼克松的父母所生。

固定指号根据什么固定下来的？如果说根据对象的必然特性，那似乎跟专名等于描述语的理论差不很多，只是在这里把描述语限定为对象必然特征的描述语而已——尼克松指的是这个男人和这个女人的配子发育而成的人，金指的是原子序号为 79 的元素，水指的是化合物 H_2O。然而，在克里普克那里，不管是什么确定了固定指号的指称，它们都不是名称的意义。语词的意义与名称的指称是两件全不相干的事情。

克里普克虽然坚持认为名称没有意义，但他并不反对名称所指的对象具有本质特征，或名称能用某一或某些描述语定义，他主张对象的本质性质或必然性质就是它的内部结构，例如，水的分子式为 H_2O，黄金的原子序数为 79，这些分别是水和黄金的必然性质。在这个意义上，个体像类一样具有本质特征，例如尼克松由其母亲的受精卵发育而成。二氢一氧是水的本质特征，却不是水这个词意义的一部分，水这个名称没有意义。什么是对象的本质特征，当然不是哲学家的关切所在。

固定指号究竟有多固定？塞尔认为，即使戴高乐变成了一棵树，戴高乐的指称仍然可以不变，但若戴高乐变成了一个素数，戴高乐所指的就不可能还是同样的东西了。对历史–因果理论还有另外不少批评。达米特认为有很多种类的名称无法由历史–因果理论加以说明，例如星期三这种日期名称。克里普克的理论最多只适用于人名地名这一类特定的名称，但即使就人名地名来说，历史–因果理论也不能表明说出一个名称和听到一个名称的差别。设想有人告诉玛丽"汤姆现在在米兰"而玛丽是第一次听说米兰这个名称，这时，我们就不能说玛丽知道了汤姆现在在米兰，她所知道的只是汤姆在一个叫作"米兰"的地方。伊万斯（Evans）则举出马达加斯加这个例子：非洲人原本用这个专名指非洲大陆上的某个地方，但后来的欧洲人弄错了，用它来指现在的马达加斯加岛，这说明"命名仪式"并不能保证专名的指称不变，不能保证专名是"固定指号"。我们固然可以就这些批评展开进一步的讨论，但它们多半比较琐碎，未及关键之点。

普特南在专名问题上的看法与克里普克相近。普特南也注意到自然种属的名称和专名起作用的方式是相近的。他反对名称具有意义，反对把名称还原为其所指称事物的描述语，例如把柠檬分析为色黄、味酸、皮厚等等。人们错把自然品类的性质当作其名称的意义，是因为他们把分析单身汉这类"单一标准概念"的模式套到了自然品类名称上面。单身汉有一个显定义，即没有妻子的男人，但柠檬和老虎却没有这样的显定义。自然种属名称所指事物的外延不是由一组"语义学规则"确定的，这些规则可以确定一种事物的样板（stereotype），但不能确定它的外延。我们不能描述老虎的一切状态，但可以描述一只典型的老虎是个什么样子。发白的柠檬还是柠檬，三条腿的老虎还是老虎，这里的区别是"正常的成员"和"不正常的成员"之间的区别。

普特南提出一个**孪生地球**的虚拟故事。让我们设想有一个与地球十分相近的行星，可称为孪生地球（twinearth）。那里的一切都和地球相仿，也有一种液体，那里的人称之为水，它的表面性状和地球上的水一模一样，但其物质结构却是另一种，且称之为 XYZ。那么，孪生地球上所说的水和我们所说的水指称是否相同？普特南把物质结构摆在首位，回答说：不相同。心理状态不能确定指称，指称不同是因为质料不同。

有人反对说，孪生地球上的发现证否了水都是 H_2O 这个命题，我们这时就应该说有两种水。普特南认为这不是一个严重的反驳，只要设想孪生地球上的那种液体在表面性状上其实和地球上的水也有很大差别，例如含有不少酒精，但那里的人由于身体构造等原因喝不出它和地球上的水有什么区别。

然而，即便很多人不知道水是 H_2O，难道可以因此说他们不知道水指称什么吗？普特南引入专名使用的集体性和社会分工来讨论这个问题。使用某一名称的人不一定对所指对象有充分的知识，但这个语言集体中却有一些人知道这一点，别的人通过和那些专家的联系保证了他们正确地使用水这个词。由于有这种"语言学分工"，尽管只有专家能准确断定水的指称，但普通人很快可以学会正确地使用这个词。在这个主张里，有没有专家不是主要的事情，关键是分工和集体性：指称不是由个人理解决定的，而是由整个语言共同体的能力决定的。

可是，两百年前，还没有人知道水是 H_2O，那时水是怎样指称的呢？水当然无须有人知道水是 H_2O 才有指称，人们通常是根据水的显标志来确定其指称的。从这些显标志来规定水，是水的所谓实指定义或操作定义。但是除了显标志以外，自然种类的名称还都有隐标志，例如水是 H_2O，科学家就是用这个隐标志来定义水的。普特南在这里所要坚持的是，发现水是 H_2O 并没有改变水的指称，也就是说，水的真正指称是一项发现，而不是一种规定。

第五节 关于固定指号和孪生地球的评论

从语词起作用的方式着眼，自然种类的名称和专名应该划入同一类，这一点相当明显。然而，自然品类停在哪里？自然品类的名称和人造物品类的名称没有明确界限，名称和非名称语词也没有明确界限。桌椅床柜和金银铜铁的语法差别有多大？再下去就是风雨水火。形状的名称如正方形、椭圆算自然品类吗？半自然品类？

这个问题直接关系到语词意义和对象属性的区分。克里普克批评说，人们在专名讨论中经常混淆语词意义与对象属性，这一点我也十分赞同。然而，克里普克的理论并未把两者明确区分开来。固定指号是根据对象的必然特性固定下来的，椭圆有它的必然特性，因此，似乎应该把椭圆也视作固定指号。然而，两定点的距离之和为常值的点之轨迹是椭圆的必然特性呢抑或是椭圆这个词的意义？

依照克里普克的思路，"固定指号"其实与指号并无关系，其内容只在于确定一个对象在何种情况下仍是它自身。尼克松是个固定指号，亦即它在任何可能世界都必然指称尼克松。无论 1970 年他是否被选上美国总统，尼克松界仍然指称尼克松。然而，这个人叫尼克松，父母给他起了尼克松这个名字，他自称尼克松，都像他被选上美国总统一样，是些偶然的事实，所以，"尼克松必然指称尼克松"的意思不是"尼克松必然有尼克松这个名字"，而是尼克松必然是尼克松，哪怕他不叫尼克松。这无非是说：一样东西不管叫上什么名字，这东西还是这东西——"我们叫作'玫瑰'的，不管你叫它什么别的名字，散发着同样的芬芳"（莎士比亚语）。可能世界的核心问题其实是关于对象同一性的问题。

一个事物尽管可以改变但仍然是它本身。但若改变得非常巨大呢？尼克松遭到弹劾下了台，尼克松还是尼克松，这没问题。但若尼克松变成了一只狗熊或一只青蛙呢？或者用塞尔的话说，尼克松变成了一个素数，这时，尼克松还指尼克松吗？一个事物变到什么程度就不再是它自己？这个变形话题自古以来激发了各种诗歌的、哲学的、伦理的、美学的、科学的想象：庄生化蝶、奥维德的变形记、卡夫卡的变形记。你的亲人得了病，脾气变了个人似的，你还待之为亲人；但若他变成了大甲虫呢——一只地地道道的甲虫？在童话里，白马王子变成了狗熊，小姑娘的爱情一如既往，不过在童话里，狗熊最后总会变回王子；为什么要这样变来变去？从头到尾一直爱一个白马王子，那还有什么故事？可是不幸，现实生活中的不幸变化很少逆转。童话里的小姑娘不改其爱情，因为这只狗熊不真是一只狗熊，他的行为举止保留了王子的不少特征，偶然还流露出忧郁而高贵的目光。我们最容易想象人的变形，想象一个跨可能世界的个人保持其为同一个人的特性，因为人是最丰富的，一个人可以家产荡尽、容貌尽毁却依然故我。人有深度，可以分出内外，我们甚至可以想象你我的一切外在条件互换而你我仍保留为你我，虽然实际上你我可能会很快被新的外在环境改变。我们不愿给一个五颜六色的肥皂泡一个固定指号，因为它一旦散碎，似乎就不再有任何踪迹来维持它的同一性了。

我们所关注的，从来不是与语词脱离了关系的对象，而是语词在如何确定对象这件事上的作用。普特南说，日常指称不同于科学指称，前者是由表面性状而不是由物质结构来确定的。日常语词水指称水，依据的是无色、透明、液体这类表面性状；H_2O 指称水，依据的是水的分子结构。这种对称的刻画看似不错，实则错失了问题的要点。水和 H_2O 都是以有所说的方式来指称水的，换言之，它们各自着眼于一些特定的联系来指称水。如上所说，如果指称说的只是一个符号与一个对象相连，那么，这是个什么符号就是件不相干的事情，我们单独研究对象就好了。

语言学分工理论与克里普克的历史-因果理论遥相呼应，都靠追溯到某种权威来保障名称的指称。这意味着，我们平常使用名称，并不直接知道它们指称什么。这听起来有点儿奇怪，不过，他们二位所说的指称，与我们平常所说的指称并不是一回事——名称的指称，或至少，保障了名称指称的东西，是所指之物的本质属性或物质结构。因此，指称问题不再是一个语言方面的问题。"这个'本质属性'是什么的问题不是语言分析的问题，而是科学理论构造的问题。"[①] 非本质属性会发生改变，而一个名称仍然指称这种东西，是由于这个东西的本质属性不变。不难看到，我们现在又回到那个古老的甚至可说是陈旧的本质—偶性的区分。

普特南认为科学指称是一种更优的指称，他的意思也许是，"真正区分开被我们算作自然种类的类的东西本身也是科学研究的事情，而不是意义分析的事情"[②]。然而，日常分类法和科学分类法

---

① 普特南：《语义学是可能的吗？》，见 A. P. 马蒂尼奇编，《语言哲学》，商务印书馆，1998 年，第 592 页。

② 同上书，第 593 页。

的区分并不在于一个是真正的一个不是真正的,它们是在两个层次上进行分类。日常世界中,水被视作一个单独的类,的确,依赖的是"表面性状",围绕着人的感知与需要,水是透明的、无异味的、可饮用的、可用来洗涤和灭火的等等。

假设一个村子两面都有湖,人们一直不能区分两个湖里的水有什么区别,都称之为水,后来村里人学会了化学,检验出一个湖里的液体是 H_2O,另一个湖里的液体是 XYZ。我猜想,正像普特南的批评者所建议的那样,人们最自然的说法会是:原来水有两种物质结构!科学研究有自己的目的和标准,除了对于科学研究来说,我看不出为什么要用分子构成而不是由其他标准来确定两种东西有没有"本质区别",既然 XYZ 像水一样能喝、能洗、能灭火,它的分子结构不同又有什么要紧? 如果这种结构上的差别后来变得对日常生活或某种特定研究颇为重要,人们通常会为其中一种起个新名字,例如重水,或者干脆起两个新名字,把水这个字废除。实际上,水变成固体以后就不再叫作水,而叫作冰,虽然它仍然是 H_2O,这简简单单因为水、冰、水蒸气在我们的生活中造成方方面面的区别。

当然,依照表面性状归类跟依照物质结构归类,可能结果相同或相似,例如在金子和水这些事例中。但这些是特例。我们把鸟的翅膀、蝙蝠的翅膀、蚊子的翅膀都视作翅膀,但它们的生物学来源相差甚远。我们把鲸鱼和海豚视作鱼类,但动物学不是这么分类的。单挑出金和水为例,容易误导我们以为,某一自然品类的范围总是固定的,只不过我们有时从表面性状来指称它,有时从物质结构来指称它。

生物学家怎样确定尼克松变化成什么样子就不再是尼克松,化学家怎么确定水的分子结构，这些问题实在无关乎语言哲学，确定这些事情也不是哲学家的强项。但专名问题却向这个错误的方向延伸下去，有些论者乐此不疲，一路追问到受精卵的分期问题上去。

第六节　语词内容与概念-意义

我们看到，关于专名的讨论，大半依循意义/指称两分的思路。启明星和长庚星这两个词有区别，既然它们的区别不在于指称不同，那么，其区别就在于它们意义有别。然而，两个语词可以因为各种各样的缘故有别。陶潜和陶渊明，邓颖超和邓大姐，天宝元年和公元 742 年，water 和水，水和 H_2O，每一组都有相同的指称，而它们之间的差别则形形色色。邓颖超和邓大姐这两个称呼所体现的区别是说话人社会身份的区别。陶潜和陶渊明的区别是名和字的区别，了解名和字的区别、联系是一种特别的知识，这类知识对于读古书的人十分重要。天宝元年和公元 742 年是纪年系统的区别。water 和水是两种语言的区别。水和 H_2O 体现的是日常语言和科学用语间的区别。把这些区别统统叫作意义上的区别，当然容易引起混乱。

有很多关于邓颖超的事实，例如她是周恩来的夫人，她在 1992 年去世，等等。不了解这些事实，就听不明白一些包括邓颖超的句子。但我们为什么把我们所了解的称作事实知识而非语义知识呢？因为这些知识不曾联系在一起形成一个我们谈论其他事物的角度。让我们回想一下莱尔关于**语义知识**/**事实知识**的区分。莱尔说，关于首相的知识是语义知识，例如，首相是议会多数党领袖这个知识。然而，关于首相有很多知识，例如这个职位最早诞生于哪一年，最近三届英国首相是哪些人，这些知识显然不是首相的"语义知识"。有的读者甚至并不知道（英国）首相是议会多数党领袖。但他们并非不了解首相的语义——他们对首相有个概念：首相是个很大的官儿，但比总统或总书记这种最大的官儿小一号；首相主要负责行政事务；等等。在这里谈论两种"知识"难免误导众人。的确，要理解首相的含义，我们需要知道一些关于首相的"知识"，但要点在于，这些"知识"互相联系，形成了一个概念。首相是一个概念，这意思是说，我们对现实世界的一些了解结晶在首相这个词中。它成为我们借以理解和言说自然与社会的一个着眼点，一个环节。

我们尽可以区分对语义的理解和事实知识，但不可忘记，我们的概念是在对事实的了解中形成的。水能解渴，水往低处流，寒而结成冰热而化成气，这是事实知识还是语义知识？我得知道皮特、丘吉尔这些人曾是英国的首相，他们都做了些什么，他们是怎样跟英国王室、外国元首以及本国人民打交道的，我才会形成首相的概念。当然，概念的最终形式或最清晰的形式，像水、首相这些语词，不是从我个人的经验中形成的，而是通过一个语言共同体成百上千年的共同经验成形的。（公共）语言中的语词引导我们每一个人的概念成形，如维果茨基所论断，在儿童概念形成的过程中，"语词的使用是不可缺少的组成部分，而且语词在这些发展过程所导致的真正概念中保持指导作用"①。

---

①　列夫·谢苗诺维奇·维果茨基：《思维与语言》，李维译，浙江教育出版社，1997年，第90页。引文中的"真正概念"相对于维果茨基所称的"伪概念"，这个区分与眼下的讨论无关。

一个名称却不像概念那样提供理解和言说的一个着眼点。营销商推出成百种护肤霜的新名称，但他们并无提供我们理解和言说世界的新角度。专名之所以"没有意义"，因为它并不组织、定型我们的某种理解。反过来，如果一个专名定型了我们的某种理解，它就成为一个概念词，具有语义。事后诸葛亮、诗坛拿破仑就是这样把专名当作概念词来使用的。这样使用自然品类的名称就更常见了，蚕食、千金、狼心狗肺就是现成的例子。这里，蚕、金是概念词，是"有意义的"，但这个意义却不是这个自然品类的定义，而是某种我们借以形成概念的特征。这一点，我们拿金和钼相比就知道了。拿破仑这样的人物毕竟少见，绝大多数的个人从出生到死掉，只有少数人认识他，再说他也不一定有什么突出的特点，所以他的名字很难变成概念词。自然品类却是东南西北的人、一代代的人都见到的，我们容易用它们的特点来形成概念——我们本来就是从世世代代处在身周的事物出发去理解整个世界的。

本节开始处讲到，语词包含各种各样的内容，两个语词可以在各种各样的维度上相区别相对照——两个语词可能指称同一年，但分属于不同的纪年系统，或指同一对象，但分属汉语和英语，或一个是自然语言中的语词，一个是科学用语。我们需要就这种种情况分别讨论不同自然语言之间的翻译问题，讨论科学语言与自然语言的关系问题，至于应该怎样为马、金去下定义，哪些是据以识别尼克松的特征，玛丽应该有多少地理知识才能说她知道汤姆在米兰，所有这些都不是语言哲学的本务。

第十四章　隐喻与隐含

隐喻一向引发语言研究者关注。在历史上，隐喻通常作为一种修辞手段受到关注。亚里士多德强调，隐喻这种修辞手段意在破掉俗套，把话说得生动，从而也给了听者某种可特加领悟的东西。亚里士多德用他特有的那种常情常理说道，先前不明白、想了一下就明白的推论让我们有所领悟，而隐喻与此类似。

隐喻与比喻、类比等多种修辞方法相邻。此外还有假借，古例如来、麦的来借用为来去的来，近代如借用天性的性来表示性别之性。再例如借代，龙井是用地名来代一种茶，胸无点墨是用墨水来代学问，停止了呼吸是用一个不刺眼的现象来代死亡。隐喻还与双关、两可、反讽、allegory、meiosis 等相连。

隐喻与一般比喻有什么区别呢？主流看法把比喻分成隐喻（metaphor）和明喻（simile）：用"是"字带出的比喻如张三是条狗是隐喻，用"像"字带出的如张三像条狗是明喻。所以，隐喻是未加明言的明喻，明喻是说明了的隐喻。亚里士多德多处如是主张，虽然他自己在具体考察隐喻时常常超出了这个简单的说法。近世如布莱克、古德曼、塞尔、戴维森等论者都沿袭这个看法。

隐喻可能逐渐固定下来，成为寻常词义，山腰原来是个隐喻，后来约定俗成，成为常规的说法。铁拳、鲸吞、酝酿、覆没都属于这种情况，成为所谓**死隐喻**(dead metaphor)。死隐喻中的比喻意义不同于一般的比喻，我们用祖国的心脏来比喻首都，但首都不是心脏的意义。更有甚者，用来比喻的意思逐渐成了主要的意思，原来的意思反倒被人淡忘了，例如穷困原指走投无路，用来比喻没钱，这个比喻义现在反倒成了穷困的主要意思，一方面，这个意思没有更常规的表达法，另一方面，我们不再用穷困来指走投无路。河口、发火也属此类。有些哲学家特别强调隐喻在词义转变过程中的作用，孔多塞断言："在语言的起源时，几乎每一个字都是一个比喻，每个短语都是一个隐喻"。[1]哲学家多半对死隐喻特别感兴趣，因为这里有隐含意义和字面意义的转变、交织，很可能为解答"什么是一个语词的意义"这个问题提供了一个突破口。

　　20世纪七八十年代以来，隐喻成了一个热门话题，不仅在语言学、语言哲学上如此，在很多其他领域亦然，例如在神学领域，阿尔斯顿把神学中的很多用语都理解为隐喻，而且属于"不可还原的隐喻"，约翰·希克在《上帝道成肉身的隐喻》中把incanatus(上帝道成肉身、体现)主要理解为一个隐喻。

第一节　塞尔与戴维森论隐喻

　　塞尔同意用"是"和"像"来区分隐喻和明喻，但不同意明喻是说明了的隐喻。[2]他所持的一个主要理由是：隐喻和明喻的真值条

---

[1]　孔多塞：《人类精神进步史表纲要》，何兆武译，生活·读书·新知三联书店，1998年，第35页。

[2]　本节的相关介绍依据的是塞尔的《隐喻》一文，见A. P. 马蒂尼奇编，《语言哲学》。

件经常是不同的。张三像只大猩猩可能是真的，张三是只大猩猩则一定是假的。

塞尔基于他对隐喻/明喻的这一区分为隐喻提供了一个公式：说者说"S 是 P"时意谓的是"S 是 R"。于是塞尔的主导问题就成为：说者没有说出他所意谓的，他怎么可能与听者交流？塞尔回答这个问题的要点是把**语句意义**和**说者所要表述的意义**分离开来。这大致就是我们平常所说的**字面意义**和**隐含意义**。

塞尔说明，他的公式不仅适用于隐喻，也适用于反话、间接言语行为，例如我说了一句蠢话，你评论说你可真够聪明的，例如你说下雨了意在让我关窗户。这些言语行为的共同特点是，我们首先听懂了字面，接着从字面意思联系到隐含的意思。这种联系不需要临时的特别的约定，因为如此这般的字面意义与如此这般的隐含意义有一种系统的相应关系。从而，塞尔所谓的"隐喻解释的原理"大致在于考察一件东西是怎样让我们想起另一件东西的。就隐喻来说，在于考察**所喻**和**喻体**"如何相似"，在他那里，就是 P 和 R 如何相似。

戴维森对塞尔的主导思路（说者没有说出他所意谓的，他怎么可能与听者交流？）提出强烈的异议。他在《隐喻意谓什么》一文中提出的主张和塞尔针锋相对："隐喻的含义无非就是其所涉及的那些语词的最严格的字面上的解释。""隐喻完全依赖于这些语词的通常含义。"① 因为，如果说隐喻所用的词儿另有一个（隐含的）意义，那么，隐喻本身就会消失。例如我们说，The spirit of God moved

---

① 戴维森：《隐喻意谓什么》，见 A. P. 马蒂尼奇编，《语言哲学》，商务印书馆，1998 年，第 844 页。

upon the face of the water（上帝的圣灵在水面上移行），如果这句话里的 face 另有一个隐含的或曰扩展的意义，可以用来述说水的表面，那么，水就有了面，水面就不再是一个隐喻。牵涉到两种意义的语言现象是两可（ambivalence），而隐喻并不牵涉第二种意义。

如果隐喻像明喻一样并不超出字面意义，那么，是什么把隐喻和明喻区分开来呢？戴维森像塞尔一样从真值出发来作此区分：明喻都是真的，因为每一样东西都像每一样东西；大多数隐喻则是假的 [1]，而且，正因为我们知道它为假，我们才能使用隐喻。张三明明不是一头猪，才能有张三是一头猪这样的隐喻。

戴维森也用"是"和"像"来区分隐喻和明喻，但他不同意塞尔的相关理论，在他看来，这个理论太简单了，隐喻中隐藏的意义在那里太过直露浅白——我们遇到一个隐喻，所要做的无非是寻找两个事物的一些相似之处，然而，每样东西都像每样东西。实际上，隐喻包含着比明喻远为更多的东西，通常，我们很难为一个隐喻提供解释，更不可能对隐喻作出改述（paraphrase）。戴维森把改述隐喻比作解释一幅图画、一个曲子，在这里，"语言不是适当的货币" [2]。

戴维森反复强调的主要论点是：隐喻和其他言说方式的差别是使用上的差别而不是意义有别。同一个语词可以用于论断、暗示、说谎、允诺、批评、隐喻。例如，同一个句子，意义不变，可以用来隐喻，也可以用来撒谎。一个女人相信女巫但相信她邻居不是女

---

[1] 大多数是假的，有些是真的，例如任何人都不是一座孤岛之类，但这些隐喻之为真没什么意思。

[2] 戴维森：《隐喻意谓什么》，见 A. P. 马蒂尼奇编，《语言哲学》，商务印书馆，1998 年，第 867 页。

巫,说我的邻居是个女巫,这既可以是隐喻,也可以是撒谎。这两种使用通常差别很大,互不干扰,但有时很难分清。例如在麦卡锡时代指控张三是共产党,指控者本来可能是在撒谎,但被揭露为谎言后,他可以自辩说他只是说了一个隐喻。无论撒谎还是隐喻,都与语词的意义无关而与语词的使用有关。

戴维森对隐喻的理解建立在他的一般语言理论上,侧重于语言和事实(世界)的区分。我们学习一个语词的新用法时关注的是语言,使用一个已知的语词时关注的是世界。隐喻属于后者。死隐喻最突出地表明了这一点。据考察,mouth 原只用于动物的口,不用于瓶口、河口,现在则应用于这些事物,从而 the mouth of the river(河口)就成了一个死隐喻。然而,如果 mouth 一开始就应用于河流的终端,那对我们会有什么差别吗? 唯一的差别就在于,这会使我们认为这种说法理所当然。而隐喻却使我们注意到所喻和喻体之间的相像,即河流之口和动物之口的相像,因而给人新奇之感。发火(burned up)是个死隐喻,像普通用语一样平淡无奇,但这个隐喻还活着时,我们就会想象生气时着火冒烟的样子。戴维森补充说,隐喻所具有的生动性并不依赖少见、新奇。隐喻说一百遍还是隐喻,字面意义第一次就是字面意义。隐喻的新奇是一种内嵌的美学特征,百闻不厌。

戴维森一方面区分语言和事实,另一方面则认为两者没有明确的界限。例如,你用实指方式教土星人 floor 这个词,你是在教他语词还是在教世界? 戴维森回答:both。因为他学会的是用语言中的这一小片指称世界中的这一小片。但分开说,他先学语词,学会了语词就可以教他世界。好,这个土星人学会了 floor 这个词,或你以为他学会了。有一天，他带你回土星去玩，回头指着地球说，看那 floor。你能说他一定是没学会这个词，把 floor 和 earth 弄混了吗？他也许是在说出一个隐喻呢，实际上但丁就曾说，The small round floor that makes us passionate。

第二节　莱柯夫 / 约翰森谈隐喻

我们记得，塞尔的主导问题是：说者没有说出他所意谓的，他怎么可能与听者交流？莱柯夫和马克·约翰森两人合著的《我们依以生活的隐喻》①对这条基本思路提出质疑。塞尔的问题一上来就强烈误导，说者说了，听者听懂了，为什么说者还是没说出他所意谓的？像塞尔这样为一个句子"设定了两个客观意义"，字面上说话两个意义重合，隐喻则两个不相合，这样的思路难入堂奥。《我们依以生活的隐喻》另辟蹊径，对隐喻这个题目做出了别开生面的探究。其实，这本书并不限于探究隐喻，而是希望以隐喻研究为突破口，彻底改变传统认识论，改变整个西方哲学传统中占统治地位的"客观主义的神话"②。其批判的矛头直指西方思想的核心主张——绝对真理："我们不相信有客观的（绝对的和无条件的）真理这样的东西。"（159页）。我们在本书中不讨论这一远大目标，只谈隐喻本身。

作者这样界定隐喻的本质：通过另一件事情来理解、经验某事，

---

① George Lakoff and David E. Johnson, *Metaphors We Live By*, The University of Chicago Press, 1980. 本节引自该书的引文只在正文中标出页码。

② 莱柯夫后来发表的 *Women, Fire, and Dangerous Things*（The University of Chicago Press, 1987）一书更系统地实施了整个计划。

例如通过战争、战斗来理解、经验辩论。谈到一场辩论，我们会说：攻击某个薄弱环节、击中要害、摧毁了他的论点，采用了某种战略、赢得或输掉了一场辩论，等等，这些说法显然来自对战争的谈论。这里有两点需要补充：第一，隐喻牵涉的不只是修辞，我们不仅使用击中要害、赢得辩论这些话来谈论辩论，而是通过战斗等等来"理解和经验"辩论，我们实际上这样看待辩论，也这样进行辩论。隐喻不仅属于语言，而且属于思想、活动、行为。第二，战斗充当辩论的隐喻，不仅仅在于战斗和辩论两者之间有一个或多个共同点，而在于这两件事在整体上相似，即作为经验完形相似。战斗和辩论都不是一些属性的集，它们都是某种完形。

　　莱柯夫和约翰森把隐喻理解得很宽。他们把我们的概念分作两类：一类是自己萌生的概念；另一类是包含隐喻的概念。像上下、物体这样的概念是原始的、直接从经验萌生的概念，辩论、理论、时间这些概念则是包含隐喻的概念。作者认为，大多数概念都是包含隐喻的概念。隐喻对大多数概念具有建构作用，自然而然，**我们的整个概念体系本身在很大程度上就是隐喻式的。**

　　一大批概念是由上下、高低之类的方向概念为基础建构起来的，作者称之为方向隐喻。社会地位有高下之分，道德有高下之分，此外，高兴、健康、有意识、多、可见、未来、理性，这些都是高，而沮丧、健康不佳等等都和低下连着。纯知性概念也可能包含这些隐喻，如高能物理，高阶函数。

　　在方向隐喻中，作者关于前后这组概念的讨论最有意思。有两个因素造就了空间意义上的前面。第一，人有正面背面，正面朝前。第二，运动着的物体有正面，运动的方向是前。这两个因素都阙如的时候，怎么决定在前在后就会有分歧。一个足球落在我前面的一块石头那里，它在石头前还在石头后？我们会说球在石头前面，然而，豪萨（Hausa）人会说球在石头后面。这大概是基于不同的想象——要是把那块石头视作和你面对面说话的人，你会说球在石头前面，要是把那块石头视作和你顺向排成一队的某个成员，你会说球在石头后面。

至于时间的前后，更容易产生分歧，乃至我们一时说未来在前，一时说未来在后，两个说法甚至可以出现在同一个句子里：我们（向前）展望（后面）接下来的两个星期。时间通常被比作流动之物，因此时间有一个自己的前面；但当它越过我们流去，它的前面就到了我们背后，我们前面面对着的就是时间的后面。这就像一辆火车在我身边开过去了一半，对火车自己来说它是面向车头，对我来说正面却是车尾。从时间本身来看，接下来的两个星期是在后面，从我来看，那两个星期是在前面。

另一大批概念是基于本体论隐喻的概念。树丛、街角、海洋，本来是没有明确边界的，但我们把它们当作物体来对待。通胀更不是物体，但我们把它当作物体，通胀会来到、停止，我们可以与之斗争，可以战胜它。在本体论隐喻中，把观念视作物体、把心智视作实体或机器是极为常见的，而且是在哲学上极值得关注的隐喻。

大多数概念包含隐喻，有些概念甚至就是由一系列隐喻合建的，例如爱情，爱情是物理力例如电磁力、引力，爱情是病人，爱情是疯狂，爱情是魔术，爱情是战争，爱情是旅行，爱情是合作，等等。爱情这样的概念完全是由这些隐喻建构起来的，它没有离开了隐喻的条理清楚的独立结构。

喻体中只有一些成分为隐喻所利用，有夹生的想法，但没有煮熟的想法。在理论是建筑这一隐喻中，多用基础与上层、入门和堂奥，不用房间和楼梯。实际上，隐喻之为隐喻，如理论之为建筑，原因就在于建筑概念只有一部分用来建构理论这一概念，否则理论就和建筑是一回事了。但基本隐喻可以延伸，例如把某个观念打扮得很花哨，把一些观念排列得整整齐齐。然而，我们能够沿一些方向延伸，而不能沿另一些方向延伸。这里值得注意的是，在常用成分上使用隐喻，例如说这一理论的基础并不稳固，这不是一种形象说法，而是字面的说法。当我们引申一个隐喻，例如说到一个理论中的房间、楼梯、外装饰等，那就是形象说法了。

哪些成分为隐喻所利用依赖于约定。例如用人作为山的喻体，英语有 the foot of the mountain 的说法，登山人还有 the shoulder of the mountain 的说法，却没有 the waist of the mountain 的说法。汉语里则有山脚、山腰的说法，却没有山肩的说法。山腰在汉语里是个常用的隐喻，若在英语里说到 the waist of the mountain，那将是形象说法。

由此再进一步，我们将不难看到，采用何种隐喻是因文化而不同的。例如资本主义社会有一个出名的隐喻：时间是金钱。我们用浪费、节省、花掉、投入、值得、剩余、失去这些词谈论时间。这不是凭空而来的，而是来自今天的现实：我们按小时计工资、打电话按分钟付费、无论钱放在哪里都要计算月息年息。辩论是战斗也与特定文化相连。我们可以设想一种文化，在那里，辩论不是战斗，而像一场舞蹈。这显然不只是语言层次上的不同，而是思考方式、行为方式的不同。不过，在那种文化里，人们还是在辩论吗？作者

如此自问，并如此回答：应当说，他们有的是一种特殊的对话方式，
一种舞蹈式的对话方式。

　　每一种隐喻都突出了所喻的某些方面而遮蔽了另一些方面，例
如辩论双方不只是敌手，他们也是寻求结论的伙伴，然而，战斗喻
体掩蔽了辩论的合作方面。再例如，谈到语言交流，我们有一个常
用的寄送包裹的隐喻：观念或意义是物体，表达式是容器、包裹，
交流是寄送。这个隐喻掩蔽了语词意义的其他方面，特别是意义对
上下文、对语境、对说话人和听话人的依赖。时间是金钱的隐喻掩
蔽了什么，更不难明白。

　　我们可以由此出发探讨隐喻的社会性、政治性。"有权有势的
人得以把他们的隐喻加给我们"（第157页）。例如在能源危机时
期，卡特把能源危机比作战争，相应就有一个外部异族的敌对势力，
自然，他们是些阿拉伯人。

　　隐喻对很多流行的认知模式提出挑战。传统哲学通常把概念
理解为抽象共相，消化食物和消化知识这两个说法中都使用了消
化，而消化这个概念就是消化食物、消化知识等过程中的共同点的
集合，消化食物和消化知识则是同一个抽象概念的两个特殊例子。
作者认为，这种抽象共相理论是反直觉的，而且它更无法说明基于
上下的一系列方向隐喻概念——快乐、有意识、多、德性、将来等等
有何种抽象的同一性？它也无法解释像爱情这样没有独立结构的
概念，爱情是多种隐喻从各个侧面构成的概念，这些隐喻来自不同
的领域，很难说它们有什么抽象的共同性。我们从前面的分析可以
看到，所喻和喻体不是对称的，喻体是具体明晰的，因此所喻可以
借以形成概念。抽象共相论把所喻和喻体视作平行的两个实例，所

以完全没有表达出隐喻的真正结构。抽象理论更无法解释喻体和所喻的系统相应，例如时间之为移动物体的内在一致性。它也无法解释喻体只有部分特征用以建构所喻概念这一现象，更无法解释隐喻的扩展用法。

通过隐喻，某些尚未定型的经验借助已经成形的经验得到组织、得到表达。《我们依以生活的隐喻》的一项核心工作是探究隐喻在大量的概念成形过程中的作用。然而，谈到概念的形成，传统哲学似乎只识得"抽象"一途。莱柯夫和约翰森则指出，像爱这样的概念，与其说来自对情爱、母爱、友爱等等的共同性的抽象，不如说来自多种隐喻的结合。

越是广泛弥漫在经验深处的东西，其形成为概念就越要求借助某种已经成形的经验。隐喻是一种基本的概念构成方式。当然，所喻不一定只能借助唯一的隐喻成形。莱柯夫和约翰森提到过一个例子，一位从伊朗到美国留学的学生注意到 the solution of the problem 中所含的溶液隐喻，沿着这一隐喻来想，解决问题就被理解为：问题并不完全消失，它被溶解了，不再具有坚硬的形式。而人们原来说到"解决问题"更多采用的却是字谜隐喻。

《我们依以生活的隐喻》提出了很多重要的见解，但值得商榷之处亦复不少。这里只谈一点。莱柯夫和约翰森在更广的意义上看待隐喻，这是有启发的，然而在我看，把方向因素、本体论因素都视作喻体是不妥当的。我倾向于把隐喻限制在莱柯夫和约翰森所谓的结构性隐喻，如辩论-战斗、理论-建筑、理论-道路。建筑物是多个维度结合而成的具体完形，正因此，我们可以借建筑物来建构理论概念，使我们关于理论的经验获得明确的形式，并且可以借助建筑物的概念来扩展理论概念。而像上下这样的概念只是一个维度，不是一个结构，把上下之类视作喻体，反而掩盖了隐喻的特点。其实，如作者自己说到，隐喻是部分的，例如理论是建筑这一隐喻，多用基础与上层、入门和堂奥这些内容，不用房间和楼梯这些内容。由此不难推想，只有那些本身结构完好的东西才能成为喻体，因为只有它们才有所谓"部分使用"，而上-下这组概念的"部分使用"是什么意思却很难明白。同理，把观念视作物体这类"本体论隐喻"其实也不应列入隐喻之属。不过，尽管观念是物体不应算作隐喻，把语言交流理解为寄送包裹却是个隐喻，因为寄送包裹是一个具有结构的完形。

　　结构性不仅把隐喻和上下等等区分开来，而且把隐喻和明喻区分开来。我们记得，分析哲学家通常用"是"和"像"来区分隐喻和明喻，结合真值条件，得出结论说，张三是猪是假的，张三像猪是真的。这条思路把明喻和隐喻的区别弄得很没意思。张三是猪和张三像猪有多大区别？锦绣前程和前程似锦有多大区别？我认为，张三是头猪、张三像头猪都是明喻，都是明明白白的比喻，无非前者比后者说得更强烈些罢了。在我看，明喻和隐喻的根本区别在于明喻依据的是"属性"上的相似性，隐喻则依据结构。明喻是两个现成事物之间的比较，例如张三和猪之间的比较。而在隐喻里，两项的关系是一前一后、一彰一隐。隐喻是 metaphor 的译名，metaphor 是从希腊词 metapherein 来的，即 meta+pherein，大致可理解为带到（字面的）后面。隐喻不是两个现成事物的现成属性之间的相似，而是未成形的借已成形的结构成形，例如生活是赌博。这就是我们为什么借战斗来理解辩论而不是借辩论来理解战争，为什么说心智像机器而不说机器像心智？尽管机器是比心智晚生的东西，然而机器具有明确的结构而心智则否。

张三在一特定方面和猪相似，但他即使不像猪仍不失其为张三。隐喻则不仅是个比喻，我们不仅是把理解比作看，看内在地规定着理解这个概念。他心碎了。我们固然不妨说，这话把心比作了可碎的物体，但在这里只看到比喻恐怕难免眼光浅俗，毋宁说，这话揭示出可碎性是心的一个本质规定，我们就是通过心碎这样的话学到心字的，谁从来不会心碎他就没心没肺。海德格尔曾讲到特拉克尔"驶入夜的池塘，驶入那片星空"这句诗。人们会说：夜的池塘是星空的诗意的比喻，而海德格尔说："然而，夜空就其本质真实来说就是这个池塘。相反，我们平常所说的夜毋宁是一个图像，是对夜的本质的苍白空洞的摹写"[1]。与其说翻开尘封的历史这句话指出了历史与一本老书有某些相像之处，不如说它从一本老书界定了历史。隐喻从具有较为确定结构的喻体来使所喻是什么得到确定，例如从道路来确定思想之所是，从行路来确定推论之所是。我们除了说一个论证一步一步都很清楚或跳跃太多，没有什么别的办法说出我们要说的东西。我说你这个推理跳跃太多了，这时我通常不说如果咱们把推理比作走路的话，你这个推理跳跃太多了。为什么？因为如果咱们把推理比作走路这话隐含：我们可以不把推论比作走路，然而，我们恰恰始终是从步骤、跳跃等成形的结构来理解和谈论推论的。

隐喻和明喻的区分，全然无关用的是"是"还是"像"。张三是

---

[1] 海德格尔：《诗歌中的语言》，见《在通向语言的途中》，孙周兴译，商务印书馆，1997年，第43页。

猪，虽然用了是，说的仍然是像，它仍然是一个明喻。逝者如斯，用的是如，却揭示着时间之所是，从而是一个隐喻。时间不仅像河流，它就是河流，河流参与规定时间之所是。

总结下来，可以为隐喻提供一个界说：隐喻就是借用在语言层面上成形的经验使尚未成形的经验得以成形、得以言说。我们的经验在语言层面上先由那些具有明确形式化指引的事物得到表达，这些占有先机的结构再引导那些形式化指引较弱的经验逐步成形。

第三节　字面意思与隐喻

塞尔从字面意思和隐含意思入手来讨论隐喻，并把这两种意思理解为语句意义和说者所要表述的意义，听者先明白了字面意思，再通过相似性去摸索隐含的意思。于是，隐喻与反话、间接言语行为，等等合为一类。在我看，塞尔关于隐喻的思考舛误多出，而这又主要因为塞尔关于字面意思和隐含意思这些基本概念尚缺乏明见。

我们可以在极为宽泛的意义上说到隐含：暗示，影射，话里有话，说话绕弯子，避讳，以婉转的方式提出请求、批评，反话，预设，逻辑蕴含（entail），诗的蕴含，只可意会不可言传，等等。质言之，隐含像包含、关系这些词一样，宽泛到几乎空洞。与之相应，我们也在种种不同的意义上说到"字面意思"。

人们也许以为，字面意思就是人们说一个词语时最通常的意思。然而，什么是吓了一跳的字面意思？我们说张三吓了一跳，通常意思并不是张三真的跳了起来。一般说来，只有当一个词语延伸出了一个意思并且这个意思成了显义，把原来的意思隐藏起来了，我们才说到字面意思，用来指那个平常被掩盖的意思。而通常话语的意思就是这话的意思，无所谓字面意思；谁会把下雨了说成"下雨了"的字面意思呢？通过问话来请求、反语等等，大致都可以归入这一范围。我们并不像塞尔所说的那样先在"字面意义"上理解吓了一跳。一般说来，"你能把盐递过来吗"并非隐含请你把盐递过来，不如说，请你把盐递过来就是它的普通意思，虽然从字面上看，它是一个提问而不是一个请求。

我们也许还在另一种情况下说到字面意思。依据不同语境，同样一句话可能有不同的意思。我说下雨了，意思可能是让你关上窗子，可能是让你带上雨伞，可能是让你把晾晒的衣服收回来；也可能是说我们不该还在露天里站着，而不在露天里站着又可能进一步隐含着抱怨：你怎么唠唠叨叨说个没完？下雨了还可能隐含你刚才说不会下雨是错的，或我刚才说要下雨是对的，这些又可能进一步隐含你从来都是错的或我从来都是对的。情况也可能是我们刚才在打赌，如果下雨你就输二十块钱，于是下雨了就可能隐含拿二十块钱来。正是缘于这类无穷无尽的隐含，夫妻两个会为一句外人听来无关痛痒的话赌气吵架。我们每设想一个语境，下雨了这话似乎就可以隐含某个特别的意思。

下雨了在不同场合可以隐含不同的意思，与所隐含的不同意思相对照，下雨了这话本身的意思，由于没有更好的说法，也可以叫做"字面意思"。不过，它与吓了一跳这类情形明显有别，甚至相反——下雨了并没有因为延伸出一个意思而使这个意思成了显义，它在一个特定场合的特殊意思都保持其为隐含的意思。在这类情况下，我们多多少少可以像塞尔那样区分语句的（字面）意义和说者所要表述的意义。

最后，我们还可以在另一种意义上说到"字面意思"。你逐字读懂了东风不与周郎便，铜雀春深锁二乔，但没读出这句诗蕴含着对历史兴亡的感叹。这种情况跟下雨了隐含你拿二十块钱出来不同，后者依赖于一个特殊语境，前者依赖于一般的文化教养和生活阅历。为区别起见，我们可以用"明面意思"和"深义"来谈论这种情况。

隐喻与这三种情况都不同，因为在典型的隐喻那里，并没有字面意思与隐含意思的区别。沉下脸来，心里明白，论证里出现了跳跃，这是字面意思还是隐含意思？不妨说，隐喻处在比喻和直接描述之间，在字面意思和隐含意思之间。张三跳过了小溪里的跳是完全字面的，相对这样的句子，我们不妨说论证里出现了跳跃不是完全字面的，然而，这并不意味着在这个说法之外还有一个更加字面的说法。气得直冒烟是个比喻，火冒三丈和发火在字面意思和隐喻之间，生气是字面说法，虽然它也是从比喻或原义引申来的。

我们不能像塞尔那样把隐喻和用问话来请求、反语等等归入同一个范畴。在这些情况中，以及在吓了一跳这一类形容中，有字面意义和通常用法之间的区别，隐喻中却没有这一种区别，相反，隐喻要突出的，正是语词的原义，想想你的推论跳跃太大或你的推论漏洞太多就能看到这一点。你说我吓了一跳，我无须"字面上"跳了一跳；你说我的论证跳跃太多，我却只能自辩说我一步一步都很连贯，不能够自辩说你太夸张了，你这只是比喻，我的论证字面上没跳。这里也可以谈论原义和延伸义，只不过这里的延伸义是原义的扩展和张扬，同一个词的蕴含内容变得更加丰厚了，而不是一种延伸用法掩盖了原义。如果在这里谈论字面，我们谈论的是明面和蕴含，而不是字面和通常用法。我们也不要像戴维森那样把隐喻和撒谎归入同一个范畴。撒谎是由不符合事实来界定的，隐喻却完全不是，硬要从是否符合事实来谈论隐喻，还不如说我们使用隐喻是因为我们没有一种可用来现成地符合事实的说法。

　　有鉴于此，我对死隐喻的理解也不同于多数论者。多数论者一开始都费心去区分明喻和隐喻，但说到死隐喻，明喻和隐喻的区分就完全消失了。死掉的隐喻和死掉的明喻有区别吗？这恰恰表明多数论者所说的隐喻不过是一般的比喻而已。所谓死隐喻，通常谈的并不限于隐喻，而是一般比喻，因此不如称作"死比喻"。实际上，谈论死隐喻的论者都没有告诉我们他们是怎样界定死亡的。活隐喻是突然死掉变成了死隐喻吗？戴维森说，隐喻说一百遍还是隐喻，字面意义第一次就是字面意义，两者似乎有一条明确的界限。然而，上述讨论表明，活隐喻和死隐喻没有一条明确的界限，在这里就像在其他的语言现象那里一样，变化通常是逐渐发生的。生气是个死隐喻，那么发火呢？火冒三丈呢？

　　于是我们记起亚里士多德早就说到过一种"特别的情况"：我们说太阳播撒①阳光，这个播撒是从散播种子借来的，然而，除了播撒，我们没有一个更字面的说法来描述太阳和阳光的关系。亚里士多德说这是一种特殊的情况，但在我看，这恰恰是最典型的隐喻方式。我们说到张三火冒三丈或张三发火了，说到一个理论的基础稳

---

　　①　当然是用希腊语说。

固，说到一个论证漏洞很多，说到时光飞逝，除此之外我们还该怎么说呢？我们不说火冒三丈，说发火，但发火仍然是个隐喻，我们可以不说发火而说很生气，但生气恐怕仍然是个隐喻。我们还有比生气更字面的说法吗？传统所谓隐喻，张三是猪，的确只是改装了的明喻，**真正的隐喻却是内嵌在语义之中的。**

很多论者都提到隐喻很难充分改述成一种字面表达，改述之际似乎总是失去了一点什么。戴维森的解释是：第一，隐喻让我们去注意的那些东西一般是没有界限的；第二，这东西中大一半不是命题性的。在我看，首先，这两点是一回事：一个表达式不是命题性的，因此它（在语言层面上）就是没有限定的。其次，更重要的，我不认为戴维森提供了合适的解释。难以改述的不止隐喻，诗歌难以改述，这是出了名的难题。不仅如此，是否易于改述，和一句话是在字面上说的还是有所隐含没有关系；即使命题性的直白话语也可能极难改述——这个男人坐在那里这话该怎么改述呢？任何表达，如果足够恰当，改述都会失去什么。对于精彩的话语，改述简直是在亵渎。而戴维森的解释没有触及隐喻难以改述的特殊原因。要之，这个原因非常简单，如上所述：在太阳播撒阳光这个说法中，虽然播撒是从散播种子借来的，然而除了播撒，我们没有一个更字面的说法来描述太阳和阳光的关系。

由于隐喻内嵌在语义之中，我不能同意塞尔，在谈论隐喻的时候区分语句的意思和说话人的意思。也由于隐喻内嵌在语义之中，在这里不宜把语言和世界分开来谈论。莱柯夫和约翰森的一个重要主张是，隐喻不仅属于语言，而且属于思想、活动、行为。戴维森认为，隐喻关涉的不是语言，而是世界。这些提法容易产生误导。

因为语言本来就交织在思想、活动、行为之中，语词的意义就来源于此，单单这样说到隐喻，倒好像隐喻之外，语言是个脱离了思想、行为之外的符号系统，仿佛思想、行为在先，语言只是简单地"跟进"。语言哲学本来旨在揭示映射在语言层面上的思想、行为。隐喻尤其凸显了这一点。论证和行走、跳跃属于同一个活动领域抑或属于不同的活动领域？我们简直不能说由于论证和人的行走、跳跃方式相似，因此我们把一步一步、跳跃等语词应用在论证上，我们简直分不清是因为两者相似所以我们有了隐喻，抑或我们有了这个理解因此创造了两者的相似。正因为如此，在隐喻中，不仅所喻获得了形式，而且喻体也得到了更新的理解。笔耕不仅使得写作成形，耕作也获得了新的意义。

第四节　语境与语义条件

近年来，随着语用学的兴起，有论者主张，话语只有在特定的语境中才有意义。为简便计，下文把这种主张称作"语境主义"。上节谈到下雨了在不同语境会有不同意思，似乎正印证了这个主张。我们似乎也可以通过语境来谈论"你能把盐递过来吗"这类"间接语言行为"，因为它是在一定语境中意谓请你把盐递过来的。

在某些情况下注意到语境是有益的，然而语境主义过于笼统，倾向于混淆各种应加区分的情况。固然，"你能把盐递过来吗"是在一定语境中意谓请你把盐递过来的。然而，语境强烈地意味着个别、特殊，而你能把盐递过来吗的"语境"却是这句话的通常"语境"，实际上，我们很难想象在餐桌语境之外说这句话。语境主义也常引用张三上课去了这类语言现象。固然，我们需要了解这话的一些周边情况才能确定张三是去听课还是去讲课，但这些周边情况差不多只有两种类型，所以应当在歧义名下研究这类情况，而不能用来支持语境主义——如果说张三上课去了需要语境才能确定含义，那么，张三讲课去了和张三听课去了则不需要语境就能确定含义。下雨了意谓拿二十块钱来则的确是特定语境中的隐含意义，然而，这里的隐含与语义没什么关系——下雨了跟拿二十块钱来没有任何语义联系。这里涉及的不是字面意思和隐含意思，也不是话语的意义和说话人的意思，而是一个广泛得多的隐含概念；也就是说，在一定的环境中，一件事情可以隐含另一件事情，一个实验结果可以隐含某种理论结论，一种情势可以隐含我们应当如何行动。这些情况跟话语的隐含没有直接关系。

如果把语言视作独立于现实、独立于经验的符号系统，那么我们当然就要强调任何言语都在语境中具有意义。然而，我们从一开始就把语词视作某些情境因素的结晶，所以，我们并不需要每一次都设想一个特定的情境才能理解一个词语。我们无须要求任何语境就能够听懂"一个男人站在门口""水在零摄氏度会变成冰"，实际上，这些话语本身恰恰为我们提供了一些特定的情境或画面。之所以如此，是因为这些话语中的每一个词都是带着自己固有的"语境"来的。并非语词是些死东西，只有放到生活中才活起来；语词本来就是生活经验的组织。

的确，就连下雨了这样一句简单的话也需要语境才有意义，例如要有水、地面具有引力、气温大致在0℃～100℃等。然而，这些不是"特定语境"，而是"一般语境"，是下雨了这话无论放在什么语境中能有意义的原初条件。把这类原初条件称作"语境"，哪怕称作"一般语境""固有语境"，都会形成误导，因为语境本来包含特殊这层意思。我愿把它们称作**语义条件**。必须以有一个平面或一个类人形体为参照才能说上和下，问美国处在中国下面还是上面没有意义；以日出日落为参照才谈得上时辰，"太阳上的子时"没有意义；婚姻制度是夫妻的语义条件；直立是跌倒的语义条件，"他躺在那里时跌了一跤"这话没有意义。

　　语义条件一方面和语境有别，另一方面和语词的意义有别。存在一个基础平面是上/下的语义条件，不是上/下的含义。含义是我们说出的东西，而语义条件是我们能够这样说的条件。妈妈的含义包括是女性、有儿女之类，谋杀的含义包括有意。张三不小心谋杀了李四这句话自相矛盾，即不小心与谋杀的一部分语义相抵触，这两个词由于都有意义才互相抵触。美国处在中国上方这句话里，没有哪个词和哪个词互相矛盾，而是"处在上方"这个用语没有意义，因为使上/下具有意义的语义条件阙如。

　　语义有核心有周边，有深有浅。这些含义"包含"在语词里，"包含"和"隐含"本来只有一步之遥，语义，尤其是那些微妙幽隐的含义，都可以说成是话语的隐含。所以我们有时需要认真分析才能确定一个语词的某种含义。不过，本节一开始就提到，隐含这个词过于宽泛，把语词意义叫作隐含不会为我们增加什么新的理解，只会带来混淆。

　　语义条件也是隐含着的，而且一概隐藏得较深，当被问到美国在中国上面还是中国在美国上面时，我们可能会觉察出此中有什么不对头的地方，但不一定能立刻明白；由于脱离了上/下概念的原初条件，这个问题是没意义的。与此相似，进步这个概念要求一个较为切近的比较系，进两步比进一步更进步，然而，进一万步就无所谓比进一步更进步了。然而人们往往看不到这个条件，于是以为要么社会是不断进步的，要么就根本不可能在任何意义上有进步。语义条件之所以如此深藏不露，恰因为它们是使字面意义成为可能的东西，是我们太过习以为常的东西。

第五节　蕴含与分析

隐含的东西是隐藏着的，但隐含的东西还不仅仅是隐藏着，像我的保险柜里藏着一条钻石项链，无论把它藏在那儿还是把它拿出来放在桌面上，它都一模一样。隐含的东西不是这样的，隐含还意味着，隐含的东西和其他东西纠结在一起。因此，我们无法原封不动把它拿出来，而是需要先作一番分析的工作，然后才能说得出来，而这个说出来的东西，由于已经摆脱了当时它在隐含状态中的纠葛，所以它既是原来那样东西，又不完全是原来那样东西。为了突出与现成东西的隐藏的区别，我把这种处在纠葛状态中的隐含称作"蕴含"。

把蕴含的东西展开、摆到明面上说出来，就是所谓**分析**。被分析出来的东西，在一个基本意义上当然是在那里的，像康德所说的，它已经"隐藏在里面"（versteckt）。但它不是以分析好的形态停在那里的，分析有所取舍和重新安排。所以，分析的结果**既可以说是发现，也可以说是发明**。在日常生活中，我们为了一个特定的目标进行分析，例如分析当前的局势以便制定出我们这个组织的行动方案。在理论工作中，分析是为支持或否定某种理论服务的，我们可以从历史学角度、社会学角度或心理学角度对一篇古文进行分析。

分析的基本含义是把纠缠在一起的东西分条析缕清理出来，无论我们分析一下当前的局势还是分析一个语词的意义，大致都是这个意思。那么，把"人皆两足，张三是人，张三两足"这种形式推论称作"分析命题"，看来就不很恰当，因为在形式推论中，我们恰恰不去注意符号蕴含的内容。我们应当区分分析和符号演算或曰数理演算^①，分析针对的是语词或符号的内容，而在符号演算中，我们不考虑符号的意义，只考虑符号之间的演算规则。^②康德在谈到"分析命题"的时候，只说到了隐藏，没有说到纠葛，概念分析命题和符号演算命题就成了一式的东西。把分析特别是语义分析和符号演算混为一谈，将其笼统地称作"分析命题"，带来了广泛的困惑。

这种混淆，据我看，有两个主要来源：其一，数理推论是一种必然真理，然而其结论不一定显豁，在这个意义上，其结论是"隐含"的——否则老师就不会给我们布置形式逻辑习题和数学习题了。其二，更重要的一点是：语义分析和符号演算都是与陈述事实相对的，因此，当人们只注意这组对照的时候，难免把分析和演算当成是一回事。而且，有些浅层的语义分析的确和符号演算极其接近，例如 A 大于 B 则 B 小于 A 可以说依赖于大于、小于这些语词的含义；也可以视作形式推论，在这个推论中，大于、小于不是一些具

---

①　蒯因大致作了区分，参见本书第十一章第二节。

②　按照我们这里对"蕴含"的用法，也是根据这个汉语词的实际用法，逻辑蕴含不是一个良好的用语。英文词 entailment 和 entail 用作术语时大致应译作（逻辑）后件及（逻辑上可）导出之类。

有含义的语词，而是一些逻辑符号或曰逻辑常项。再例如，从 He is a bachelor 推导出 He is an unmarried man，因为 bachelor 几乎就是 unmarried man 的缩写。从 bachelor 看，单身和男人似乎是隐藏着的，于是 A bachelor is an unmarried man 像是个分析命题，这句话翻译成中文——"单身汉是没结婚的男人"，就不像是一个分析命题，而更像是命题演算或重言式了，因为单身汉几乎直说了未婚和男人。两种语言中的相近概念常以不同的语词形式来表达，在一种语言中蕴含的，在另一种语言中可能直说出来。类似的例子还有一些，例如 mare 和牝蕴含母，母马却不是蕴含母。人们在说到分析命题的时候，特别喜欢用 bachelor、牝这样的语词来举例，它们恰近乎于词组的缩写，对它们进行分析近乎命题演算，因此，这些例句往往诱使人们更深陷分析和演算的混淆。其实，像 bachelor、牝这样近乎词组缩写的语词数量不大，而且，它们并不完全是词组的缩写。

我们强调，蕴含的东西不仅隐藏着，而且有所纠葛。沿着这一思路，我们自然就能理解为什么隐喻是典型的蕴含。有话不直说却不是恰当意义上的蕴含。我支支吾吾说了半天，你让我有话直说，我最后说：我想问你借一百块钱。这句话和这件事，是我早就想好了的，现成摆在那里，只是我把它藏着，只是我说得出口说不出口而已。

蕴含与藏着掖着不说不是一回事。我们曾说过，言说是一种显示。显示当然是让人看那些还没有看见或还没有看清的东西。你说"桌上有三只杯子"，这没有说出任何东西，因为我不消你说就已经看得清清楚楚。如果"桌上有三只杯子"的确说出了什么，那它说的就不只是桌上有三只杯子，它还意味着什么，例如意味着曾经有三个人坐在这里。然而，曾经有三个人坐在这里不是不可说的，那么，我们为什么不直说"曾经有三个人坐在这里"？我们会想到，"曾经有三个人坐在这里"这话仍然有所隐含、有所意谓。每句话都有新的隐含，我们不可能说尽一切隐含。在这种不可穷尽性上来理解"不可说"没什么意思。适当的说，就是说出所说的，让蕴含保持其为蕴含，恰恰是如此这般的说，让不曾言说的意蕴悠悠无尽。求真，当然是要去除掩蔽，但五色令人目盲，把一切都暴露在光天化日之下，我们就什么都看不见了。因此，求真者必须把奥秘作为奥秘加以荫蔽。聪明人把世情人心的隐秘莫测都晾到打谷场上，世情人心的真相却被晒干了。在这个意义上，"对不可说之事应当保持沉默"应能得到理解。在这里，不可说与不应说合二而一。哪些明说，哪些以最丰富的形态蕴含在明言之中，这是说的艺术、说的力量。

　　人们说诗是广义的隐喻。是的，但我们首先得正确地理解隐喻，那可不是一个字面意思背后还藏有一个隐含的意思。那种诗是只得其皮毛的"诗人"的诗。这话的意思也不是指亚里士多德所观察到的诗人更多地使用隐喻。这话毋宁是说，诗人在句子的层面上创造了隐喻。语词的或曰狭义的隐喻通过含义的延伸增加了语词的蕴含，在相似的意义上，特定的语词组织会增加语句的蕴含。"东风不与周郎便，铜雀春深锁二乔"深富蕴含，但这不是因为其中哪个词影射了什么。只有最愚蠢的解释才会把它说成是通过借代暗指如果那天碰巧没有刮东风，曹操就会战胜孙权。这层意思的确也蕴含在诗中，在向小学生讲解时也可以说到这一点，但那是解说，不是改写。这句诗没有说出这个，而是蕴含着这个，而这层意思恰由于其为蕴含而与其他意思互相纠葛。邦国的战争、女人的命运、悲欢离合、古今之叹，这些内容互相渗透，而不是一些由逻辑常项串在一起的原子事实。因此，东风不与周郎便，铜雀春深锁二乔当然不能改写成如果那天碰巧没有刮东风，曹操就会战胜孙权或任何其他什么句子。无法改写不是因为这句诗所说的内容是无法言说的——这些内容恰恰就由这句诗说出来了。[1] 无法改写主要也不是因为南北之争只是这句诗的内容的一部分，即使我们能掌握这句诗的全部内容，我们也不可能用穷举法改写这句诗，因为那将改变这些内容原初的蕴含状态，而诗原本通过蕴含的方式言说，从而使现实在互相牵挂中呈现。任何适当的话语都不能被充分改述，不是增添了一点什么就是失去了一点什么。但人们特别注意到诗和隐喻之不可改写，这当然是有道理的。

那么，"东风不与周郎便，铜雀春深锁二乔"是否说出了它所蕴含的东西？事物是在不同蕴含程度上被"说出"的。事物在诗中以最富意义的方式被说出。现实，有人说出来，是一件件干巴巴的琐碎的事情；另一个人说出来，却是互相牵挂的丰厚整体。

当然，我们有时不要说东风不与周郎便，铜雀春深锁二乔，而要说如果那天碰巧没有刮东风，曹操就会战胜孙权。我们并不总在作诗。在有些场合，例如在法庭上，我们所需要的不是这种高度富有蕴含的话语，相反，我们采用事实的说话方式。为此目的，我们选择或创制一些蕴含较少的语词和言说方式，只在"字面上"说话。

---

① 无独有偶，想当诗人却没学会写诗的青年最喜欢谈论不可言说。

第十五章　语言与现实

第一节　信号与字词语言

"语言"这个词有广义和狭义之分，在广义上，我们说到动物的语言，甚至说到岩石的语言、行星的语言。本书所讨论的则显然是狭义的语言，专指人的语言，或字词语言、Wortsprache。

与人类语言最接近的，应当是动物的信号。有猛兽靠近的时候，守夜的雁发出某种鸣声，警告雁群，这和看守羊群的孩子喊"狼来了"所起的作用差不多。信号和语言虽多有相似之处，但有一个根本差异：一个信号是囫囵的，不由更小的意义单位组成，**语句则有内部结构，由更小的意义单位组成**。狼来了是由三个字组成的，狼这个词不仅出现在狼来了这句话里，而且也出现在狼跑了、打狼去这些句子里，在这三个句子里狼指的都是同样的动物。来在狼来了和妈妈来了这两句话里指的是同样的行为——虽然狼来了和妈妈来了引起的反应大有出入。大雁的报警信号就无法分解为这样一些独立的单位。如果狼或来只能出现在狼来了这串声音里，或它们出现在别的声音组合里就有别的意思，那么狼和来就不是单词，狼来了就不是一句话，而是一个信号。由数量有限的词组成数量无限的句子，是语言的本质所在，这一点为诸多论者反复强调。正如维特根斯坦所说，一个命题必须由部分组成，其部分必须能够在其他命题中出现："一个命题必须以旧的语词来传达一种新的意义"。[①]

　　词独立地具有意义并不意味着词可以在语言系统之外或句子之外具有意义。这种误解不像初看起来那么顺理成章。我们说一个人具有独立人格，不是说他可以生活在社会之外。我们说一个国家独立了，不是说它从此不需要国际社会了，而是说它不再必须附属于某一个国家或某一些国家，它可以自由地和这个国家结盟也可以和另一些国家结盟。词独立具有意义，是说一个句子可以分解成一些单位，它们是些自由的造句单位，无须黏附在一个特定的表达式里。而不是说人类先造出了一些单词，然后用它来造出句子，就像先烧出砖头然后来盖房子那样。

　　一个句子可以分解为词，所以我们把用字词语言来说话叫作articulation，即切分、用音节清晰地表述。而与articulation一道，不止话语流分成了环节，事物也被切分为各种元素以及这些元素之间的联系，分成了物、物与物、物与性质等等。与此对照，信号囫囵地提示一个事件。狗听到"拖鞋"就去叼拖鞋，它发现的是拖鞋这个声音与叼鞋这件事之间的联系，而非把拖鞋看作构成世界的一个元素。信号都指事不指物，因为在信号水平上，物还没有独立地存在。

　　行为主义语言学家大致把语言理解为信号，从信号–反应来分

[①]　维特根斯坦：《逻辑哲学论》，4.03。可参见肯尼在 *Wittgenstein*（Harvard University Press，1981）第 63 页中的解读。

析语言,笼统地把信号和语言都视作"反应链的一部分"。他们即使区分信号和语言,也只是把语言视作一种更为复杂的信号:"人类语言的声音是很复杂的……人能发出很多种语音……不同的声音具有不同的意义。"[①] 就简单的命令句说,似乎不大看得出语言和信号有什么区别。但说到陈述句,特别是比较复杂的陈述句,行为主义就为难了。喊"狼"会引起一种反应,就像烟雾浓重引发报警器鸣响,报警声又引发人们作出反应,这些是通常的信号。语词和句子却多半不是在信号引发反应的意义上有意义。"花儿落了结个大倭瓜"算是个什么信号呢? 课堂上老师讲到"狼是犬科动物"时,学生作出了什么反应呢?

　　语言是交流、交通,我们不妨拿交通打比方来说明信号和语言的区别。我们从甲点出发到乙、丙、丁三处去,直截了当的走法是从甲到乙、从甲到丙、从甲到丁。于是我们有了三条路,甲乙、甲丙、甲丁,这三条路各走一途,互不相干。但是在一个道路系统里,我们到不同的地方去,往往会借道同一段路、同一座桥。这时,我们往往走不了直线,难免要绕路,但它的好处是,我们不必为前往每一个目的地都专门修一条路。信号交流就像前一种交通,每一个信号都直达目的,各个信号之间互不相干。语言交流就像后一种交通,无论去哪里,依靠的都是同一套交通设施。这时我们可以说,从甲点到乙点是由三段路、一座桥、一个红绿灯"组成"的。交通设施为交通的需求而设,但反过来,特定的设施方式又会调整和改变交通的需求。

---

　　① 布龙菲尔德:《语言论》,袁家骅等译,商务印书馆,1997 年,第 29 页。

　　字词语言是从信号等已经存在的交流形式中发展出来的。先于语言的交流方式已经具有意义，词之为交通设施中的独立单位，是在这种原有意义的引导下形成的，语词只有作为交流的设施，只为它们能够保障交流，才"具有意义"。信号里的某些部分相继取得独立的意义，即不断形成一个一个的词，原来的交流形式也就改变了性质，信号转变成句子，分散的信号联结而成语言系统。语言之成为系统，不是作为句子的总体，而是由于所有的句子都由共同的成分互相关联。语言系统是由词组成的。

　　罗素看到，句子的意义"多于"其中各个词的意义之总和，同时心有不甘地承认这种多出来的东西无法加以分析。然而，词与词可以相加而得"总和"，各个词的意思怎么够相加而得"总和"？词义与句义分属两个范畴，词是设施，其意义在于使一种特定的交通得以可能，而句子则是交通本身。词是句子的单位，这是从结构上着眼的，就像说发条、齿轮、表针构成了一块手表，表的功能却不是由零件的功能构成的。**句子是由字词组成的，句子的意思却并非在同样的意义上由字词的意思组成**。当然，我们给出了一次交通所经的所有路段，我们也就知道了这次交通的目的地何在。在这个意义上，句子的意义并不多于其中各个词意义的"总和"。

　　我们在第二章第一节曾提出一个问题：句子和词哪个是意义的基本单位？现在我们看到，这个问题提得错位。重复一遍：词义与句义分属两个范畴，词作为构成句子的设施有意义，而句子的意义则在于它编织在生活场景之中完成一次表达。词是道路，句是循道路行走；词是我们进行交流的设施，而句子就是交流。词是清华东路、双清路、成府路，句子是我去学校、你去公司、他去商场。双

清路和走双清路去学校是不可比的。由此亦可知，句和词的区别不
在于前一个意思完整后一个意思不完整，而在于它们是不同种类的
"意思"。你说"壁立"，不是这个词的意思不完整，而是你还没有
交流。词是现成造好的，供我们使用，句子还等我们去造，所以我
们说"遣词造句"。

我们须沿着同样的思路来解答单词成句引起的困惑。所谓单
词成句无非是说，用一个单词完成了一个单位的交流。什么是一个
交流单位，要依实际交流的场合而定。一个词、一句话、一段话，
都可能是一个交流单位、一个 speech act。你喊："狼！""过来！"
或者说："不！"这是个句子还是个词？是个省略句？语法教科书常
常为这个简单的问题头痛。教科书所定义的句子是一次交流的标
准情况。然而，在实际生活中，一次交流的单位可以是一个词、一
个句子或一段话。狼既是个单词也是个句子，这并不矛盾。昨天下
午可能完整地表达了一个意思，也可能还不成个意思，这是由情境
决定的。我走到学校，走过了清华东路、双清路、成府路，可我只
走清华东路就到了你家了。这后一种情况，就是单词成句。

第二节　区分、对应、本体论

信号通过分解和重构转变为句子，这不仅是施指的分节，施指
的分节意味着所指的分节。语言把世界分解成一些元素，这些元素
是我们用以谈论世界的最小单位。狼、吃、羊是汉语中的一些最小
单位。羊可以分成羊头和羊腿，但羊头、羊腿不是汉语里面更小的
单位。它们通过羊、头、腿的结合得到表述。世界是由多少元素构

成的？一种语言有多少词汇，对这种语言来说，世界就由这个数量的元素构成。没有一种先验逻辑告诉我们应当把世界分解为多少元素，但有我们的生活世界指导这项工程。我们现在笼统叫作马的，古人分用好几十个单字来指称，我们称作雪的，据说爱斯基摩人用一二十个名称来指称。我们根据不同的标准和道理划分事物、形成概念："每种语言都以特有的、'任意的'方式把世界分成不同的概念和范畴。"[①] 我们在第四章第六节说到，动物分成鸟兽鱼虫，一年分成春夏秋冬，这些既不是事物的天然结构决定的，也不是我们任意的分类，是现实引导我们作出了这样的分类。

　　一种语言把世界大致分解成了特定数量的基本物体和基本活动，而把其他的物体和活动描述为这些基本要素的组合。世上的事情形形色色，花样无穷，怎样分解，才能使有限的成分适当地将它们表达出来，这当然不是一项容易的工作。好在这件事情没有委托给我们一两个聪明人，而是由一个民族数千数万代的人在劳动、交往、娱乐中逐渐做成。奥斯汀说，日常语词为我们作出了需要做出的几乎一切区别，为我们保留了需要保留的几乎一切联系。这些区别和联系，有的显而易见，有的精微复杂。我们把狼归为一类，有狼这个词。狼是我们借以述说现实的一个元素。我们颇不可能有一个元素相当于一只跑动的狼或另一只灰色的狼。王力说，"在原则上"，所有自由词组都可以用一个词来代替。[②] 就某个特定的自由词组说，这话不错，没有脚的虫子可以用豸这一个字来说，已过

---

① J.卡勒：《索绪尔》，张景智译，中国社会科学出版社，1989年，第25页。

② 王力：《中国语法理论》，见《王力文集》，第一卷，山东教育出版社，1984年，第45页。

妙龄的女子可以用徐娘这一个词来说，迷电脑网络成天不干别的，这种人多了，就出现了一个词叫作网虫。然而，从整体上说我们远远不可能为每个自由词组造出一个单词来，因为自由词组的数量无限地多，而我们若有无限多的词汇，用语词来构造句子这件事情就没意义了。语言的本质原就是使我们能用有限的语词表达无限多样的可能性。

说到语言和现实的关系，一个最简单的说法就是：语言反映现实。然而，说语词狼反映了现实的狼，等于什么都没说。现实并没有自己分好为鸟兽鱼虫、春夏秋冬以便我们来"反映"。如果竟说得上语言反映现实，那是说：在句子的层面上，现实以一些因素互相结合的方式得到反映。在语言中，一个事件展现为某些元素之间的联系。按照元素的应有之义，一个元素可以和这些元素结合，也可以和另一些元素结合，它们事实上如此联系着，但那只是各式各样可能的联系之一种。我们的现实世界只是种种可能世界之中的一个。语言的分解-结合机制构建起了"逻辑空间"，世界是在这个逻辑空间中显现的现实。

我们能够"看见"、谈论只是可能而非现实的事物，这一点属于语言的本质。事情实际上明明是这个样子，但它原可能是另外一个样子。人们说：历史没有如果。这话自有它的意思，这意思却不是说历史学家不谈"如果"——那既不合事实又不合道理。已经不可改变的事情之所以还值得研究，历史研究之所以还有意义，全在于历史事件像别的事件一样从来都被理解为由各种不同因素构成的，是各种可能结局之中的一个结局。我们人类从可能性来理解现实性。**现实世界只有作为诸种可能世界之一才能得到理解，才有意**

义。事情必须可以是另外一个样子，人才不仅对事情作出反应，而且能够对它有所理解，有所言说；换言之，事物才能呈现其意义。屋子里放着四把椅子，你走进屋子说屋子里有四把椅子，你说出了一个真理？我们不知道你在说什么。说内在地含有双重内容：你做了一个陈述，而你所陈述的事情意味着什么？真理不止于事实，**真理是通过事实展现意义**。把注意力自限于"陈述的真值"时，我们就已经错失了言说的本来面貌。真理不是一个现成句子或一个现成的可能事态和事实相符，真理总是具有揭示性的。有所言说的话语揭示出某种一向尚未得到揭示的东西，使这种东西得到呈现或曰"反映"。托尔斯泰在这个意义上是"俄罗斯的一面镜子"。

从信号到语言的转变意味着整体的事情被分解重构为由特定元素组合而成的事情，意味着事件囫囵地得到指示转变为事件通过单元及其相互关联得到指示。对于语言生物来说，现实不再只是一个又一个连绵的事件，这些事件同时也是这一事物与那一事物的活动与联系，而这些事物则有其属性、结构与活动。我们见到的总是狼从山那边来了，或狼在扑咬一只羊，或狼在逃窜这样一件一件整体的事情，但现在，狼在扑咬一只羊这件整体的事情同时也被看作狼和羊这两种东西处在某种关系中，狼在扑咬被看作狼和扑咬的组合。

语词对现实的区分是形式上的区分，不同于机械分割或化合物的分解这类质料上的分解。区分不一定是把一个大东西分成一些小东西，例如把上衣分成领子、袖子和下摆，它还包括把上衣分成外面和里面，分成式样、颜色和质料，包括区分器官与功能、实体与属性。我们看到一头灰色的狼在逃窜，我们可以脱离皮毛来指称灰色,脱离身体来指称皮毛,脱离特定的环境或活动来指称狼。我们说狼来了、狼飞跑、狼扑咬,在这些句子里,狼这个词就指狼,而不指跑来的狼,或逃窜的狼。我们没有见过不动不静、不灰不黄、不在这里也不在那里的狼本身,但我们仍然可以单单指称狼。

狼指称什么?当然是指称狼。狼指称狼,飞跑指称飞跑,正义指称正义,好无奈的鬼打墙!所谓指称论,就是这样一种无奈的理论。狼、跑、如果不是造出来和现实中已经一一排列妥当的实体、属性、活动和关系一一对应的,它们是功能各异而又联合配套的设施,我们依赖这些设施而能够把各个相异的整体事境分解为一些固定因素的组合,作为因素的组合来看待、述说和处理。语言不是用来和现实对应的。狼对应扑过来的狼还是逃窜的狼?大狼还是小狼?说来说去,还是只能对应狼本身。但唯当我们在不同的语句里使用同一个狼字,才始有狼之为狼,才始有不管大小、不管飞跑还是静卧的狼本身。"道行之而成,物谓之而然"(《庄子·齐物论》)。

然而,不正因为现实中有一种灰色皮毛能够飞跑的动物,有这样一种实体,从而才能有狼这样一个名词和它对应吗?现实中有没有独立的狼这种东西?我们同样可以问:现实中有没有独立的黄色、飞跑、圆圈、正义?世上固然没有脱离了人鬼虎狼牛马的飞跑,没有不衬映在别的颜色之上的黄色,同样,世上也没有不动不静、不灰不黄、不在这里也不在那里的狼。

但我们不觉得狼比飞跑和灰色要多几分独立性吗?飞跑和灰色似乎总要依附于狼这样的实体,而狼则是这些活动与颜色的主人。是的,狼、飞跑、如果是些不同种类的设施,它们以不同的方式在句子中起作用。通过语言的机制,事情被分析为物与物、物与属性的、物与活动的关系。"语法告诉我们某种东西是哪一类对象。"[①]
形状是依附在物体上的,行为举止是由一个主体作出的,这些不是
形而上学的教条,不是某个哲学家设计出来的本体论,世界在语言
层面上就是这样呈现的。而所谓本体论,是把凝结在语言之中的基
本人类理解加以梳理。从洛克到罗素的一系列哲学家把实体、属性
等当作经院哲学的陈腐之见加以反对,代之以"实体乃性质组合"
的新见,然而,实体、属性等比经院哲学来得更古旧些,它来自我
们的语言本身。可以预料,用这种方式来反对"传统形而上学"不
仅徒劳无功,而且只会发展出一种矫情不自然的新形而上学。

第三节　语言与思想

我们曾引索绪尔的一个论断——"若不是通过语词表达,我们
的思想只是一团不定形的、模糊不清的浑然之物……在语言出现之
前,一切都是模糊不清的",这样的论断,以及与之相应的任意性原
则,可称作"语言相对主义"。这种观点更激进的版本称为萨丕尔-
沃尔夫假说(Sapir-Whorf hypothesis),其大意是:语言使用者对世
界的看法是由其语言形式决定的,语言怎样描述世界,我们就怎样
观察世界。这就是所谓"语言决定论"或"语言牢笼论"。萨丕尔和
沃尔夫对多种语言的研究,尤其是对多种印第安语言的研究,使他
们对语言间的巨大区别印象深刻。当然,萨丕尔以及沃尔夫的实际
主张并不像通常所称的萨丕尔-沃尔夫假说那样简单,例如,萨丕尔

---

① 维特根斯坦:《哲学研究》,§373。

倾向于认为，"思维可能另是一个自然领域，不同于人为的语言"，而且一般说来，思想高于语言，不过，他接着说："就我们所知，言语似乎是通向思维的唯一途径"。[①] 我们这里不对这些细节展开讨论，只涉及通常所谓的萨丕尔-沃尔夫假说。

这一派观点常提到如下一些事实。各种语言对颜色的分类相去很远，有的语言有数十个颜色词，而有的语言只有两个颜色词。我们只用一个雪字指称某种结晶的东西，爱斯基摩人则有几十个甚至几百个名称，然而，他们却没有雪这个总名。西班牙语没有病了这个总的说法，而必须区分久病和临时的病。火、雷电，在我们的语言里是名词，在霍皮语中则是动词（据沃尔夫，这更合乎道理）。在努特卡语中，则似乎只有动词，我们说到房子的场合，他们会说一座房子出现了之类。更一般地说来，动物没有语言，相应地，也没有思想。思想必使用概念，而概念是语言的。空间的概念化（或言说空间）是个突出的例子。第十四章第二节讲到，一个足球落在我前面的一块石头那里，我们会说球在石头前面，豪萨人却说球在石头后面。汉语说，球从桌子底下穿过；英语则说 A ball is thrown under the table；而有些语言不说"从桌子底下"而说"穿过桌子"。这些不同说法规定了空间概念化的不同方式：在英语的说法里，桌子主要被视作一个平面，而那些说"穿过桌子"的语言则把桌子视作三维物体。

萨丕尔-沃尔夫假说后来遭遇大量反驳。反驳者指出，婴孩在学会说话之前已懂得别人对他说的一些话，天生的哑巴思维基本正

---

① 爱德华·萨丕尔：《语言论》，陆卓元译，商务印书馆，1997 年，第 14 页。

常，这些似乎都说明，语言是思维的结果而非思维必需的工具。我们甚至可以引猴子等高等动物为例来说明此点，因为它们显然有某些相当复杂的智能活动。语言决定论引称的"事实"有些似乎也不过是以讹传讹，例如，据后来的调查，爱斯基摩人并没有成十上百个指涉雪的名称，实际上，他们指雪及类似之物的名称跟英语大致一样多。努特卡语并非只有动词，而是像所有语言一样有动词与名词之分。一种语言只有两个颜色词，并不意味着这个语族只能区分两种颜色，研究表明，虽然各种语言中的颜色词相去很远，但各语族人对颜色的知觉并没有多大差异。

除了这些实证研究提供的证据，我们似乎也可以诉诸日常经验和一般逻辑来反对语言牢笼论。思维不一定借助语言，文学中有所谓"形象思维"的说法，很多文学家艺术家，例如诗人柯勒律治和雕塑家瑟尔斯（James Surls）谈到过视觉意象在他们的思考中起到决定性的作用。实际上，这远不限于文学艺术，爱因斯坦写道：通常在诉诸语言表达之前，他是用形象来思考的，这些"清晰程度不一的形象"可以由心随意唤起、控制、组合。视觉意象在苯环和双螺旋发现过程中的作用也为人所津津乐道。思想和语言明显是两回事，双语人似乎也只有一个而不是两个世界图景。如果我们各自囚禁在母语的牢笼里，翻译就成为不可能之事。

我们可以承认，各个语言系统对客观世界不是完全中立的，但这根本引不出语言决定论。比较各种语言刻画球从桌子底下穿过的方式并研究它们怎样影响到空间的概念化，依赖于我们能够客观地知道桌子是什么样子的，只是不同语言着意于刻画这个"客观存在"的不同侧面。

有些反对语言决定论的论者提出了"思想语"（language of thought 或 mentalese）的设想。在所有自然语言之下，有一种**思想语**，它是思想的普遍媒介，是所有人类普遍具有的表征系统。"懂得一种语言就是知道怎样把思想语翻译成语词串以及知道怎样反过来翻译。"[①] 按照平克的通俗定义，思想语是大脑的某种无声媒介，我们的思想寓处其中，"每当我们要把思想传达给某位听者时才穿上语词的衣裳"[②]。自然语言有种种缺陷，如含混、逻辑不明晰等，思想语这种表征系统则没有这些缺陷。

思想语假说被认为可以解决诸多疑难问题，例如，我们都有"找词儿"的经验：我有个想法，却不知用什么适当的词句表达出来；或者，话说着说着忽然停下来，因为意识到自己所说的并未准确表达自己所想的。显然，话语之外，另有"所想的"东西。常常，我不记得那人的话语，却分明记得那席话语的意思。只有假设存在思想语，我们才能解释孩子怎么学会语言，解释创造新词的行为，解释语言间的翻译——我们把英语翻译成汉语，实际上是先把英语翻译为思想语，然后把思想语翻译为汉语。依思想语假说，我们不是在一般意义上"用语言思考"，而是用思想语思考。

我们究竟用什么思考？我们平常说到思考，既说到用语言思考，又说到不用语言的思考。你学了几年英语，会有人问你你现在能用英语思考吗？另一方面，谁也不会否认爱因斯坦脑海里翻来覆去的那些图像变化不是思考。

---

① Steven Pinker, *The Language Instinct*, William Morrow & Company, 1994, p.73.

② 同上书，第 45 页。

让我们先说后者。何须爱因斯坦，我们谁不用图像思考？做几何题的时候，脑子里浮现出图形、辅助线。图形、辅助线，这些都还算清晰的"媒介"；写信的时候，也许浮现出收信人的形象，谁知道呢？也许还浮现出收信人的气息，带着某种喜爱，或某种担忧，或某种烦恼，这些情绪可能十分模糊，也许还有游移不定的颜色、声音和气味，这些是不是思维的一部分呢？

我们不仅不一定用语言思考，甚至可以疑问我们是否任何时候是在用语言思考。有人敲门，我说："请进"。我是在用汉语思考吗？谁要是问我在说"请进"之前或之际的一瞬心里在想什么，我会觉得那是个奇怪的问题，实际上我多半无法回答。恐怕不如像人们平常所说的那样，我"不假思索""脱口而出"。在美国待了几年，有人敲门，我说："Come in please"。我脱口而出说了"Come in please"。

也许，"不假思索"有点儿夸张，我脑子里并非一片空白。我们若仔细回想，也许能发现脑子里闪现过了点儿什么，但这重要吗？不管脑海里当真没闪现过什么抑或其实的确闪现过点儿什么，不管闪现过的是些什么，恐怕都不是仿佛我心里先用汉语或英语说了一遍"请进"或说了一遍"Come in please"。

看来，这里的麻烦出在：我们把"用什么思想"误解成了"我心里浮现了些什么"。你学会了"三角形三边的垂直平分线相交于一点"这一定理，你心里浮现了些什么并不重要。浮现的是略带黄色的大大的直角三角形或略带灰色的小小的锐角三角形，这些有什么关系？我在想怎么做一条 A 点到 BC 中点的连线或给人写信的时候，的确有很多东西，图形、线条、形象、情绪等在我心里活动，你问我我在想什么，我回答说：我在想怎么做一条 A 点到 BC 中点的连线，我在想我当时对待收信人的态度太鲁莽了，然后我在想请求他宽宏大量，原谅我当时的冒失。这并不意味着，我在这样想的时候，当那些图形、线条、形象、情绪在脑子里游走的时候，"原谅我当时的冒失"这些话语也在我脑海里游走。你问我在想什么，我并不回答哪些媒介在我脑海里游走，即使游走的东西里包括一些语词。"三角形三边的垂直平分线相交于一点"不是在指称或描述心里闪过的图形、线条、情绪，不是这种意义上的"思维活动"，它是某种弗雷格称为 Gedanke 的东西——思想。

如果"用什么思想"的意思不是"心里浮现了些什么"，那它是什么意思呢？我英语半生不熟，跟美国人聊天，在心里先说汉语，闷声译成英语，然后开口。这差不多就是人们所说的还不能"用英语思考"。十年后，我英语纯熟，跟美国人聊天，心里所想的直接用英语说出来，就像有人敲门之际我脱口说出的是 "Come in please" 而不是"请进"，这时候，我可以说我"用英语思考"。别人问我是否有时用英语思考，问的就是这个。"用什么来思想"的大意是：用什么表达出来，所想的通过什么获得直接表达。

思想通过什么表达？通过多种多样的媒介获得表达，音乐、绘画、图纸、手势，还有行为举止。广义上讲，音乐、绘画、图纸都是语言。的确可以说，在获得表达之前，"思想只是一团不定形的、模糊不清的浑然之物"，不过，不一定像索绪尔说的那样，"若不是通过语词表达"，思想就是浑然之物——思想可以在音乐中，在绘画中，在图纸中，在拈花一笑中得到定形。"一团浑然之物"无非是指尚未在任何表达媒介中定型的思想内容。当然，最典型的语言是字词语言。

音乐、绘画、图纸都是广义的语言，那么，思考之际在心里浮现的种种，图形、颜色、声音、气息、情绪是不是表达思想的"语言"呢？即使在广义上，语言始终保持其基本含义：我们借一套稳定的、系统的表达设施，借一套表达程式来表达什么。表达不仅与心里所想的东西相连，它必须服从既有语言的约束，依赖于既有的"表达式"。谁要是把格律、对位法、透视法统统称作"牢笼"，那我们的语法和词汇表也是一种牢笼吧。

如果心里那些图形、辅助线、颜色相当清晰，多多少少构成了一个系统，像爱因斯坦所称的那样可以由心随意唤起、控制、组合，它们就多多少少构成一种语言。但我们心里浮现的大多数内容，以及那些模模糊糊的意象，却不是我们由心随意可以控制的。

用语言"表达思想"，是自我领会着的、有标的有控制的活动，它不同于哇的一声哭喊"表达"了疼痛，脸部肌肉抽搐"表达"了愤怒这种因果式的、无法控制的"表达"。思想的表达依于通过我们学会一种语言，学会一套表达系统。在比喻的意义上，我们说到星球的语言、岩石的语言，但星球和岩石并不表达，是我们，而不是它们，懂得它们的"语言"，懂得如何表达它们"之内"的东西。

动物的心智活动不能用语言表达吗？我们会说：瞪羚"意在"躲避猎豹的袭击，狗"期待"主人很快回家，黑猩猩在"考虑"怎样才能够到香蕉。意在、期待、考虑所表达的都是动物的心智活动。动物学家更对动物的智能活动作出更细致的刻画。这里的区别是显然的，这是我们在刻画它们的心智活动，而非它们在用语言表达。这不仅不同于它们自己表达，也不同于你我之间的**代言**。有时，你把我的想法表达得比我自己所表达的更加清楚。但由于我懂得你表达这个想法的语言，我知道你的代言是否适当地表达了它，能够用是或否来认定这个表达与我的想法是不是"同一者"。动物不能用语言表达其智能活动，也不能用是或否来认定我们对其智能活动的刻画是不是正确。我们刻画得对不对，不是通过与被刻画者的对话来求证，而是通过实证方法求证。

如果把"形象思维"理解成思考的时候心里浮现形象，那么，形象思维就不是艺术家的特权——我们普通人思维时心里都有很多形象。"形象思维"是说：通过形象语言获得表达。画家不仅心里有形象，他用以表达的语言是颜色、线条、形象。文学家用文字描述出个别人物和场景，他通过这些"形象"表达思想。一方面，逻辑学家、物理学家尽可以心里充满形象，另一方面，文学家，甚至画家，心里不必有明确的形象，他心里同样可以只有"一团不定形的、模糊不清的"浑然思想。他们的区别不在这里，而在他们的表达媒介。思想，无论通过字词语言还是通过其他语言得到表达，都不是在描摹我们的思维活动，也不是描摹现成的图像，无论这图像在眼前还在心里。

思想确实不能与语言分离，但并非由于我们必须"用语言思想"，因此语言决定了思想；而是由于语言是思想的归宿，唯能达乎语言者，才是思想。瞪羚和猎豹没有语言，它们不思想。

最后，我回过头来谈两句 mentalese（思想语），虽然这里无法就这个设想进行全面的讨论。

上文说到，心智活动显然有多种多样的媒介，并指出，一般说来，这些媒介并不构成一个个的系统，因此，它们不是语言。那么，在这些媒介中，会不会有一些媒介其实组成了一个统一的表征系统，可以称之为思想语？现在它是个心理学假说，也许哪一天我们发现它真的存在。然而，即使心理学在我们头脑中真找到了一套我们自己意识不到的表征系统，它都跟语言相去很远。重复一遍：用语言"表达思想"，是自我领会着的、有标的有控制的活动，难怪爱因斯坦谈及他用形象来思考时，特意提到这些形象可以由心随意唤起、控制、组合。我们却谁都不懂得思想语，无法由心随意把它们唤起、控制、组合，无法运用它来表达。无论"思想语"是什么，它不是表达思想的语言，因为虽然我们据有它，我们却不知道我们据有它，不懂得怎样用它来表达，怎么表达是正确的或更好的。平克说："懂得一种语言就是知道怎样把思想语翻译成语词串以及知道怎样反过来翻译。"然而，我们不能翻译自己不懂的东西，也不能用自己不懂得的东西来进行翻译。因此，"思想语"并不能解释"找词儿"的经验——我们无法寻找一个语词来表达我们不知道的东西。"找词儿"的经验所提示的是使心里的活动成象，而不是把一种已经成形的语言翻译成另外一种语言。通过成象获得表达不同于翻译：翻译是在两种已经成形的语言之间的转换，而表达则不是。如果思想语被设想成一种成形的语言，思想在思想语里已经获得了表达，那我们又不禁要问：当我们要把思想传达给某位听者的时候，为什么还要再穿上自然语词的"衣裳"呢？

图书在版编目(CIP)数据

简明语言哲学/陈嘉映著.—北京:商务印书馆,2023
(陈嘉映著译作品集;第3卷)
ISBN 978-7-100-22209-9

Ⅰ.①简…　Ⅱ.①陈…　Ⅲ.①语言哲学　Ⅳ.①H0

中国国家版本馆 CIP 数据核字(2023)第 049054 号

陈嘉映著译作品集
第 3 卷
简明语言哲学
陈嘉映　著

商 务 印 书 馆 出 版
(北京王府井大街 36 号　邮政编码 100710)
商 务 印 书 馆 发 行
北京市十月印刷有限公司印刷
ISBN 978-7-100-22209-9

2023 年 6 月第 1 版　　　开本 710×1000　1/16
2023 年 6 月北京第 1 次印刷　印张 25¼
定价:128.00 元

陈嘉映著译作品集

第 1 卷　海德格尔哲学概论

第 2 卷　《存在与时间》述略

第 3 卷　简明语言哲学

第 4 卷　哲学·科学·常识

第 5 卷　说理

第 6 卷　何为良好生活：行之于途而应于心

第 7 卷　少年行

第 8 卷　思远道

第 9 卷　语言深处

第 10 卷　行止于象之间

第 11 卷　个殊者相应和

第 12 卷　穷于为薪

第 13 卷　存在与时间

第 14 卷　哲学研究

第 15 卷　维特根斯坦选读

第 16 卷　哲学中的语言学

第 17 卷　感觉与可感物

第 18 卷　伦理学与哲学的限度